»Während ich die letzten drei Jahrzehnte in Haft verbracht habe, hat der Herr dieses Buch benutzt, um mein geistliches Wachstum zu vertiefen. Dr. Richards' Einsichten haben mir geholfen, viele schmerzhafte Urteile aus meiner Vergangenheit zu erkennen. Meine sündige Natur hatte zusammen mit meinen eigenwilligen, schmutzigen Gedanken einen Kreislauf der Sünde produziert. Ich geriet in eine tödliche Spirale der Drogen, Schmerzen, der Aufnahme in die Manson-Familie und des Mordes, woraus schließlich die Zerstörung unschuldigen Lebens resultierte.

Ich bezweifle, dass dein Herz so großes Leid verursacht hat, wie es durch mich geschah. Aber Jesus sagt: ›Wenn du zornig auf jemanden bist, dann wird man dich verurteilen!‹ Wir ernten, was wir säen, egal wie klein der Same ist. Dieses Buch räumt mit allen Rechtfertigungen für das Urteilen auf, egal wie schmerzhaft das gerade sein mag.

Dieses Buch ist eine gute Nachricht! So schmerzvoll es auch in dem Moment sein mag, wenn wir unsere Urteile zum Kreuz bringen, danach erlebt man Gerechtigkeit, Frieden und Freude im Heiligen Geist. Unsere Beziehung mit Gott und anderen wird im Königreich der Liebe aufblühen. Ein reiches Leben der Heilung wird folgen, und auch andere werden gesegnet, wenn man in Gottes Gegenwart wandelt.«

Charles »Tex« Watson
Autor von *Wirst du für mich sterben?*
Mule-Creek-Staatsgefängnis in Ione (Kalifornien, USA)

James B. Richards

Setze dem Schmerz ein Ende

James B. Richards

Setze dem Schmerz ein Ende

Schmerz ist unvermeidlich,
darunter leiden muss man nicht

Grace today Verlag

Die amerikanische Originalausgabe unter dem Titel *How to stop the pain* erschien bei Impact Ministries, Publications Department, 3300 N. Broad Place, Huntsville, AL 35805, USA, www.impactministries.com

Die deutsche Übersetzung wurde vermittelt und koordiniert durch:
Franz Wimberger Ministry, Sankt Peter Straße 13, A-4240 Freistadt, Österreich
www.franzwimberger.at | info@franzwimberger.at

Die Deutsche Nationalbibliothek verzeichnet diese Publikation in der Deutschen Nationalbibliografie; detaillierte bibliografische Daten sind im Internet über https://www.dnb.de abrufbar.

Umschlaggestaltung: spoon design, Olaf Johannson
Übersetzung: Romedi und Irene Pitsch, Dina Hanl
Lektorat: Sonja Yeo, Thilo Niepel
Satz: Grace today Verlag
Druck: CPI – Clausen & Bosse, Leck
Printed in Germany

2. Auflage 2021

Paperback: ISBN 978-3-95933-025-1, Bestellnummer 372025
E-Book: ISBN 978-3-95933-026-8, Bestellnummer 372026

www.gracetoday.de

Dieses Buch ist gewidmet dem Andenken an
Julie Vaughn und der Familie und den Freunden,
die sie bis zum Ende geliebt haben …

INHALTSVERZEICHNIS

EINLEITUNG

Schmerz ist unvermeidlich,
darunter leiden muss man nicht

Die Welt ist voller verletzter Menschen. Die Wichtigkeit, uns von den quälenden Schmerzen, die das Leben uns zufügt, zu befreien, wird durch deren Auswirkungen in unserer Gesellschaft belegt. Diese zeigen sich in einem Anstieg des Drogenkonsums, der Suche nach geistlicher Erleuchtung, dem wachsenden Angebot verschreibungspflichtiger Psychopharmaka, der Gewalt im häuslichen Umfeld und in Schulen sowie der zunehmenden Unfähigkeit, erfüllende Beziehungen aufzubauen.

Wir leben in den Tagen, von denen die Bibel sagt: »Und weil die Gesetzlosigkeit überhand nimmt, wird die Liebe in vielen erkalten« (Mt 24,12 SLT). Weil wir Menschen einander rücksichtslos und eigensüchtig behandeln, erzeugen wir emotionale Wunden, wegen derer wir uns fürchten zu lieben und zu vertrauen. Je weniger wir uns geliebt fühlen, desto mehr Schmerz fügen wir einander zu. Dieser Kreislauf steigert sich stetig, bis der Schmerz schließlich überhandnimmt. Die meisten Menschen haben nie die Fähigkeit erlangt, persönlichen Schmerz zu bewältigen. Als Folge davon führt dieser Schmerz zu Bitterkeit, Kummer, Depression und schließlich zum Verlust der physischen Gesundheit. Unsere

Zukunft wird von einer Vergangenheit kontrolliert, die uns in einem endlosen Kreislauf von Schmerz und Enttäuschung festhält.

Kulte und Regierungen geben uns das zu nichts führende utopische Versprechen, einen Punkt erreichen zu können, an dem Schmerz vermieden werden kann, indem die Gesellschaft dazu gezwungen wird, die richtigen Regeln zu befolgen. Drogen und populärwissenschaftliche Psychologie bieten uns eine Realitätsflucht an, die nicht viel mehr als Verleugnung ist. Militante Gruppen haben versucht, uns davon zu überzeugen, dass Gewalt durch Gewalt verhindert werden kann. Traurigerweise hat auch die Gemeinde nichts weiter anzubieten als eine Opfermentalität, die uns dazu auffordert, unseren Missetätern zu vergeben und immer wieder aufs Neue zu vergeben, was uns jedoch niemals wirklich vom Schmerz befreit. Unter den Dingen des Lebens, über die wir keine Kontrolle haben, ist auch die konstante Flut von Angriffen bzw. Anstößen. Jesus selbst sagte: »Es ist unvermeidlich, dass Anstöße [zur Sünde] kommen!« (Lk 17,1a SLT). Wenn er sagte, dass kein Weg daran vorbeiführt, vertraue mir, dann gibt es keinen Weg daran vorbei. Wir haben keine Kontrolle über die Tatsache, dass Schmerzen kommen werden. Aber wir haben völlige Kontrolle darüber, ob sich der Schmerz in Leiden verwandelt oder nicht. Wir können den Kreislauf des Schmerzes mit unglaublicher Leichtigkeit beenden. Wir können uns vom Schmerz der Vergangenheit befreien. Wir können unsere Zukunft verändern. Wir können Bitterkeit vermeiden und das Verlangen nach Rache loswerden. Ich wurde trauriger Beobachter eines Mordprozesses, dessen Gerichtsverhandlung sich in die Länge zog. Jedes Mal, wenn der Fall erörtert wurde, durchlebten die Opferangehörigen das schreckliche Verbrechen aufs Neue. Jeder Einspruch intensivierte den Schmerz der Hinterbliebenen. Oftmals habe ich diese Familienmitglieder vor der Kamera eines Nachrichtensenders stehen sehen, wo sie Folgendes verlauteten: »Wenn ich sehe, dass der Täter den Preis für sein Vergehen bezahlt, dann kann ich damit abschließen.« Aus irgendeinem Grund glauben wir, dass das Leiden eines anderen Individuums unser Leid beenden wird. Aber es funktioniert nie wirklich auf diese Weise. Ganz gleich, wie teuer der Täter für seine Tat bezahlen muss, auf den Schmerz der Betroffenen wird es wenig Einfluss haben.

In der Bibel hat Jesus nicht viel über das Los der Person, die uns angreift, zu sagen. Stattdessen ermahnt er uns, »wachsam zu sein«, wenn Angriffe bzw. Anstöße kommen. Wenn Angriffe kommen, sind wir wesentlich gefährdeter als die Person, die uns angreift. Denn ihre Tat ist klar und offensichtlich und kaum zu rechtfertigen. Für uns hingegen ist es aufgrund der Tatsache, dass wir angegriffen wurden, leicht, jede Art von Sünde zu rechtfertigen. Ich kann alle möglichen selbstzerstörerischen Verhaltensweisen rechtfertigen, weil ich schließlich das Opfer bin. Rache ist kraftvoll und trügerisch. Tatsächlich ist sie so kraftvoll, dass Gott sagte, Er sei der Einzige, der das Recht habe, sie auszuüben. »Rächt euch nicht selbst, Geliebte, sondern gebt Raum dem Zorn Gottes! Denn es steht geschrieben: ›Mein ist die Rache; ich will vergelten, spricht der Herr‹« (Röm 12,19). Rache ist Strafe und Vergeltung. Der Beschluss zu bestrafen, gehört einzig und allein dem EINEN, der das Recht hat zu richten. Das Urteil ist Gottes Sache.

Möchtest du frei sein von Schmerz und Leid? Dieses Buch möchte dich auf eine Reise mitnehmen – eine Reise, um vom Schmerz frei zu werden. Ich praktiziere die Prinzipien, die im Folgenden aufgezeigt werden, seit mehr als zwanzig Jahren. Sie haben mich unzählige Male vor Schmerz und Bitterkeit bewahrt. Für Tausende von Menschen waren sie eine Hilfe. Sie geben dir die nötigen Mittel an die Hand, um dich vom Schmerz der Vergangenheit zu befreien und künftiges Leid zu vermeiden.

Der erste Schritt auf dieser Reise macht es erforderlich, dass du das »Recht« zu richten aufgibst. Dies wird einer der herausforderndsten und zugleich lohnendsten Schritte sein, die du je unternommen hast. Mit der so gewonnenen Freiheit wirst du viel weniger Schmerz in deinem Leben haben, du wirst Konflikte leichter lösen, erfüllende Beziehungen führen, dich an Gott erfreuen und deine Lebensziele mit mehr Hoffnung angehen. Ich glaube, du wirst die Welt allgemein als einen lebenswerteren Ort empfinden.

Kapitel 1

Kritische Faktoren

»Die Wichtigste in unserem Leben ist zu entscheiden, was wichtig ist.«
Ken Blanchard

Wie wahr ist das doch. In jedem einzelnen Moment eines jeden Tages investieren wir unsere Zeit und Energie in irgendetwas. Es stellt sich die Frage: Investieren wir unsere Zeit in etwas wirklich Wichtiges? Denke darüber nach. Werden die Dinge, denen du heute deine Aufmerksamkeit schenkst, dich deinen Träumen näherbringen oder führen sie dich weiter von ihnen weg? Werden die Entscheidungen, die du triffst, dir mehr Schmerz und Verwirrung bereiten oder weniger? Wird die Art und Weise, in der du Gottes Wort anwendest, deine Zuversicht in Gott stärken oder wird sie dadurch geschwächt? In seinem Buch *First Things First Every Day (Das Wichtigste zuerst jeden Tag)* zeigt Stephen Covey auf, dass effektives Zeitmanagement nicht darin besteht, in einer gewissen Zeitspanne mehr Aktivitäten zu erledigen, sondern in der verfügbaren Zeit das zu tun, was wichtig ist. Er nennt es »nach dem Kompass handeln anstatt nach der Uhr«[1]. Ich nenne es »nach Prioritäten *leben*«.

Fast alle Top-Business-Trainer beachten die 80/20-Regel. Diese Regel besagt, dass 20 Prozent deines Einsatzes 80 Prozent deiner

Ergebnisse erzielt. Ein weiser Manager entdeckt die 20 Prozent, die wichtig sind, konzentriert seine Anstrengungen auf dieses entscheidende Gebiet und schafft damit 80 Prozent der Arbeit.

Umgekehrt gibt es jene, die härter und länger arbeiten, aber nicht dieselbe Produktivität in ihrem Leben sehen. Sie denken deshalb, das Leben sei unfair und empfinden sich manchmal als Opfer.

Nur durch Gottes Sohn wird man glücklich

Wie leicht bekommst du den Eindruck, dass es ein paar ungeschriebene Gesetze gibt, die dir niemand je beigebracht hat. Wie einfach ist es, auf jene zu schauen, die das Leben hervorragend meistern, und dadurch das Gefühl zu bekommen, dass sie irgendwie privilegierter sind. Du magst sogar denken, dass Gott sie mehr gesegnet hat als dich. Deine einzige Alternative scheint darin zu bestehen, entweder aufzugeben oder aber dich auf die geheimnisvolle Suche nach der magischen Formel zu begeben, die dir bringen wird, was du dir im Leben wünschst.

Im Alltag und im Geschäftsleben erleben die Menschen Schmerz und Versagen, obwohl sie sich sehr darum bemühen, glücklich zu sein. Für manche setzt das eine geheimnisvolle Suche in Gang, deren Ziel es ist, Gott zu gefallen und irgendwie seine Segnungen zu erlangen, die in seinem Wort so klar definiert sind. Diese Reise führt jedoch zu Gesetzlichkeit, toten Werken, Selbstbezogenheit und Frustration. Es gibt keine einzige Sache, mit der wir Gott dazu bringen können, das vollbrachte Werk Jesu zu missachten oder zu verleugnen. Die Schrift ist sehr klar, dass wir alles, was zum Leben und zur Gottseligkeit dient, *durch Jesus* haben (siehe 2Petr 1,3).

Damit Gott überhaupt in Betracht ziehen könnte, uns aufgrund unserer eigenen Anstrengungen zu segnen, müsste er das vollbrachte Werk seines Sohnes völlig verleugnen. Wenn wir nach Methoden suchen, um Segnungen zu verdienen oder zu erwerben, führt uns das immer weg vom Herrn Jesus und seinem vollbrachten Werk. Der Ausgangspunkt, um aus dem Schmerz herauszukommen und einen gesunden Verstand zu haben, ist immer, uns an diese Wahrheit zu erinnern: Wir sind in Jesus angenommen. Wir sind durch ihn gerecht. Wir sind frei von jedem Fluch des Gesetzes, weil wir in ihm sind. Durch ihn sind wir für jeden Aspekt des Erbes qualifiziert. Und jede Verheißung, die Gott uns allen je gegeben hat, ist »Ja«, weil wir in ihm sind (2Kor 1,20).

Das Problem an der Wurzel packen

Anstatt nach einer verborgenen und geheimnisvollen Lösung zu suchen, um Freude und Frieden in unser Leben zu bringen, sollten wir uns einfach am Wort Gottes orientieren. Als wir zu Jesus kamen, sollte dies eine Reise hin zur Jüngerschaft werden. Ein Jünger baut sein Leben auf die Lehren und Prinzipien seines Lehrers. Wir müssen unser Leben auf die Lehren unseres Herrn Jesus bauen. Folglich ist die Lösung unseres Dilemmas immer in ihm, in seinem vollbrachten Werk, in seinem Wort und seinem Beispiel zu finden.

Das ganze Wort Gottes ist wichtig, aber wie überall im Leben gibt es ein paar *kritische Faktoren*. *Kritische Faktoren* sind Wahrheiten, die einen so großen Bereich umfassen, dass sie fast jedes Gebiet unseres Lebens beeinflussen. Es gibt andere Prinzipien, die angewendet *große* Bereiche unseres Lebens beeinflussen. Dann gibt es noch Prinzipien, die nur ein bestimmtes Problem lösen, wenn wir sie beachten. Die *kritischen Faktoren* lösen ein breites Spektrum von Problemen. Wenn wir das Wort Gottes betrachten, werden wir das finden, was ich die »Kritischen Faktoren für geistliches Leben« nenne. Dies sind die Bereiche, die mit höchster Priorität beachtet werden sollten. Sie sind die 20 Prozent, die 80 Prozent der Ergebnisse in unserem Leben hervorbringen. Die kritischen geistlichen Faktoren sind jene Faktoren, in denen wir uns kein Versagen leisten können. Sie machen den Unterschied zwischen der »Frucht« und der »Wurzel« aus. Sie sind die zugrundeliegenden Prinzipien, die die unterschiedlichsten Handlungen steuern.

Wenn wir uns mit einem »Frucht-Problem« befassen, ist es, als würden wir Früchte von einem Baum pflücken. Wir bringen unsere Zeit damit zu, den Baum immer wieder zu umrunden, um auch wirklich jede schlechte Frucht zu erwischen. Doch ganz gleich, wie sehr wir uns anstrengen, sie wächst wieder nach. Manchmal ist sie schon nachgewachsen, bevor wir unsere Runde um den Baum beendet haben! Es ist schrecklich entmutigend, so schwer zu arbeiten und doch nur sehr kurzfristigen Erfolg zu sehen. Es entmutigt noch mehr, wenn die Probleme wieder nachwachsen.

Wenn wir jedoch direkt zur Wurzel des Problems gehen, eliminieren wir die Quelle, die die Frucht speist. Wir befassen uns mit nur einer Sache und haben doch das Wachstum aller schlechten Früchte gestoppt. Indem wir das tun, haben wir die 80/20-Regel zur Anwendung gebracht. Wir handeln nach Priorität. Wir haben bei einem kritischen Faktor angesetzt.

Wende diese Prinzipien für alle Wurzeln an!

Dieses Buch behandelt einen der wichtigsten kritischen Faktoren des Lebens. Indem du die in diesem Buch erklärten Prinzipien anwendest, kannst du dich von dem emotionalen Schmerz und der Zerrissenheit befreien, die dich sonst dein Leben lang begleiten würden. Zum ersten Mal wirst du feststellen, wie es ist, frei vom Schmerz der Vergangenheit zu sein.

Emotionaler Schmerz wird zu unserem Fenster zur Welt. Der Schmerz der Vergangenheit bestimmt, wie wir unser Umfeld sehen. Mit dieser Einstellung schaffen wir jedoch einen endlosen Kreislauf von neuem Leid, und unsere negative Lebenseinstellung verfestigt sich noch mehr. Für die Person, die den Schmerz empfindet, sehen Vergangenheit und Zukunft gleich aus. Das Leben wird zu einer endlosen Abfolge von Schmerzen.

Wenn wir erst einmal schmerzfrei sind, sieht die Welt anders aus und unsere Erfahrungen ändern sich ebenfalls. Wenn wir in einem Zustand des Friedens leben und frei sind von der Furcht, der Schmerz könne zurückkehren, treffen wir neue Entscheidungen und schaffen eine gänzlich neue Basis für unser Leben. Wenn unser Denken nicht verfälscht ist, erlangen wir die Fähigkeit, die kritischen Faktoren des Lebens genau erkennen zu können. Mit Gott zu gehen wird »sanft und leicht«, so wie es Jesus verheißen hat (Mt 11,30).

Hier ist mein Versprechen an dich: Wenn du dieses Buch liest und die Prinzipien darin anwendest, wirst du größere persönliche Freiheit entdecken, als du je zuvor gekannt hast. Alle deine Beziehungen werden friedvoller und weniger anstrengend sein. Die Konflikte in deinem Leben werden sich drastisch reduzieren. Du wirst den Großteil des Schmerzes aus der Vergangenheit aus deinem Leben entfernen und aufhören, neuen Schmerz zu erzeugen.

Du musst jedoch Folgendes versprechen: »Wie herausfordernd es auch sein wird, ich werde mich den Prinzipien, die ich klar als schriftgemäß erkenne, vollständig verschreiben. Wenn ich mir nicht sicher bin, werde ich nachforschen, um ihre Korrektheit festzustellen. Ich werde diese Worte nicht nur lesen und sie dann wieder vergessen; ich werde sie dem Test des Lebens unterziehen.«

Willkommen auf der Reise in die Freiheit!

Kapitel 2

Was ist ein Urteil?

Das Leben ist ein Garten, in dem die Samen wachsen, die ich gesät habe.

Die Bergpredigt beinhaltet einige der dynamischsten Lehren von Jesus selbst. Hier finden wir einen der wichtigsten *kritischen Faktoren* für emotionale Gesundheit und Zufriedenheit. »Verurteilt niemand, damit auch ihr nicht verurteilt werdet. Denn so, wie ihr über andere urteilt, werdet ihr selbst beurteilt werden, und mit dem Maß, das ihr bei anderen anlegt, werdet ihr selbst gemessen werden« (Mt 7,1–2 NGÜ).

Wir haben die Bedeutung und den Umfang dieser einfachen und doch kraftvollen Schriftstelle übersehen. Wir haben diese Verse folgendermaßen ausgelegt: »Wenn ich andere Menschen richte, dann richtet Gott mich.« Das sagt dieser Abschnitt jedoch nicht aus. Es sagt, dass Menschen uns richten werden, wenn wir sie richten.

Wir bekommen mehr zurück, als wir geben

In Lukas 6,38 (LUT) finden wir die parallele Schriftstelle zu Matthäus: »Gebt, so wird euch gegeben. Ein volles, gedrücktes, gerütteltes und überfließendes Maß wird man in euren Schoß geben; denn eben mit dem Maß, mit dem ihr messt, wird man euch wieder messen.« Meistens wurde diese Schriftstelle nur auf das Geben von Finanzen angewandt. Jesus hat in diesen Versen jedoch nicht von Finanzen gesprochen, sondern davon, was wir anderen in emotionaler Hinsicht geben. Zuvor, in den Versen 36 und 37, sagte er: »Seid nun barmherzig, wie auch euer Vater barmherzig ist. Und richtet nicht, so werdet ihr auch nicht gerichtet. Verdammt nicht, so werdet ihr nicht verdammt. Vergebt, so wird euch vergeben.« In Vers 38 steht nicht, dass Gott dir diese Dinge in überfließendem Maß zurückgeben wird, sondern dass »man« (Menschen) das tun wird.

Obwohl dieser Vers auf finanzielle Freigiebigkeit angewendet werden könnte, geht es hier um das Ausüben von Barmherzigkeit, das Fällen von Urteilen und das Äußern von Verdammnis. Was ich anderen emotional und auf Beziehungsebene gebe, werden sie mir zurückgeben. Noch einmal, es geht hier nicht darum, was Gott mir aufgrund meines Verhaltens gibt. Hier geht es darum, was Menschen mir geben. Mit anderen Worten, Menschen reagieren darauf, wie ich sie behandle – mit einer Ausnahme: Wenn sie es mir zurückgeben, ist es immer mehr, als das, was ich ihnen gegeben habe – »ein volles, gedrücktes, gerütteltes und überfließendes Maß wird man in euren Schoß geben«.

Wenn du Freundlichkeit und Liebe gibst, werden dir die Menschen Freundlichkeit und Liebe geben – »ein volles, gedrücktes, gerütteltes und überfließendes Maß«. Wenn du jedoch urteilst und kritisiert, werden die anderen auch über dich urteilen und dich kritisieren – mit »einem vollen, gedrückten, gerüttelten und überfließenden Maß«. Was immer du gibst, die Menschen werden dir mehr davon zurückgeben, als du ihnen gegeben hast. Verwechsle die menschliche Reaktion nie mit Gottes Reaktion!

Das Leben ist ein bisschen wie ein Garten. Wir wollen unsere Beziehungen als den Garten unseres Lebens betrachten. In unserem Garten wachsen die Samen, die wir gesät haben. Wenn wir ein Samenkorn säen, ernten wir viele Samenkörner. Ein Maiskorn bringt Hunderte von Körnern hervor. Das ist ein unbestreitbares Gesetz des Lebens. Nun, was wächst in deinem Lebensgarten? Zu oft sehen wir, dass unser Leben voller Dinge wie Kritik und Ablehnung ist. Fälschlicherweise nehmen wir an, dass wir keine Kontrolle darüber haben, wie andere uns behandeln. Doch die Wahrheit ist, dass sie für gewöhnlich darauf reagieren, wie wir sie behandelt haben.

Der kritische Faktor: Urteilen

Unsere emotionale Befindlichkeit basiert auf der Qualität unserer Beziehungen. Wir sind soziale, emotionale und beziehungsorientierte Wesen, die in erfüllenden Beziehungen aufblühen. Das ist eines der tiefsten Bedürfnisse, die wir als Menschen haben. Unsere Urteile beeinflussen diese Beziehungen mehr als alle anderen Faktoren, und doch wissen die meisten Menschen nicht, um was es sich beim Urteilen eigentlich handelt.

Was bedeutet es also, zu urteilen? Obwohl es viele Facetten gibt, glaube ich, dass alle von uns den grundlegendsten und wesentlichsten Aspekt verstehen können: Wenn wir sagen, was jemand tut, ist das nicht urteilen; das ist lediglich Beobachtung. Urteilen ist es dann, wenn wir annehmen zu wissen, *warum* eine Person getan hat, was sie getan hat.

Nur Gott hat das Recht zu urteilen. Er allein weiß, warum Menschen tun, was sie tun. Wir wissen nicht, warum sie es tun, noch ist es unsere Aufgabe, darüber zu urteilen. In vielen Fällen wissen die Menschen selbst nicht, warum sie tun, was sie tun. Jeremia sagte: »Überaus trügerisch ist das Herz und bösartig; wer kann es ergründen?« (Jer 17,9). Gott ist der Einzige, der das Herz wirklich kennt. Wenn Menschen annehmen, sie kennten das *Warum*, dann ist ihre Reaktion nicht auf der Realität gegründet, sondern auf ihrem Urteil. Dieses Urteil verursacht Verwirrung, Schmerz und Verlust.

Ich erinnere mich daran, wie ich mit zwei Freunden im Auto unterwegs war. Eine Freundin hatte ein paar Kleidungsstücke hinten im Auto aufgehängt. Als ich zurückschaute, sah ich, dass ihre Kleidung aus dem Rückfenster hinausgeweht wurde. Ich hatte gearbeitet, und meine Hände waren sehr schmutzig. Da es mein Wunsch war, ihre Kleidung zu retten, rief ich: »Schnell, schau nach hinten!« Sie tat es nicht. Sie sah mich nur erstaunt an. Ich wiederholte mit lauter, fester Stimme: »Schnell, schau nach hinten!« Das Mädchen realisierte nicht, dass ich nur versuchte, ihre Kleidung zu retten. Stattdessen begann sie, mit mir zu streiten. »Warum schreist du mich so an? Was denkst du, wer du bist?« Diese Freundin fällte ein Urteil. Anstatt meine Worte zu hören, vermutete sie, meine Beweggründe zu kennen. Sie nahm an, dass ich schrie, weil ich mich über irgendetwas ärgerte. Während sie mit mir stritt, wurde ihre Kleidung aus dem Fenster geweht.

Ihre Reaktion auf mich war das Resultat ihres Urteils. Und was noch wichtiger ist: Was sie emotional erlebte, war ebenso das Resultat ihres Urteils. Sie fühlte sich abgelehnt. Sie fühlte sich gekränkt. Sie fühlte sich beschimpft. All das nur deshalb, weil sie annahm zu wissen, *warum* ich in einem so lauten Ton mit ihr sprach. In Wahrheit jedoch versuchte ich, ihr eine Freundlichkeit zu erweisen. Die Intensität in meiner Stimme hatte nur die Dringlichkeit der Situation widergespiegelt. Ich meinte es gut, aber wegen ihres Urteils war es für sie eine schlechte Erfahrung.

Anhand dieser einfachen Illustration sehen wir, warum in unserem Leben so viele Konflikte aufkommen. In dem Moment, wo du versuchst zu definieren, *warum* andere Menschen tun, was sie tun, hast du der Sache Bedeutung zugemessen. Erinnere dich daran, dass dich nichts verletzen kann, es sei denn du gibst ihm Bedeutung. Die Handlungen einer anderen Person sind nur so bedeutend für dich wie das Urteil, das du darüber fällst. Das Urteil wiederum hängt von deiner Entscheidung über das Warum der handelnden Person ab. Wie viel Schmerz oder Kränkung du durch die Handlungen anderer erfährst, gründet sich einzig und allein auf das Urteil, das du fällst. Und dein Urteil beruht auf deiner Vermutung, warum jemand tat, was er getan hat.

Das Urteilen über andere bewirkt, dass wir auf Situationen unangemessen reagieren. Die Kombination von Urteil und unangemessenem Verhalten setzt den Kreislauf von Saat und Ernte in Gang. Menschen überhäufen uns mit Urteilen, weil wir ein Urteil in ihr Leben gesät haben. Würden wir das Recht zu urteilen aufgeben, würde dadurch der Kreislauf des Schmerzes und der Qual beendet, und viele wertvolle Beziehungen könnten gerettet werden.

Kapitel 3

Die Macht des Schmerzes durchbrechen

Schmerz ist unvermeidlich, aber man muss nicht darunter leiden.

Matthäus 7,1 (NGÜ) ist wahrscheinlich eine der Schriftstellen, die am häufigsten falsch interpretiert werden: »Verurteilt niemand, damit auch ihr nicht verurteilt werdet.« Wir wissen gar nicht, wie wir durch unseren Alltag gehen sollen, ohne über alles und jeden um uns herum zu urteilen. Wir denken, wir wandeln in Weisheit! Wir denken, dass wir Gutes und Böses unterscheiden können und dass das Urteilen uns vor zukünftigem Schmerz schützt, aber nichts könnte der Wahrheit ferner sein als diese Ansicht. Stattdessen schaffen wir genau durch die Urteile, von denen wir uns Schutz erhoffen, eine Welt voller Konflikte und Leid.

Es stimmt, dass manche Ereignisse die Macht haben, momentanen emotionalen Schmerz zu verursachen. Damit jedoch etwas zu einer dauerhaften Qual werden kann, müssen wir der Sache zuerst Bedeutung zumessen. Es ist diese Bedeutung, die aus einem Geschehnis ein Leben im Leid macht.

Das Urteil ist das Entscheidende

Für den Großteil unseres Schmerzes erscheint es unwahrscheinlich, dass sie eher das Produkt unseres Urteilens sind als das der tatsächlichen Ereignisse. Wir sind so sicher, dass das erlittene Unrecht uns in einem Leben des Schmerzes gefangen hält. Die Wahrheit ist aber: Der einzige Weg aus dem Irrgarten lebenslanger Qual ist das Akzeptieren der Tatsache, dass unser Urteilen unsere Schmerzen produziert.

Wenn die Geschehnisse in unserem Leben die Quelle unseres Schmerzes wären, dann hätten wir keine Kontrolle über unsere Zukunft. Wir wären dem »Zufall« überlassen. Oder, was noch schlimmer ist: Beim Versuch, die Lebensumstände zu verstehen, würden wir uns selbst davon überzeugen, dass Gott diese Dinge aus einem bestimmten Grund in unser Leben gebracht oder sie zugelassen hat. Diese subjektive Entscheidung würde natürlich dazu führen, dass wir darüber entscheiden, *warum* Gott dies zugelassen hat. Mit anderen Worten: Wir würden über Gott urteilen.

Nichts, was außerhalb von dir geschieht, hat die Macht, dich zu verletzen, *bis du darüber urteilst.* Erst durch unser Urteilen bekommt es Bedeutung. Lass es mich noch anders sagen. Wenn Menschen etwas tun, fällst du ein Urteil darüber, warum sie es getan haben; du entscheidest, was ihr Motiv war. Sobald du über das Motiv entscheidest (urteilst), gibst du dem Geschehnis Bedeutung oder Kraft.

In Lukas 17,1 (SLT) sagte Jesus zu seinen Jüngern: »Es ist unvermeidlich, dass Anstöße [zur Sünde] kommen; wehe aber dem, durch welchen sie kommen!« In der Schrift können wir sehr schnell erkennen, dass ein Jünger Jesu zu sein nicht bedeutet, dass keine Probleme mehr auf uns zukommen. Der religiöse Verstand denkt, dass Schwierigkeiten nur zu jenen kommen, die es verdient haben. Stimmt nicht. Jesus sagte, dass Schwierigkeiten kommen werden. Also verschwende deine Zeit nicht damit, das Warum herauszufinden; denn indem du das tust, bist du direkt wieder in einer Situation des Urteilens.

Ich kenne Menschen, die nicht mehr mit Gott leben, weil sie das Urteil gefällt haben, Gott habe bestimmte Geschehnisse verursacht oder zugelassen. Angesichts ihres Urteils dachten sie, Gott habe sie abgelehnt. Als Resultat davon begannen sie, sich abgelehnt zu fühlen. Ihre falschen Gefühle bestätigten Gottes »Ablehnung« und bestärkten ihr falsches Urteil. Am Ende wurden sie zornig auf Gott und lehnten ihn ab.

Ich wiederhole: Jesus sagte nie, dass Jüngerschaft vor negativen Umständen schützt. Er lehrte uns jedoch, dass wir als seine Jünger unser Leben auf seine Lehren gründen und so auf einer Ebene leben können, die höher ist als die Kontrolle und die verheerenden Auswirkungen der Umstände. Und genau darüber lehrt er an dieser Stelle in Lukas 17.

Unsere Reaktion ist der entscheidende Faktor

Jesus hat nicht viel Aufmerksamkeit darauf gelegt, was dem Übertreter widerfahren wird. Stattdessen war er sehr darum bemüht, uns dabei zu helfen, zu lernen, wie wir uns selbst schützen können, wenn Anstöße kommen. Er zeigte uns, dass wir uns nicht um das Schicksal des Missetäters sorgen sollen, sondern um unser eigenes.

In Lukas 17,3 fährt er fort: »Habt acht auf euch selbst: Wenn dein Bruder sündigt, …«. Wir mögen uns fragen: »Warum sollte *ich* acht auf mich haben müssen? Ich bin doch das Opfer! Der Übeltäter ist derjenige, der achtgeben sollte.« Doch das ist genau die Reaktion, vor der er uns warnt.

Wir fallen nicht aus Versehen. Wir fallen durch die Reaktion auf Geschehnisse und Umstände. Tatsächlich gibt es Menschen, die uns Unrecht tun, indem sie absichtlich versuchen, uns zu Fall zu bringen. Die meisten Anstöße haben jedoch fast nichts mit uns zu tun. Die Menschen tun die Dinge nicht unseretwegen; sie tun die Dinge auf der Grundlage dessen, wer *sie* sind. Weil wir so schnell urteilen, nehmen wir an, dass sie das, was sie tun, unseretwegen tun. Wir sind tatsächlich so selbstbezogen, dass wir denken, *alles,* was eine Person tut, tue sie unseretwegen. Und für einige ist es schockierend zu entdecken, dass sie so wichtig eigentlich für niemanden sind!

Wenn ein Angriff kommt, dann ist unsere Reaktion der entscheidende Faktor. Nur wenn wir in unbiblischer Weise reagieren, bringt der Angriff Schmerz in unser Leben. Jesus sagte uns, was wir tun sollten, wenn wir angegriffen werden. Er erklärte, dass wir mit niemandem darüber sprechen sollten. Wir sollten keine weiteren Personen hineinziehen. Stattdessen sollten wir den Missetäter zurechtweisen (*nicht* verurteilen).

Eine Zurechtweisung – nicht ein Urteil – kann Heilung bringen

Das Wort *»zurechtweisen«* kommt von zwei griechischen Wörtern. Eines bedeutet »auf« und das andere »einen Wert festlegen oder ehren« (Siehe Strong's Concordance, #G1909 und #G5091). Manche übersetzen es mit »eindringlich/nachhaltig anrechnen/vorhalten«. Es könnte sein, dass zurechtweisen nicht mehr bedeutet, als einer Person die *Wertigkeit* ihrer Handlung bewusst zu machen. Einer Person zu sagen: »Ich weiß, warum du das getan hast« ist keine Zurechtweisung, sondern ein Urteil. Alles, was wir bei einer Zurechtweisung sagen können, ist: »Das hast du gerade getan und diese Auswirkung (diese Wertigkeit) hat es auf mich gehabt.« Nicht mehr und nicht weniger. Wir dürfen dem *keine* Bedeutung beimessen. Wir dürfen dieses Geschehnis nicht nutzen, um zu urteilen, um welche Art von Person es sich handelt. Wir können der Person sagen, dass sie dies schon oft getan hat. Aber wir dürfen nicht über das Motiv, die Absicht urteilen. Wir sagen einfach: »Das hast du getan; so hat es auf mich gewirkt.« Die meisten Menschen sind überrascht, wenn sie erfahren, welche Wirkung ihr Verhalten hat.

Der Rest von Lukas 17,3–4 zeigt uns, was unser Motiv für die Zurechtweisung sein sollte: »… und wenn er es bereut, so vergib ihm! Und wenn er siebenmal am Tag an dir sündigt und siebenmal zu dir umkehrt und spricht: Ich bereue es; so sollst du ihm vergeben.« Unser Ziel sollte es sein, den Angreifer zur Umkehr zu bewegen. Das Ziel darf nicht Strafe sein. Strafe ist der Preis, den – so denken wir – die Person laut unseres Urteils verdient hat. Das Urteilen geht der Rache voraus. Bevor wir ein Urteil gefällt haben, haben wir kein Verlangen danach, uns zu rächen. Denk daran, wir haben kein Recht auf Rache. Gott sagt, die Rache stehe ihm allein zu (Röm 12,19). Die bloße Tatsache, dass wir Rache suchen, zeigt, dass wir bereits ein Urteil gefällt haben.

In den meisten Fällen, in denen jemand erfährt, wie sein oder ihr Verhalten uns beeinflusst, werden wir diese Antwort hören: »Das hab ich nicht gewusst.« So darf eine Person lernen, wie sie sich taktvoller verhalten kann. In diesem Moment kann eine Heilung stattfinden, die uns von dem Schmerz des Anstoßes befreit. Selten wird eine solche Konfrontation aggressiv beantwortet – außer wenn die angegriffene Person ein Urteil fällt.

Wahre Heilung geschieht, wenn jeder von dem Vorfall profitiert. Wenn uns eine Person Unrecht tut, können wir dies als Möglichkeit sehen, Gottes Gnade zu erfahren. Wir können sie nutzen, um in Liebe und Barmherzigkeit zu wachsen. Dadurch können wir in Gott etwas erfahren, das wir vielleicht nie zuvor erlebt haben. Auch der Täter kann durch die Situation etwas von Gott erfahren, das er vielleicht noch nie erlebt hat. Für manche Menschen kann es der notwendige Input sein, um anstößiges Verhalten zu ändern.

Wenn wir andere konfrontieren, entdecken wir manchmal, dass wir »zu empfindlich« sind. Mit anderen Worten, es gab keinen Grund, durch die Tat verletzt zu sein. Die Bibel lehrt uns in 1. Korinther 13, dass Liebe nicht empfindlich oder übersensibel ist. Selbst wenn sich herausstellt, dass das Problem eigentlich auf unserer Seite liegt, können wir immer noch gewinnen. Wir können Einsicht in unsere Überzeugungen und Handlungen bekommen und haben die Gelegenheit, Heilung und Freiheit zu erfahren.

Wenn wir mit gesunden Kommunikations- und Beziehungsprinzipien an Ärgernisse herangehen, gebieten wir dem Schmerz Einhalt, bevor er zur Qual wird. Bei einer Konfrontation auf der Grundlage der Bibel hat jeder die Gelegenheit zu wachsen. Jeder hat die Möglichkeit, Heilung zu erfahren. Der Kreislauf des Schmerzes und der Qual kann für alle Betroffenen ein Ende haben.

Kapitel 4

Die Kraft der Bedeutung

Nicht die Intensität des Schmerzes bestimmt, wie stark die Auswirkung ist, sondern die Bedeutung, die wir dem Geschehen beimessen.

Jesus warnte uns davor, dass uns andere nach demselben Maßstab verurteilen, mit dem wir sie verurteilen. Der Unterschied ist jedoch, dass sie viel mehr davon zurückgeben werden, als wir gegeben haben. Weiter sagte er: »… und mit dem Maß, das ihr bei anderen anlegt, werdet ihr selbst gemessen werden« (Mt 7,2 NGÜ). Das Maß bzw. die Auswirkung, die irgendein Geschehnis auf uns hat, basiert auf zwei Faktoren: Der erste ist die Bedeutung, die wir dem Geschehnis beimessen. Der zweite ist unser Motiv, wenn wir dieselben Dinge tun. Wenn wir etwas messen bzw. einschätzen, indem wir ihm Wert, Umfang und Bedeutung geben, dann entscheidet dieses Maß, welche Auswirkung es auf uns haben wird.

Die Auswirkung, die das Verhalten einer Person auf uns hat, hat wenig mit seiner oder ihrer Absicht zu tun. Die Auswirkung hängt mit unserem Urteil ab bzw. damit, welches Maß wir anlegen. Hinter der Handlung einer Person mag keine böse Absicht stehen, und dennoch kann sie verheerende Auswirkungen haben. Es gibt sogar Handlungen, mit denen Gutes beabsichtigt wird, die aber großen Schmerz verursachen. Wenn solche Dinge geschehen, denken wir: *Sie tun mir das an.* Die Wahrheit ist: Ganz egal, welche Absichten die Personen haben – wir tun uns das selbst an.

Alles hängt von der Bedeutung ab

Ich bin in einem rauen und gewalttätigen Umfeld aufgewachsen. Ich sah Gewalt, als ich noch sehr jung war, da mein Vater meine Mutter körperlich misshandelte. In meiner Kindheit drohte mein Vater damit, das Haus mitsamt der Familie niederzubrennen. Ich war etwa elf Jahre alt, als ich zum ersten Mal bewusstlos geschlagen wurde. Mein Stiefvater hatte meine Mutter geschlagen, und ich hatte eingegriffen, um sie zu beschützen. Nachdem ich fünf Jahre von zu Hause fort gewesen war, kam ich als Achtzehnjähriger zu Besuch und übernachtete bei meiner Familie. Während dieser Zeit versuchte mein Stiefvater, mich im Schlaf umzubringen.

Wenn Menschen Teile meines Zeugnisses hören, sagen sie manchmal: »Ich kann mir nicht vorstellen, wie du auch nur annähernd normal sein kannst.« Sie denken, dass diese Umstände einen größeren negativen Einfluss auf mein Leben haben sollten. Obwohl ich manche emotionalen Probleme habe, die ich noch nicht völlig erkannt habe, haben die oben beschriebenen Erlebnisse keine wirkliche Bedeutung in meinem heutigen Leben.

Was ich erlebt habe, war offenkundige Ablehnung; eine Ablehnung, mit der man wahrscheinlich am einfachsten umgehen kann, denn sie ist offen und geschieht »geradeheraus«. Bei dieser Art von Ablehnung gibt es nicht viele Hintergedanken und wenig emotionale Manipulation.

Die Situation mit meinem Stiefvater war simpel. Er hasste mich und wollte mich aus dem Haus treiben. Ich hasste ihn und wollte nicht mit ihm im Haus bleiben. Das ist einfach zu verstehen. Bevor ich Jesus als meinen Erlöser aufnahm, war ich meinem Stiefvater gegenüber sehr bitter und hasserfüllt. Ich dachte daran, ihn umzubringen. Nachdem ich errettet war, verurteilte ich ihn nicht länger und befreite mich von dem Schmerz. Obwohl seine Handlungen viel Schmerz in meinem Leben verursachten, war es mein Urteil, welches die Ursache der andauernden Qual war.

Menschen, die zu mir in die Seelsorge kommen, haben Dinge erlebt, die weit weniger dramatisch waren und dennoch einen schwerwiegenderen Einfluss auf ihr Leben hatten. Um ehrlich zu sein, hatte ich in der ersten Zeit meines Dienstes kein Mitgefühl für diese Menschen. In meiner arroganten Selbstgerechtigkeit dachte ich: »Wacht auf! Das steht in überhaupt keinem Verhältnis zu dem, was ich erlebt habe.« Die Hilfe, die ich diesen Menschen anbot, war wahrscheinlich nicht sehr hilfreich. Schließlich erkannte ich, dass es nicht die Intensität des Anstoßes ist, die den Schmerz festlegt; vielmehr ist es immer die Bedeutung, die wir ihm beimessen. Eine Person kann demnach eine extrem heftige Erfahrung machen, die wenig zerstörerische Auswirkungen nach sich zieht, während eine andere Person eine scheinbar harmlose Erfahrung machen könnte, die aufgrund der Bedeutung, die sie ihr beimisst, verheerende Auswirkungen hat.

Tatsächlich hatte die subtile, manipulative Ablehnung, die ich von meiner Großmutter erlebte, eine größere bleibende Auswirkung als die Gewalt, die ich von meinem Stiefvater erfuhr. Es ist normalerweise schwieriger, mit versteckter Ablehnung umzugehen als mit offener. Versteckte Ablehnung bringt viel größere emotionale Herausforderungen mit sich, auch wenn sie nicht so heftig sein mag wie offene Ablehnung. Es wird noch schwieriger, damit umzugehen, wenn sie von Menschen kommt, die wir lieben und denen wir vertrauen. Von einer Person abgelehnt zu werden, die wir hassen, hat im Vergleich bedeutend weniger Auswirkungen, als von einer Person abgelehnt zu werden, die wir lieben. Die Handlung bleibt dieselbe, aber wir geben ihr mehr Bedeutung, weil wir ein Urteil darüber fällen, warum er oder sie das getan hat.

Wie würdest du reagieren?

Oft geht es um etwas ganz Simples. Jemand spricht nicht mit uns. Vielleicht macht uns ein uns wichtiger Mensch kein Kompliment. Oder vielleicht werden wir für etwas nicht gelobt, das wir erreicht haben, oder ein Elternteil ist überängstlich. Wir denken, sie seien zornig, sie liebten uns nicht, sie fänden uns nicht hübsch oder sie dächten, wir wüssten nicht, wie man etwas tut. Alle diese einfachen Dinge können aufgrund der Bedeutung, die wir ihnen beimessen, einen lebensverändernden Einfluss auf uns haben. Wenn eine Mutter zum Beispiel überängstlich ist und denkt, dass sie damit ihre Liebe zeigt, urteilt das Kind üblicherweise: »Sie denkt, ich bin blöd.« Obwohl das Urteil nicht korrekt sein mag, sind die Auswirkungen zermürbend.

Stell dir vor, wie verheerend das folgende Ereignis sein könnte: Du weißt nicht, dass der Pastor am Sonntagmorgen einer Krisensituation gegenüberstand. Es war eine Situation, die zwischen Leben und Tod, Himmel und Hölle oder zwischen einer geretteten oder einer zerbrochenen Ehe entscheiden würde. Als er in die Gemeinde eilt, wo der Gottesdienst bereits begonnen hat, sind seine Gedanken immer noch auf diese Krise fixiert. Du sprichst ihn an, als er bei dir vorbeigeht. Aber er scheint dich zu ignorieren.

Eigentlich ist nichts Negatives geschehen; er hat einfach nicht mit dir gesprochen. Du beginnst dir jedoch aufgrund deiner Unzulänglichkeitsgefühle Gedanken zu machen und misst der Situation Bedeutung bei. Du beginnst, sie zu messen. Du fällst ein Urteil. Du stellst dir die W-Frage: »Warum hat er nicht mit mir gesprochen?« Abhängig davon, wie du diese Frage beantwortest, könnte dein Selbstgespräch folgendermaßen weitergehen: »Ich denke, er mag mich nicht. Tatsächlich bin ich mir nicht sicher, ob er mich wirklich je gemocht hat!« Du misst unbedeutenden Handlungen Bedeutung bei, und auf der Grundlage deines Urteils werden dir Schmerz und Ablehnung »zurückgemessen«. Dieses Erlebnis hat in deinem Leben jetzt Kraft bekommen.

An dieser Stelle könnte die Angelegenheit leicht geklärt werden. Du könntest zum Pastor gehen, den Vorfall – ohne zu urteilen – beschreiben und erfahren, dass diese Handlung nichts mit dir zu tun hatte. Weil er zu diesem Zeitpunkt in Gedanken versunken war, wäre es total egal gewesen, wer dagestanden hätte; er hätte niemanden wahrgenommen, der ihn angesprochen hätte.

Oder vielleicht gehst du zornig und frustriert nach Hause (nachdem du eventuell sogar deine Spende zurückgehalten hast). Dann geht es noch einen Schritt weiter und du erzählst anderen, was der Pastor dir angetan hat. »Ich bin dieser Gemeinde gegenüber immer treu und loyal gewesen – und der Pastor hat mich nie gemocht! Und jetzt ist er auch noch unhöflich zu mir!«

Du bist jetzt wirklich verletzt. Dein seelischer Schmerz und Kummer sind real, aber sie wurden nicht dadurch verursacht, was eine andere Person dir angetan hat, sondern durch das Urteil, das du gefällt hast. »… mit dem Maß, das ihr bei anderen anlegt, werdet ihr selbst gemessen werden« (Mt 7,2 NGÜ).

Jetzt beginnen zwei Dinge zu geschehen: Erstens werden die Leute dir allgemein in der gleichen Art und Weise begegnen, wie du ihnen begegnest. Danach geht es mit einem Riesenschritt zu dem »Maß, mit welchem ihr messt«. Das geht dann über in den Bereich, wo es nichts mehr damit zu tun hat, wie jemand anderes auf dich reagiert; es hat viel mehr damit zu tun, wie sehr dein Herz von der Bedeutung beeinflusst wird, die du der Sache beigemessen hast.

Wenn wir unser Leben damit zubringen, andere zu beurteilen – sie auf der Grundlage unseres Urteils zu behandeln –, ist unser Leben voller Schmerzen und Beeinträchtigungen. Wir haben keine erfüllenden Beziehungen, und mit der Kommunikation klappt es überhaupt nicht, weil wir immer über die Motive urteilen, die hinter dem stecken könnten, was andere sagen oder tun. Und all das beruht auf unserem Urteil.

Alles, was nötig ist, um aus diesem zerstörerischen Kreislauf auszubrechen, besteht in Folgendem: sich weigern zu urteilen, und sich weigern, den Handlungen anderer Menschen Bedeutung beizumessen. Wenn die Handlung einer anderen Person eine negative Auswirkung auf dich hat, frage einfach nach, ob es ein Problem gibt. Stelle keine Vermutungen an und miss der Sache keine Bedeutung bei. Wenn du lernst zu beobachten, anstatt zu richten, kannst du den Schmerz stoppen, bevor er zur Qual wird.

Kapitel 5

Beobachter, nicht Beurteiler

Durch das Urteilen wird die Beobachtung verzerrt und die Einsicht geht verloren.

Wenn das Urteilen Gottes Angelegenheit ist, dann ist es sehr wahrscheinlich, dass Adam vor dem Sündenfall keine Fähigkeit oder keine Tendenz hatte zu urteilen. Wir wissen, dass Adam, als er sündigte, die Fähigkeit erhielt, selbst über Gut und Böse zu urteilen – etwas, worüber er vorher nicht verfügte. Die Fähigkeit zu urteilen war ein Teil von Satans zerstörerischem Angebot. Adam vertraute schließlich seinem eigenen Urteil mehr als dem von Gott. Er besaß zusätzlich zu einem angstvollen Wesen auch noch die Macht zu richten, und das trieb ihn von Gott weg.

Vor dem Fall vertraute Adam Gott und dessen Meinung. Er hatte weder das Bedürfnis noch den Wunsch, Gut und Böse selbst zu unterscheiden. Vor dem Fall war Adam ein *Beobachter* der Welt. Wenn er wissen wollte, *warum,* schaute er auf seinen Vater und Schöpfer. Es gab keinen Bedarf zu urteilen, weil es keine Angst gab. Als Adam fiel, wurde er im Wesen ängstlich. Das sündige Wesen ist im Herzen ängstlich; Angst war Adams erste neue Emotion, nachdem er Sünder geworden war. Sein Selbstwert stürzte ins Bodenlose, und er hatte kein Vertrauen mehr auf das, was Gott über Dinge sagte. In der Tat wurde er zum Gott seiner eigenen Welt; und als Gott behielt er sich selbst das Recht vor zu urteilen. Wenn jemand Angst hat, drückt er das hauptsächlich durch Urteile aus.

Als neue Schöpfungen in Christus Jesus mit einem neuen Wesen sollten wir frei von Angst sein. Unser Selbstwert sollte sich auf unsere neue Identität in Jesus gründen. Als Jünger des Herrn Jesus sollten wir seinem Wort vertrauen. Wir sollten frei davon sein, urteilen zu müssen; wir sollten dorthin zurückkehren, wo wir das Leben als Beobachter erfahren, und von dem Bedürfnis frei sein, wie ein Gott handeln zu wollen.

Schau auf die Frucht und sei weise!

Als Jesus von falschen Propheten sprach, sagte er: »An ihren Früchten werdet ihr sie erkennen. Liest man etwa von Dornen Trauben oder von Disteln Feigen? So bringt jeder gute Baum gute Früchte, aber der faule Baum bringt schlechte Früchte. Ein guter Baum kann nicht schlechte Früchte bringen, noch kann ein fauler Baum gute Früchte bringen« (Mt 7,16–18).

Dieses Prinzip lässt sich überall anwenden; es gibt nur eine Methode, um Menschen zu kennen: an ihrer Frucht.

Frucht ist das Einzige, was beobachtet werden kann, und Frucht ist etwas, was im Laufe der Zeit wächst. Es handelt sich dabei nicht um ein einmaliges Ereignis, einen einzigen Fehler und es besteht auch nicht in unseren momentanen Handlungen. Unsere Frucht ist unsere »Bilanz«. Es ist wahrscheinlich, dass wir in der Zukunft das tun werden, was wir in der Vergangenheit ständig getan haben. Unsere Bilanz ist alles, was Menschen über uns wissen.

Doch nur weil jemand unsere Bilanz kennt, gibt ihm das nicht das Recht, in einer bestimmten Situation ein Urteil über unsere

Beweggründe zu fällen. Kritik lässt sich dadurch keinesfalls rechtfertigen. Die Bilanz einer Person gibt uns ganz einfach sichtbare, messbare Informationen, sodass wir dieser Person mit Weisheit begegnen können. Sie gibt uns nicht das Recht, diese Person lieblos oder respektlos zu behandeln. Und ganz sicherlich bedeutet es nicht, dass Menschen sich nicht verändern und wachsen können. Die Bilanz zeigt uns nur, was sie tendenziell tun.

Verpflichte dich, ein Beobachter zu sein anstatt eines Beurteilers. Es ist einfach zu denken, dass wir nicht wissen, wie wir Leuten begegnen sollen, deren Motive wir nicht kennen bzw. die wir nicht beurteilen. Doch so zu denken ist falsch. Gottes Wort ist voller Weisheit darüber, wie wir Menschen begegnen sollen, wie wir Vertrauen entwickeln können, auf wen wir uns verlassen können und auf wen nicht. Aber wenn wir uns als »Gott unserer eigenen Welt« sehen, lehnen wir Gottes Weisheit ab und wenden stattdessen unser eigenes Urteil an. Dabei geht es im Endeffekt um Angst – unsere Ängste bringen uns dazu, lieber unserem eigenen als Gottes Urteil zu vertrauen. Bei unserem Versuch, uns vor zukünftigem Schmerz (den wir fürchten) zu schützen, urteilen wir. Aber anstatt uns dadurch vom Schmerz zu befreien, wird unsere Wahrnehmung verzerrt und die wahre Einsicht geht verloren. Das Ergebnis des Urteilens besteht immer in noch mehr Schmerz.

Vor vielen Jahren kam ein junger Mann wegen finanzieller Not zu mir. Dieser junge Mann ist in unserer Gemeinde aufgewachsen. Er und seine Familie waren mir sehr lieb. Ich hatte diesem jungen Mann in der Vergangenheit finanziell geholfen und das belastete unsere Beziehung ein wenig, weil er mit seinen Zahlungen immer in Verzug war.

Ich mochte diesen jungen Mann und war nicht willens, unsere Freundschaft wegen einer weiteren schwierigen finanziellen Situation zu riskieren. Als er mir seine Not erzählte, öffnete ich ihm gegenüber mein Herz. Ich wollte ihm wirklich helfen, aber die Erfahrung sagte mir, dass die Hilfe anders aussehen musste. Als wir redeten, wies ich ihn auf andere Möglichkeiten hin, um das Geld zu bekommen. Er war enttäuscht und gekränkt, weil ich ihm das benötigte Geld nicht lieh und ging mit negativen Gefühlen weg. Ich fühlte mich wirklich schlecht, weil ich ihm nicht half, aber die Weisheit sagte mir, dass es verantwortungsvoll war, mit der Situation auf diese Weise umzugehen.

Wenn du deine Handlungen rechtfertigst, urteilst du immer noch

Ich möchte hier etwas erklären. So oft haben wir in solchen Situationen das Bedürfnis, unser »Nein« zu rechtfertigen. Das Problem ist: Um unsere Handlung, unser »Nein« rechtfertigen zu können, müssen wir ein negatives Urteil über die Person fällen. Das ist eine Form von Urteilen. In dem Moment, wo wir unser »Nein« rechtfertigen, eskaliert die Unannehmlichkeit gewöhnlich zu einem Konflikt, und wir zerstören eine wertvolle Beziehung. Noch beunruhigender ist: Wir vernichten damit auch die Gelegenheit, der Person dabei zu helfen, das Problem direkt an der Wurzel zu lösen.

Es gibt auch Zeiten, wo wir uns gegen die Weisheit entscheiden. Wir haben wieder einmal das Bedürfnis, unsere Handlung zu rechtfertigen, also fällen wir ein gutes Urteil. Wir denken uns zum Beispiel alle möglichen guten Gründe dafür aus, warum der junge Mann nicht rechtzeitig bezahlt hat. Wenn wir genügend »gute Urteile« erfinden, um unsere Handlung zu rechtfertigen, dann resultiert daraus meist eine schlechte Entscheidung. Die meisten Menschen fällen Urteile, um ihre Handlungen zu rechtfertigen. Dieses Bedürfnis zu urteilen spiegelt sowohl Angst als auch niedrigen Selbstwert wider. Wenn wir uns gegen die Weisheit entscheiden und einer Person Geld leihen, von der wir wissen, dass sie nicht mit Geld umgehen kann (sichtbare Frucht), sollten wir es ihnen einfach geben (anstatt es ihnen zu leihen). Wir sollten uns eingestehen, dass wir es wahrscheinlich nie zurückbekommen werden.

Oder in einer noch komplexeren Situation *bitten* die Leute uns vielleicht darum, ein Urteil zu fällen. Natürlich sagen sie nicht: »Ich möchte dass du über mich urteilst.« Stattdessen werden sie uns Gründe für ihre vergangenen Handlungen geben. Irgendwann werden sie uns bitten, auf etwas zu vertrauen, das nicht durch Beobachtung gemessen werden kann. Sie werden uns bitten, sie als gut zu beurteilen, obwohl ihre Frucht schlecht ist. Natürlich ist es nicht falsch, jemandem zu helfen, dem man wahrscheinlich nicht vertrauen kann. Es könnte eine Handlung der Barmherzigkeit oder der Güte sein. Doch wenn man sich durch Beurteilungen motivieren lässt, dann ist es nicht Liebe oder Güte, sondern Dummheit. Wenn Menschen ihre dürftige Bilanz entschuldigen, sagen sie damit: »Lass mich dir erklären, *warum*. Ich möchte, dass du mich als »gutes Risiko« einstufst, obwohl meine gesamte Bilanz schlecht ist. Ich will dir einen Vorwand geben, damit du in meinem Interesse handelst.«

Liebe braucht keinen Vorwand, um zu handeln. Wir haben Liebe, weil Liebe das Ergebnis unserer Beziehung zu Gott ist. Es ist sein Charakter, der unseren Charakter durchdringt. Es ist die Gnade Gottes, die uns befähigt, mit gottähnlichem Charakter und in Barmherzigkeit zu handeln. In dem Moment, in dem wir unsere Handlungen durch eine Beurteilung rechtfertigen – sei es eine positive oder eine negative –, ist es nicht mehr Liebe.

Schließlich kam der junge Mann zurück und entschuldigte sich für die Gefühle, die er an jenem Abend mir gegenüber gehegt hatte. Er erkannte, dass ich ihm half, ein verantwortungsvoller Mann zu sein, als er es nicht sein wollte. Er gab zu, dass er nach einem einfachen Ausweg gesucht hatte. Es wird zwar nicht jeder zurückkommen und sich entschuldigen, doch (wie in diesem Fall) ist eine zukünftige Freundschaft möglich. Meine Freiheit davon, ein Urteil fällen zu müssen, rettete eine Freundschaft, die ich sehr schätzte. Bei diesem zweiten Besuch begann der junge Mann, eine neue Bilanz aufzubauen, die ihn in der Zukunft vertrauenswürdiger machen würde.

Weil ich lerne, zu beobachten, anstatt zu richten, bin ich schon vor so viel Schmerz und Konflikt bewahrt worden. Es hat mich auch dazu gezwungen, meine eigenen Probleme zu sehen. Warum möchte ich oftmals »nein« sagen und mir fehlt die Kraft dazu? Warum möchte ich oftmals »ja« sagen und ziehe es nicht durch? Beurteilung! Beim Beurteilen konzentrieren wir uns auf die andere Person, damit wir unsere Handlungen rechtfertigen können. Wenn wir beurteilen, kommt unsere Motivation nicht mehr aus unseren Herzen, aus der Weisheit von Gottes Wort, aus der Stimme Gottes in unseren Herzen oder aus der Liebe Gottes in unseren Herzen. Stattdessen lassen wir uns von dem Bestreben leiten, der Gott unserer eigenen Welt zu sein. Und das begrenzt uns auf die Weisheit unserer Beurteilungen.

Die Freiheit von Beurteilungen ermöglicht es dir, aus deinem eigenen Wesen heraus zu handeln. Es befreit dich dazu, aus deinen eigenen Gründen heraus zu handeln, anstatt aus den Gründen anderer. Es befreit dich von der Qual, Fehler finden zu müssen, um dein »Nein« rechtfertigen zu können. Es befreit dich von dem Bedürfnis, Vorwände finden zu müssen, um dein »Ja« rechtfertigen zu können. Und es ermöglicht dir, dass dein Ja ein Ja und dein Nein ein Nein ist (Jak 5,12).

Es ist immer zulässig zu sagen: »Ich möchte das lieber nicht« oder »Ich fühle mich nicht wohl dabei«. Das ist die Art von Aussage, die wir machen können, ohne dabei zu urteilen. Es kann nützlich und weise sein zu sagen: »Aufgrund meiner vergangenen Erfahrungen mit dir glaube ich, dass das keinen guten Ausgang haben wird, und ich möchte unsere Freundschaft nicht aufs Spiel setzen.« Es gibt viele Dinge, die wir tun und sagen können, ohne zu urteilen – und eines der barmherzigsten Dinge, die wir tun können, besteht darin, einem Menschen die Gelegenheit zu geben, eine neue Bilanz aufzubauen.

Kapitel 6

Dich zu »reparieren« bringt mich um

Fehlersuche ist das Ergebnis von Angst, niedrigem Selbstwert und Zorn.

Warum regst du dich über einen Splitter im Auge deines Nächsten auf, wenn du selbst einen Balken im Auge hast? Mit welchem Recht sagst du: ›Mein Freund, komm, ich helfe dir, den Splitter aus deinem Auge zu ziehen‹, wenn du doch nicht über den Balken in deinem eigenen Auge hinaussehen kannst? Du Heuchler! Zieh zuerst den Balken aus deinem eigenen Auge; dann siehst du vielleicht genug, um dich mit dem Splitter im Auge deines Freundes zu befassen.
— Matthäus 7,3–5 NLB

Der Schmerz hätte keine Gelegenheit in unserem Leben, wenn wir in Harmonie miteinander leben würden. Als soziale, emotionale und beziehungsorientierte Wesen gibt es in unserem Leben kein größeres Bedürfnis, als harmonische, liebevolle Beziehungen zu haben. Dennoch wird in der Gemeinde und der säkularen Welt sehr wenig Wert auf Fähigkeiten gelegt, die uns in unseren Beziehungen weiterbringen. Je mehr sich die Menschen intellektuell entwickeln, desto weiter scheinen sie auf der Beziehungsebene zurückzufallen. Ein Großteil der Leere in unserer Gesellschaft ist das Ergebnis dieser tragischen Vernachlässigung.

Geld, Unterhaltung und Technologie können niemals unser Bedürfnis nach Beziehung ersetzen.

Wie man Menschen hilft, ohne sie zu »reparieren«

Ein bedeutender Wendepunkt in meinem Leben kam, als ich erkannte, dass es notwendig ist, mit anderen Menschen in Frieden zu leben. Mein Mitgefühl war viele Jahre lang fehlgeleitet gewesen. Ich kümmerte mich um die Menschen und wollte ihnen helfen. Aber meine Definition von Hilfe war, sie zu reparieren. Bei meinen gescheiterten Versuchen zu helfen, verursachte ich viele Schmerzen und Konflikte in meinem eigenen Leben sowie im Leben von anderen. Ich wollte Frieden haben, aber ich dachte, Liebe bestehe darin, Menschen zu reparieren. Ich fand bald heraus, dass es nicht möglich war, Menschen zu reparieren und gleichzeitig Frieden zu haben.

Derjenige, der die anderen reparieren will, wird immer feststellen, dass er missverstanden wird. Als »Reparateure« haben wir lauter gute Absichten. Schließlich wollen wir ja ihr Bestes, oder? Und doch werden wir nicht geschätzt und gewürdigt. Warum? Jesus sagte, in der zu Beginn dieses Kapitels zitierten Stelle, dass unsere Versuche, andere zu reparieren, genauso sehr geschätzt würden, als würden wir unseren Finger blind in das Auge einer anderen Person stecken. Egal, was unser Motiv dabei ist, wir werden einfach nur Schmerzen verursachen.

Jesus hat uns vor der Versuchung gewarnt, uns auf die Probleme anderer zu konzentrieren. Das Beste, was ich für dich und deine Probleme tun kann, ist, mich um mich selbst und meine eigenen Probleme zu kümmern. Das ist keine egoistische Aussage! Denn weißt du, wenn ich mich um mich selbst kümmere – wenn ich mein Herz dahingehend entwickle, in Liebe zu wandeln, wenn ich dir die Liebe Gottes bringen kann, wenn du in Not bist –, dann leiste ich dir einen großartigen Dienst.

Sobald ich denke, ich könnte deine Fehler klarer sehen als meine eigenen, bin ich zum Heuchler geworden. Die *Elberfelder Studienbibel* definiert das Wort Heuchler als »Schauspieler«, jemand, der »eine bestimmte Person darstellt«[2]. In diesem Szenario scheint es, als würden wir Gottes Rolle spielen.

Die Liebe drängt uns, auf die Bedürfnisse anderer zu achten und feinfühlig zu sein. Aber durch eine fast unmerkliche Verdrehung der Motivation können wir sensibler für die Fehler anderer werden als für ihre Bedürfnisse. Du musst verstehen, dass Bedürfnisse normalerweise durch Fehler sichtbar werden. Kinder sagen, dass sie Angst haben, indem sie ihre Bedürfnisse ausdrücken. Ihre Ängste werden für gewöhnlich durch negatives Verhalten sichtbar. Zu oft sehen wir das negative Verhalten, aber erkennen nicht das Bedürfnis, durch das dieses Verhalten hervorgerufen wird. Der Sänger Dottie Rambo sagte Folgendes über Jesus: »Er blickte über meine Fehler hinaus und sah mein Bedürfnis.«

Unsere verzerrten Definitionen von Liebe und »Dienst« nötigen uns dazu, »den Splitter aus ihrem Auge zu ziehen«. Ich weiß nicht, wie es dir dabei geht, aber ich möchte nicht, dass eine blinde Person versucht, irgendetwas aus meinem Auge herauszuziehen. Ich habe Angst, dass sie mich dabei auch blind macht. Genau das passiert, wenn wir versuchen, andere zu reparieren. Wir verursachen Schmerz in ihrem Leben und dann verursachen sie Schmerz in unserem Leben. Somit wird der Kreislauf des Schmerzes und des Konfliktes in wiederum einem weiteren Gebiet unseres Lebens verstärkt.

Es ist niemals unsere Aufgabe, eine andere Person zu reparieren. Es ist jedoch unsere Aufgabe, ein Umfeld zu fördern, in dem Gott und Menschen zusammenarbeiten können, um jeden Schmerz zu heilen und dadurch jedes ihrer Probleme zu lösen. In einem Umfeld der Liebe und der Akzeptanz fühlen Menschen sich sicher genug, um ihre Probleme anzugehen. Unsere Versuche, Menschen zu reparieren, versetzen sie für gewöhnlich in eine Abwehrhaltung, die die Wahrscheinlichkeit verringert, dass Gott selbst in ihrem Leben wirken kann.

Richte deinen Fokus auf Jesus, nicht auf Fehler!

Wie sind wir überhaupt in diesen Kreislauf gekommen? Es ist alles darauf zurückzuführen, was wir über Gott glauben. Unsere verzerrte Vorstellung von Gott rechtfertigt unsere heuchlerischen Versuche, andere zu reparieren. Zum Beispiel nehmen wir an, dass Gott uns hilft, indem er uns unsere Fehler aufzeigt. Aber in Jeremia 31,34 sagt Gott: »… ich werde ihre Schuld vergeben und an ihre Sünde nicht mehr denken.« Wenn Gott nicht mehr an unsere Sünde denkt, warum und wie sollte er uns daran erinnern?

Wenn die Schrift das Werk des Heiligen Geistes beschreibt, sagt sie, dass er die Welt von Sünde, Gerechtigkeit und Gericht überführen wird (Joh 16,8). In den nächsten Versen entdecken wir, was das bedeutet.

> *Von Sünde, weil sie nicht an mich glauben; von Gerechtigkeit aber, weil ich zu meinem Vater gehe und ihr mich nicht mehr seht; vom Gericht, weil der Fürst dieser Welt gerichtet ist.*
> *— Johannes 16,9–11*

Nicht ein einziges Mal sagt die Schrift, dass er uns auf unsere Fehler hinweisen wird.

Fehlersuche ist kein Werk des Heiligen Geistes. Es ist keine geistliche Gabe. Es ist weder von Gott inspiriert noch von Gott geleitet. Fehlersuche ist das Ergebnis von Angst, niedrigem Selbstwert und Zorn. Es ist ein vergeblicher Versuch, dem Schmerz dadurch ein Ende zu bereiten, indem man andere kontrolliert und zwingt, sich zu ändern. Es ist einer der Faktoren, der am meisten Konflikt und Liebesverlust verursacht. Unsere Versuche, einander zu reparieren, bringen uns um! Der Beweis ist offensichtlich. Unsere Versuche funktionieren nie, aber wir weigern uns, den Balken im eigenen Auge zu bedenken, und suchen weiter die Sägespäne in den Augen anderer.

Selbst wenn Veränderung wirklich notwendig ist, geschieht sie nicht dadurch, dass wir uns auf das konzentrieren, was falsch ist. Alles, was wir über menschliches Verhalten wissen, lehrt uns, dass Menschen sich in das verwandeln, worauf sie ihre Aufmerksamkeit richten. Menschen, die sich auf ihre Fehler fokussieren, entkommen diesen Fehlern nie. Gott möchte dich wissen lassen, dass das Sündenproblem durch das vollbrachte Werk Jesu gelöst wurde. Er möchte dich wissen lassen, dass du durch den Glauben an dieses vollbrachte Werk und in Gottes Gerechtigkeit dazu befähigt werden kannst, derjenige zu sein, den Gott in dir sieht.

Unser Ruf, Jesus zu folgen, ist ein Ruf in ein Leben, das auf *ihn* ausgerichtet ist; auf das, was *er* tut und wohin *er* geht. Er sollte das Zentrum unseres ganzen Lebens werden. Seine Liebe, Annahme und Stabilität sollten uns zu den zuversichtlichsten und stabilsten Menschen der Welt machen. In Matthäus 11,28–30 hat Jesus verheißen, dass wir, wenn wir uns »unter sein Joch stellen« würden, ein Leben hätten, das sanft und leicht ist.

Unter einem gemeinsamen Joch zu gehen erfordert Feingefühl. Es bedeutet, dass wir feinfühlig darauf achten müssen, wie Jesus sich bewegt. Wenn unsere Aufmerksamkeit auf unsere Probleme oder die Probleme anderer gerichtet ist, werden wir uns nicht darüber bewusst sein, wie er sich in unserem Leben bewegen will. Wenn er nicht der Fokus ist, hat er keinen Einfluss mehr. In diesem Moment bewegen wir uns nicht mehr mit ihm. Stattdessen bewegen wir uns ihm entgegengesetzt. Wenn wir versuchen, Menschen zu reparieren, werden wir zum Haupthindernis, das Gottes Werk in ihrem Leben blockiert.

Trotz allem, was Gott in unserem Leben tut, damit wir uns als neue Schöpfungen sehen – gerecht gemacht durch das Blut Jesu und frei von Angst vor Zorn und Gericht –, bestehen wir darauf, Menschen weiterhin dazu zu bringen, sich auf ihre Fehler zu fokussieren. Wir bestehen darauf, dass wir sie reparieren können. Wenn wir darauf bestehen, dann bitten wir Menschen genau genommen darum, uns den Platz in ihrem Leben einzuräumen, der nur Gott gehört.

Diesem Zwang, den Splitter aus den Augen der anderen zu ziehen, liegt unser Urteil zugrunde. Da wir ja angeblich wissen, *warum* Menschen so sind, wie sie sind, meinen wir auch, diejenigen zu sein, die klar genug sehen können, um das Problem lösen. Genau dieses Urteil macht uns blind für die Realität und untauglich, eine Hilfe für jene zu sein, die verletzt sind und sich abmühen. Diese Mentalität ist die Ursache, dass wir anderen Schmerz zufügen und sie damit provozieren, wiederum uns Schmerz zuzufügen und es uns heimzuzahlen.

Dein Leben wird davon beeinflusst, worauf du dich fokussierst und worauf du deine Aufmerksamkeit richtest. Wenn du deinen Verstand mit der Wahrheit erneuerst, die Gott über dich sagt, dann wirst du dich nicht auf den Splitter im Auge des anderen konzentrieren. Stattdessen wirst du das Brett aus deinem eigenen Auge ziehen! Der größte Dienst, den du anderen erweisen kannst, besteht darin, auf dich selbst achtzugeben. Wenn du die

Dinge klar aus Gottes Perspektive sehen kannst, wirst du immer entdecken, dass es viel besser ist, andere zu lieben, anzunehmen, zu ermutigen und zu fördern, als ihre Fehler zu finden, sie zu verurteilen und zu reparieren.

Kapitel 7

»Du bist das Problem, nicht ich!«

»Wenn ich nicht dir die Schuld gebe, wie stehe ich dann da?«

Die Pharisäer waren mehr als nur gesetzlich. Sie waren auch extrem auf das Äußere fixiert. Mit anderen Worten, sie konnten sich nicht vorstellen, was es bedeutet, »aus dem Herzen zu leben«. Das persönliche Leben mit Gott hatten sie auf das äußerliche Einhalten von über sechshundert täglichen Regeln reduziert, die – was das Herzensmotiv betraf – wenig bis gar keinen Nutzen hatten. Jesus beschrieb sie folgendermaßen: »Dieses Volk ehrt mich mit den Lippen, aber ihr Herz ist weit entfernt von mir. Vergeblich aber verehren sie mich, indem sie als Lehren Menschengebote lehren« (Mt 15,8–9).

Urteilen ist immer ein Kennzeichen von Menschen, die auf das Äußere fixiert sind. Da sie nicht auf ihr eigenes Herz hören oder schauen, erfahren sie nie den Trost von Gottes Liebe und Annahme. Sie haben keine innige Vertrautheit mit Gott. Stattdessen ersetzen sie diese Vertrautheit mit einem falschen Sicherheitsgefühl, das daraus entsteht, bei anderen Menschen Fehler zu finden – und dadurch erheben sie sich selbst. Und da sie Göttlichkeit rein äußerlich messen, ergibt sich ein ständiges Vergleichen, Verdammen und Messen. Menschen, die auf das Äußere fixiert sind, versuchen nicht, Gott mit ihrem Herzen zu folgen – es geht ihnen nur um das Verhalten.

Eine der besten Methoden, um Menschen davon abzuhalten, unser Verhalten zu hinterfragen, besteht darin, Fehler in *ihrem* Verhalten zu finden. Das entfernt uns nicht nur aus dem Rampenlicht, sondern gibt uns auch die Kontrolle über sie, indem wir Angst und Zweifel schaffen. Daraus entsteht dann das gemeine Herzstück der Religion.

Als die Pharisäer Jesus über das Kommen von Gottes Königreich befragten, antwortete er (Lk 17,20–21 LUT1912): »Das Reich Gottes kommt nicht so, dass man's beobachten kann; man wird auch nicht sagen: Siehe, hier ist es!, oder: Da ist es! Denn siehe, das Reich Gottes ist inwendig in euch.« Jesus wies sie auf den Ort hin, an dem sie noch nie gesucht hatten: der Ort in ihnen. Die Idee, auf das eigene Herz zu sehen, ist den auf das Äußere fixierten Menschen völlig fremd. Ihr ganzes Leben ist darauf aufgebaut, ihre Fehler aneinander zu messen und sich gegenseitig zu kritisieren.

In Matthäus 7,3 steht: »Was aber siehst du den Splitter, der in deines Bruders Auge ist, den Balken aber in deinem Auge nimmst du nicht wahr?« Die Beurteilung ist ein enormer Verteidigungsmechanismus. Menschen, die ein Leben des Beurteilens führen, fokussieren sich immer auf andere, um zu vermeiden, sich mit ihren eigenen Problemen auseinandersetzen zu müssen.

Im Namen des Dienens haben wir es zu einer beliebten Tagesordnung gemacht, andere Menschen zu reparieren. Das widerspricht jedem biblischen Prinzip, wenn es um das Werk des Heiligen Geistes geht. Wir können Menschen nicht reparieren. Es ist nicht unsere Aufgabe. Natürlich heißt das nicht, dass wir Sünde gegenüber passiv werden. Es bedeutet auch nicht, dass wir einen inakzeptablen Lebensstil stillschweigend dulden. Es bedeutet ganz einfach, uns an die biblischen Prinzipien und Methoden zu halten, die zu persönlicher Veränderung führen.

Welcher Gott ist dein Vorbild?

Unsere hauptsächliche Aufgabe, um jemanden in gottgemäße Veränderung hineinzuführen, besteht darin, ihnen Gottes Charakter vorzuleben. Wir sollten Menschen Liebe und Annahme zeigen. Wir sollten Barmherzigkeit üben. Wir sollten die Wahrheit auf eine Art und Weise an sie heranführen, die ihren Selbstwert nicht herabsetzt. Wir sollten ihnen unerschöpfliche Liebe vorleben. Wir sollten ihnen ermöglichen, an uns Gottes Geduld zu erkennen. In einer solchen, die Gefühle ansprechenden Umgebung kann der Heilige Geist zu ihren Herzen sprechen und sie zu Gott ziehen.

Leider leben wir alle den »Gott« vor, an den wir glauben. Im Neuen Testament besteht Götzendienst selten darin, dass eine Person einen Baum fällt, daraus einen Abgott herstellt, sich davor niederbeugt und sagt: »Du bist mein Gott.« Nein, christlicher Götzendienst wird dann betrieben, wenn man in seinem eigenen Herzen und Verstand ein falsches Bild von Gott erschafft. Wenn wir Gott anders sehen, als Jesus ihn uns präsentiert hat, sind wir Götzendiener. Die Folge davon ist, dass wir dem Gott unserer eigenen Vorstellung dienen, während wir Gott, den Vater unseres Herrn Jesus, den Jesus uns durch sein Leben in Lehre und Vorbild so klar gezeigt hat, ablehnen. Noch einmal: Der »Gott«, den wir der Welt zeigen, ist der Gott, an den wir glauben.

Ein Prinzip aus der Schrift sagt: »Du wirst zu dem, was du betrachtest.« Psalm 34 stellt dieses Konzept vor, wenn es darum geht, den Herrn groß zu machen. Wir können Gott nicht tatsächlich größer machen. Aber wir können ihn in unserem eigenen Herzen und Verstand größer machen, indem wir unsere Aufmerksamkeit auf ihn richten. Die Bibel lehrt, dass wir in seiner Gegenwart verwandelt werden.

In 1. Johannes 3 zeigt die Bibel uns: Jesus so zu sehen, wie er ist, ist die Kraft, die uns verwandelt. Diese Verwandlung geschieht täglich und gipfelt in einer kompletten Veränderung, wenn er wiederkommt. Andererseits warnt uns die Bibel davor, Umgang mit gottlosen Menschen zu pflegen. Sie warnt vor schlechter Gemeinschaft. Sie lehrt uns, dass wir die Anwesenheit von Sünde meiden sollen. Sie lehrt uns, dass wir uns weigern sollen, einer Lehre zuzuhören, die uns von der Wahrheit wegführt (siehe zum Beispiel 1Thess 5,22; Spr 13,20; 2Tim 4).

Diese Ermahnungen stützen sich auf das Prinzip: »Was du betrachtest, zu dem wirst du.« Worauf auch immer wir über einen längeren Zeitraum unsere Aufmerksamkeit richten, wird uns anziehen und schlussendlich werden wir uns in dieses Bild verwandeln. Dieses Prinzip kann für uns oder gegen uns arbeiten. Gott hat uns diese Fähigkeit zu unserem Wohl gegeben, aber zu oft nutzen wir sie zu unserer Zerstörung.

Wir möchten wie Gott sein, und das ist auch gut so. Das Problem liegt in der Vorstellung, die wir von Gott haben. Denn du wirst ja wie der »Gott«, an den du glaubst. Traurigerweise ist die Stimme der Verdammnis, die du in deinem Herzen hörst, weder die Stimme des Teufels noch die Stimme Gottes; es ist die Stimme der Selbstkritik. Es ist die Religion, die dich gelehrt hat, es sei Gottes Stimme. Doch das entspricht nicht der Wahrheit.

Jetzt, in diesem Moment, drücken wir alle äußerlich das aus, was wir innerlich erleben. Wenn wir in unserem Herzen Verdammnis erleben, dann können wir gar nicht anders, als unserer Umwelt gegenüber Verdammnis zum Ausdruck zu bringen. Wenn wir den Eindruck haben, dass wir überprüft werden, werden auch wir andere überprüfen. Doch wenn wir Liebe und Annahme empfinden, werden wir Liebe und Annahme geben.

Gott zu erkennen bedeutet, Liebe zu erkennen

Die Bibel sagt (1Joh 4,7–8): »Geliebte, lasst uns einander lieben! Denn die Liebe ist aus Gott; und jeder, der liebt, ist aus Gott geboren und erkennt Gott.« Das Wort »erkennen« kommt von dem griechischen Wort »ginosko«. Dieses Wort bedeutet »wissen aufgrund von Erfahrung«[3]; es wird erfahren und gefühlt. Da Gott Liebe ist, gibt er Liebe. Wenn wir Gott tatsächlich erfahren, werden wir uns geliebt fühlen. Wenn wir etwas anderes als Liebe fühlen, erfahren wir nicht Gott. Wenn wir keine Liebe weitergeben, dann aus dem Grund, weil wir Gottes Liebe nicht in unserem Herzen erfahren.

Jesus sagte (Mt 10,8): »Umsonst habt ihr empfangen, umsonst gebt!« Einer der Gründe, warum Menschen die Liebe Gottes nicht umsonst weitergeben, besteht darin, dass sie sie nie umsonst empfangen haben. Sie denken, sie müssten sich unter Gottes prüfendem Blick abschuften. Ihre natürliche Reaktion darauf ist es, auch andere zu überprüfen.

Menschen, die auf das Äußere fixiert sind, haben nicht nur keinen Kontakt mit ihrem Herzen, sondern haben auch Angst davor, in ihr Herz zu schauen. Sie müssen ihren Fokus auf etwas Äußeres richten, weil sie Angst davor haben, wen sie drinnen sehen werden. Sie haben Angst davor, in ihr Herz zu schauen und dort den gemeinen, kritisierenden Gott anzutreffen, an den sie glauben. Die Wahrheit ist: Wenn sie erst einmal ihre unnützen Vorstellungen über Gott aufgegeben haben, werden sie ihren liebenden, himmlischen Vater finden, den Gott aller Barmherzigkeit und allen Trostes.

Wenn ich die Realität von Gottes Liebe zu mir annehme, befreit mich das von dem Bedürfnis, bei anderen Menschen Fehler zu finden. Mein Sicherheitsempfinden ist nun das Ergebnis einer Beziehung mit Gott, die aus meinem Herzen kommt. Wenn ich mich in meinem Herzen mit Gott verbinde und so durch seine Liebe und Annahme ermächtigt werde, werde ich mehr dazu neigen, anderen diese Liebe vorzuleben. Ich werde andere auch auf der Herzensebene auf Gott hinweisen, anstatt ihnen ihr Verhalten aufzuzeigen. Nun kann ich dich lieben, anstatt dich zu beschuldigen!

Kapitel 8

Das kritische Auge

Wie ich dich sehe, spiegelt das wider, wie ich mich sehe.

Jesus fragte (Mt 7,3): »Was aber siehst du den Splitter, der in deines Bruders Auge ist, den Balken aber in deinem Auge nimmst du nicht wahr?« Christen scheinen durch irgendein tiefes Bedürfnis unkontrollierbar motiviert zu sein, »den Hund bei den Ohren zu packen« (siehe Spr 26,17). Sie mischen sich immer in die Angelegenheiten anderer ein. Das ist einer der Hauptgründe, warum die Welt die Gemeinde hasst. Wir haben uns selbst zur Polizeitruppe für die Welt erklärt. Wir sind die selbsternannte militante Armee, die die Welt überwacht und verurteilt. Dabei sollten wir doch eigentlich eine liebende Familie sein, die verletzte Menschen adoptiert und in den Familienkreis bringt!

Unsere Idee, das zu präsentieren, was wir fälschlicherweise Evangelium nennen, besteht darin, die Menschen wissen zu lassen, dass sie Sünder sind, damit sie erkennen, dass sie Jesus brauchen. Dieses fehlerhafte Konzept bringt Christen dazu, zu denken, sie müssten Menschen auf ihre Fehler hinweisen – das heißt, den Splitter in ihrem Auge finden –, denn das sei der beste Weg, um sie wissen zu lassen, dass sie Sünder sind.

Dein Herz bestimmt, wie du siehst

Wie wir etwas sehen, kommt aus unserem Herzen. Wenn wir ein kritisches Auge haben, dann deswegen, weil wir ein kritisches Herz haben. Die Bibel sagt: »Ein verkehrtes Herz findet nichts Gutes« (Spr 17,20 SLT). Ein *»verkehrtes Herz«* ist ein verwachsenes Herz. Es ist ein Herz, das durch den Druck von Sünde, Gesetzlichkeit, Religion oder Lebensumständen verformt wurde. Es ist ein Herz, das nur das Schlechte sieht; es kann nichts Gutes finden.

Manche Menschen scheinen Kritik mit der Gabe der Unterscheidung verwechselt zu haben. Kritik ist keine Gabe des Heiligen Geistes; sie ist das Produkt eines entstellten Herzens. Die Religion hat der Gemeinde die Form einer kritischen, reaktionären Gesellschaft gegeben, die nicht viel anders ist als die Pharisäer zu Jesu Zeiten.

Christen haben eine feindselige Beziehung zu der Welt geschaffen. Heute erntet die Gemeinde die prüfenden Blicke und das Urteil, die sie siebzehnhundert Jahre gesät hat. Kein Wunder, dass die Welt uns hasst und nach Fehlern bei uns sucht! Sie zahlt lediglich unsere Investition zurück – mit Zinsen. Wir ernten die Samen des Urteilens und der Kritik, die wir jahrhundertelang gesät haben.

Unser Bedürfnis, Fehler bei anderen zu finden, endet jedoch nicht bei der Welt. Wir richten unsere prüfenden Blicke auch auf unsere Brüder und Schwestern im Herrn. Wir versuchen, andere Gläubige zum Wachstum zu motivieren, indem wir ihnen zeigen, wie schwach und fehlerhaft sie sind. Wir überwachen nicht nur ihre Handlungen, sondern auch ihre Worte. Wir versuchen sie dazu zu bringen, die richtigen Bekenntnis- und Gebetsformeln zu befolgen. Damit haben wir die Gemeinde zu einem sehr unsicheren Ort gemacht, selbst für Gläubige, die Hilfe benötigen. Tatsächlich ist unsere Liste von Regeln wahrscheinlich schon genauso lang geworden wie die der Pharisäer.

Die Menschen um uns herum werden immer Bedürfnisse in ihrem Leben haben, genauso wie wir immer Bedürfnisse haben werden. Aber nur, weil wir die Not bei jemand anderem sehen, heißt das noch nicht, dass wir das Recht haben, in dessen persönliches Leben einzudringen. Unser erstes Ziel sollte sein, diese Person zu lieben und ihr ein Gefühl der Sicherheit zu vermitteln, während sie dieses Problem hat. Wenn sich Menschen mit ihren Problemen nicht sicher fühlen, werden sie das Gefühl haben, sie verbergen zu müssen. Sie werden bestimmt nicht positiv auf unsere verhörähnlichen »Ermittlungen« reagieren! Durch unsere Ablehnung und Verdammnis drängen wir Menschen förmlich in einen Zustand des Ableugnens. Wenn sie sehen, dass wir Menschen mit Problemen missbilligen und ablehnen, begreifen sie, dass wir auch sie wegen ihrer Probleme ablehnen würden. Sie erkennen, dass es gefährlich für sie wäre, ihre Probleme unserem kritischen Auge auszusetzen.

Jemand sagte einmal: »Die Person, die dich am meisten beeinflussen wird, ist nicht diejenige, an die du glaubst; es ist die Person, die an dich glaubt.« Wir müssen uns selbst eine Frage stellen: Können wir in den Menschen, die offensichtliche Probleme haben, immer noch das Gute sehen? Sehen die Menschen an uns, dass wir trotz ihrer Probleme an sie glauben?

Manche Menschen sehen Gott nur durch uns

In Kolosser 4,6 steht: »Euer Wort sei allezeit in Gnade, mit Salz gewürzt; ihr sollt wissen, wie ihr jedem Einzelnen antworten sollt!« Gottes Gnade ist seine Befähigung, die in uns wirkt. Unsere Rede sollte immer Befähigung und Ermächtigung vermitteln. Sie sollte Menschen völlig zuversichtlich darin machen, dass ihnen durch Christus alles möglich ist. Wenn wir sie prüfend anschauen, sollten wir in ihnen die Kraft Gottes sehen anstelle der Schwäche des Fleisches. Und wir müssen sie wissen lassen, dass wir Christus in ihnen vertrauen.

Paulus sagte, dass unsere Rede gesalzen sein sollte. Salz hat viele großartige Eigenschaften, aber vor allem hat es eine bewahrende Wirkung. Unsere Rede sollte Menschen bewahren, nicht zerstören. Wenn wir einmal den Selbstwert einer Person angegriffen haben, ist es mit jeder sinnvollen Kommunikation vorbei. Jesus hat nie den Selbstwert angegriffen. Selbst in den haarsträubendsten Fällen war er barmherzig. Er war freundlich und geduldig. Es gibt kein Beispiel, woraus das klarer ersichtlich ist als aus der Begegnung zwischen Jesus und der Ehebrecherin. Du kannst diese Geschichte in Johannes 8,1–11 nachlesen.

In jeder Unterhaltung und jedem Dienst muss es unser Ziel sein, die Menschen in eine liebevolle Erfahrung mit Gott zu bringen. Diese Erfahrung beginnt jedoch damit, auf was sie bei uns stoßen. Bei unserem Austausch mit Menschen kann es nicht darum gehen, ihnen zu beweisen, dass sie falsch- und wir richtigliegen. Ein solches Denken ist das Herzstück dessen, den Splitter im Auge des Bruders zu sehen und den Balken im eigenen Auge zu ignorieren. Nein, unsere Aufgabe ist es, sie von Gottes Liebe zu überzeugen, damit sie sich sicher genug fühlen, um ihm zu vertrauen. Sie brauchen ihre Herzen nicht vor uns offenzulegen; sie müssen ihre Herzen vor Gott offenlegen.

Menschen erleben Gott auch, indem sie bei uns die Art von Leben sehen, das sie haben können. Menschen lernen bei weitem mehr von dem, was sie in uns sehen, als von dem, was sie von uns hören. Sie müssen sehen, dass wir mit Fröhlichkeit und Frieden an dieselben Dinge herangehen, die auch sie zu bewältigen haben. Albert Schweitzer sagte: »Ein Vorbild zu sein ist nicht die Hauptsache, wenn wir andere prägen wollen. Es ist die einzige Sache.« Jesus wusste das; sein Dienst folgte einem Muster von lehren, besprechen, vorleben, besprechen, assistieren, besprechen, aussenden und besprechen. Er hat seine Jünger liebevoll und geduldig durch den Prozess ihrer persönlichen Entwicklung geführt. Obwohl ihre Fehler offensichtlich waren, blieb er bei prinzipienbasierter Lehre, die Menschen zur Selbsterkenntnis führte. Man konnte in Jesu Gegenwart immer man selbst sein. Man konnte immer sicher sein, dass man Fragen stellen und über Probleme sprechen durfte.

Das kritische Auge sieht einen Fehler, und beginnt im Namen der Liebe und des Dienstes damit, das Problem auf eine negative Art und Weise zu beseitigen, indem es das Unkraut auszureißen versucht. Am Ende ist die Verheerung so groß, dass das Feld (das Herz) zerstört ist. Jesus warnte vor der Zerstörung, die von dem Versuch kommt, Probleme zu lösen, indem man das Unkraut ausreißt; er warnte davor, dass mit dem Unkraut auch der Weizen ausgerissen würde (siehe Mt 13,24-30). Ein allezeit bemängelndes, kritisches Auge findet etwas, das nach seinem Urteil das Problem ist, und beginnt, es auszureißen. Aber in diesem Prozess wird der Weizen zerstört, und die Person hat am Ende nichts mehr.

Wenn ich von einem kritischen Auge befreit werde, werde ich die Menschen sehen, wie Gott sie sieht. Ich werde immer wissen, dass der Geist Gottes in ihnen wirken kann, um jedes Problem zu lösen und jedes Hindernis zu überwinden. Wie du siehst, steht unser Vertrauen in sie in direktem Zusammenhang mit unserem Vertrauen in Gott. Wenn wir das Beste in ihnen sehen, werden auch sie das Beste sehen, glauben und leben, das Gott ihnen anbietet.

Kapitel 9

Die Grenzen kennen

Wenn ich mich selbst nicht kenne, ist es mir unmöglich, dich zu kennen.

Die Vorstellung von Grenzen ist dem religiösen Denken irgendwie fremd. Grenzen bilden Schranken, über die sich niemand hinauswagen sollte. Manche Grenzen werden von der Bibel gesetzt, um grundlegende und wesentliche Richtlinien für gesunde Beziehungen zu geben. Wenn diese Grenzen nicht eingehalten werden, kommen dabei immer Schmerz und problembehaftete Beziehungen heraus. Manchmal bitten Menschen uns, eine Grenze zu überschreiten, aber es gibt Grenzen, die wir niemals überschreiten sollten, selbst wenn wir darum gebeten werden. Urteilen ist eine davon. Wenn wir versuchen, eine andere Person zu reparieren, übertreten wir damit eine Linie, die wir nie übertreten sollten.

Selbst der einfache Wunsch, einer Person zu helfen, kann uns dazu bewegen, Grenzen ungebeten zu überschreiten. Jemand hat einmal gesagt: »Der Unterschied zwischen einer lästigen Person und einem willkommenen Gast ist eine Einladung.« Wenn eine Beziehung kein Vertrauen fördert, das eine Person dazu bringen würde, uns in ihr Leben einzuladen bzw. hinein zu beten, haben wir keine echte Möglichkeit, ihr zu dienen.

Lass mich dir ein Beispiel geben: In den ersten Jahren meiner Ehe benutzte ich mein Verhalten als den Standard, an dem ich das Verhalten meiner Frau beurteilte. Natürlich stellte mein Urteil mich als den »Geistlicheren« dar. Ich bin auch verbaler veranlagt als meine Frau. Wenn wir Probleme hatten, wollte ich immer eine offene Aussprache. Ich kann dir nicht sagen, wie viele Familienkriege ich ausgelöst habe, weil ich diese Grenzen ungebeten überschritten habe. Ich habe nicht darauf gehört, wenn sie sagte: »Ich möchte nicht reden.« Stattdessen habe ich mich in Bereiche gedrängt, die sie mir noch nicht öffnen wollte. Damit habe ich bewirkt, dass wir uns weiter voneinander entfernen.

Als die Jahre vergingen, lernte ich, ihre Grenzen zu respektieren. Ich habe herausgefunden, dass ich über alles reden kann, wenn ich jenseits dieser Grenze ein willkommener Gast bin. Doch als lästiger, nicht eingeladener Plagegeist verursache ich für uns beide nur Schmerz und Konflikte.

Kommuniziere effektiv – liebe die Menschen!

Wir Christen haben eine wichtige Botschaft. Tatsächlich ist es das Wichtigste, was eine Person jemals hören kann. Leider scheint es, als ob wir die Wichtigkeit unserer Botschaft als Rechtfertigung nehmen, um jedes biblische Kommunikationsprinzip zu verletzen. Gottes Wort sagt viel darüber, wie wir kommunizieren sollen. Weil wir die Menschen jedoch nicht respektieren und nicht durch Liebe motiviert sind, lassen wir diese Schriftstellen außer Acht. Würden wir Gottes Weisheit vertrauen, würden wir unsere Botschaft in einer Art und Weise präsentieren, die sich jede mögliche, positive Kommunikationsfähigkeit zunutze macht.

Die Apostelgeschichte berichtet darüber, wie Saulus seinen Dienst begann. Damals waren seine Kommunikationsfähigkeiten noch immer die eines gesetzlichen Pharisäers. Er verursachte in Jerusalem so viele Schwierigkeiten, dass Verfolgung gegen ihn und die Gemeinde aufkam. Schließlich nahmen ihn die Brüder, setzten ihn in ein Boot und schickten ihn fort. Daraufhin hatten die Gemeinden in diesem Gebiet Frieden (siehe Apg 9,27–31). Das steht in markantem Gegensatz zu dem Mann, der später »Paulus« hieß. Er rasierte seinen Bart und aß mit den unreinen Heiden, um ein geladener Gast zu werden. Weil Paulus Respekt vor der Botschaft und vor den Menschen hatte und weil er von größtmöglichem Nutzen sein wollte, trieb ihn das schließlich dazu an, in Liebe und Weisheit zu wandeln.

Wir müssen erkennen, dass wir jedes Mal, wenn wir irgendein Kommunikationsprinzip verletzen, unsere Botschaft weniger wirksam machen. Wenn wir diese Prinzipien ignorieren, senden wir der Person, mit der wir kommunizieren möchten, die folgende Botschaft: »Du hast keinen Wert.« Unsere Botschaft mag das Evangelium sein, oder es kann sich auch um ein tiefes Bedürfnis nach Beziehung handeln. Was auch immer der Inhalt ist, wir müssen ihn sinnvoll mitteilen, wenn er angenommen werden soll. Es ist selten, dass Menschen echte Kommunikation ablehnen. Es ist unser rauer, schlecht durchdachter, verdammender oder negativer Kommunikationsansatz, den die Menschen ablehnen. Wenn wir Menschen wertschätzen, dann unternehmen wir jede Anstrengung, um auf annehmbare und effektive Weise zu kommunizieren.

Es geht mich nichts an

In Sprüche 26,17 (NEÜ) steht: »Wer sich in Streit mischt, der ihn nichts angeht, der packt einen streunenden Hund bei den Ohren.« Ein Problem ist nicht unseres, nur weil es Auswirkungen auf uns hat. Das Urteilen bringt uns dazu, die Grenzen außer Acht zu lassen. Wenn wir uns durch das Verhalten von jemand anderem beeinträchtigt fühlen, betrachten wir diese Tatsache als Grund, um biblische Weisheit abzulehnen. Wir neigen dazu, einer Logik zu folgen, die sagt: »Wenn es eine Auswirkung auf mich hat, geht es mich etwas an.« Das stimmt nicht. Es ist einzig und allein unser Urteilen, das uns dazu veranlasst, das Verhalten anderer als unsere Angelegenheit zu betrachten. »Das ging um mich.« »Er hat das getan, um mich zu verletzen.« »Wenn sie mich wirklich lieben würde, würde sie das nie tun.« All das sind Urteile, durch die wir die Handlungen anderer zu unseren machen. Das wiederum gibt uns die scheinbare Erlaubnis, ihre Grenzen zu überschreiten.

Unsere Rechtfertigung ist: »Soundso hat mich verletzt.« Aber wovon wir denken, dass es ein Angriff sei, mag gar kein echter Angriff sein. Ein Angriff ist etwas, das uns zum Stolpern bringen soll. Es kann nur dann ein Angriff sein, wenn Menschen absichtlich versuchen, dich zu Fall zu bringen. Wenn deine Gefühle verletzt werden, ist das kein Angriff. Sich in der Gegenwart von jemand anderem dumm zu fühlen, ist keine Beleidigung. Zornig gemacht zu werden, ist kein Angriff. Die meisten dieser Erfahrungen ergeben sich aus unserem Urteilen. Sie mögen nicht die Absicht der anderen Person gewesen sein.

Es ist deine Wahl

Ich muss wissen, wo ich aufhöre und wo du anfängst. Ich muss immer bestrebt sein, mit Gott in meinem Herzen an meinen Angelegenheiten und Einstellungen zu arbeiten. Ich darf dich niemals für meine Handlungen oder Reaktionen verantwortlich machen. Ebenso darf ich dir nie erlauben, mich in deine Sachen hineinzuziehen. Ich darf es nicht zulassen, dass du mich für deine Entscheidungen verantwortlich machst. Der Schrei eines jeden, der Missbrauch begeht, ist: »Sieh nur, wozu du mich veranlasst hast!« Niemand veranlasst dich, etwas zu tun. Du bist es, der die Entscheidungen trifft.

Lass mich das ein wenig ausführen. Der Täter ist eine empfindliche, zornige Person, die urteilt, dass die Menschen um ihn herum in einer gewissen Weise handeln, um ihn persönlich anzugreifen. Wegen seines Urteilens hat der vermeintliche Angriff Macht über den Täter. Er hat das Gefühl, dass seine Grenzen überschritten wurden. Seine Würde wurde angetastet. Und mit seiner Reaktion rechtfertigt er sein Urteil.

Wenn du in einer feindseligen Umgebung bist, triff eine Entscheidung. Wähle zu bleiben oder zu gehen. Aber es muss *deine* Wahl sein. Triff die Wahl aufgrund dessen, was du im Leben möchtest. Wenn du gehst, geh in Frieden und mit so viel Liebe wie möglich. Wenn du bleibst, bleib in Frieden und Liebe. Vor allem mach dich frei von der Kontrolle anderer, indem du deine eigenen Entscheidungen triffst und deine eigenen Grenzen anerkennst.

Was immer du jedoch tust, überschreite keine Grenzen – egal, wie aufrichtig deine Absichten auch sein mögen. Gute Absichten machen Dummheit nicht zulässig. Wenn etwas eine Auswirkung auf dich hat, triff *deine* Wahl, wie du dazu Bezug nimmst, ohne dich dem Bedürfnis hinzugeben, Grenzen ungebeten zu überschreiten. Wenn Menschen möchten, dass du über die Grenze kommst, werden sie dich einladen. Wenn sie dich jedoch bitten, an einen Ort zu kommen, den Gottes Wort verbietet, dann gehe nicht mit!

Kapitel 10

Der Gott meiner Welt

Wenn ich dir die Kontrolle über mein Leben gebe, mache ich dich zu meinem »Gott«.

Matthäus 7,4 (SLT) sagt: »Oder wie kannst du sagen zu deinem Bruder: Halt, ich will den Splitter aus deinem Auge ziehen? und siehe, der Balken ist in deinem Auge.« Es scheint als könnten wir der Versuchung, andere zu reparieren, nicht widerstehen. Und doch zerstören wir oftmals etwas, wenn wir versuchen, andere zu reparieren. Jeden Tag gehen Ehen und Freundschaften kaputt, weil Menschen vergeblich versuchen, die andere Person zu reparieren. Was bringt uns dazu, jene zu verletzen, denen wir helfen wollen? Größtenteils liegt es daran, dass der Balken in unserem eigenen Auge uns blind macht. Denn weißt du, wir alle haben unsere eigenen Probleme. Auch wir haben mit der Sünde zu tun. Natürlich ist es nicht nur die Sünde in unserem Leben, die uns blind dafür macht, anderen zu helfen. Nein, die Bibel sagt: »Wenn wir sagen, dass wir keine Sünde haben, *betrügen wir uns selbst*« (1Joh 1,8a). Der Zusammenhang weist uns darauf hin, dass der tatsächliche Balken in unserem Leben das Urteilen ist. Das Hauptproblem besteht in der Vorstellung, dass ich das »Recht« habe, zu urteilen. Und ungeachtet dessen, um welches Problem es sich bei der anderen Person handelt, ist diese Vorstellung für mich selbst mindestens genauso groß und potentiell zerstörerisch.

Wenn wir versuchen, anderen aus unserem Urteilen heraus zu helfen, ist es so, als würde ein Patient zum Arzt gehen und der Arzt würde entscheiden, warum der Patient krank ist, bevor er ihn untersucht hat. Der Arzt ordnet vielleicht mit guten Absichten eine Operation an, doch wenn es die falsche Operation ist, wird sie nicht geschätzt werden. Ein Urteil funktioniert ähnlich. Wir entscheiden, warum Menschen das tun, was sie tun. Wir entscheiden, was ihre »tatsächlichen« Probleme sind und beginnen dann zu »operieren«.

Kontrolle ist keine Option

In der ursprünglichen Versuchung im Garten Eden bekam Adam das Angebot, der »Gott« seiner eigenen Welt zu sein. Dieser Wunsch ist als Hauptverursacher vieler unserer persönlichen Konflikte fast unbemerkbar in unsere Motive eingebettet. Natürlich denkt niemand von uns, dass wir dieses »Vorrecht« geltend machen. Kein Christ würde es wagen, sich als »Gott« zu bezeichnen und so aufzutreten. Und doch geschieht es täglich. In dem Moment, wo ich urteile oder kontrolliere, habe ich mich als »Gott« eingesetzt.

Der »Gott« eines Systems ist derjenige, der festlegt, was gut und was böse ist. Anstatt also Gottes Festlegung von Gut und Böse zu akzeptieren, schauen wir auf das, was die Person getan hat, und fragen uns dann, warum sie das getan hat. Und auf dieser Grundlage legen wir dann fest, ob es gut oder böse ist. Durch unser Urteilen setzen wir uns selbst als »Gott« unseres Systems ein. Wir alle haben unser eigenes »Weltsystem« – das System, mit dem wir versuchen, unsere Umgebung zu kontrollieren.

In unserem »Weltsystem« haben wir in unseren Augen nicht nur das Recht zu urteilen, sondern auch das Recht, andere mit unserem Urteil zu kontrollieren. Dabei haben wir gute Absichten. Wir denken wirklich, dass wir das Leben der anderen Person viel besser machen könnten, wenn sie uns die Kontrolle geben würde. Diese Absichten gründen sich für gewöhnlich auf unser Urteil, und es ist für uns äußerst wichtig zu erkennen, dass Kontrolle über andere nie eine angebrachte Option ist.

Um es geradeheraus zu sagen: Kontrolle ist eine Form von Zauberei. Paulus sagte den Galatern, sie seien bezaubert worden (Gal 3,1). Sie gerieten unter die Kontrolle von Judaisten, die für das Gesetz warben. Natürlich konnten diese ihre Kontrolle rechtfertigen. Sie dachten, sie handelten in Gottes Namen. Doch das Problem ist: Gott gebraucht nie Kontrolle, um seinen Willen auf der Erde zu vollbringen. Er wirkt durch die Herzen der Menschen. Er leitet und unterweist uns als seine Kinder, die er liebt. Wäre Kontrolle Gottes Methode, könnte er mit einer endgültigen Tat die Probleme der Welt lösen.

Kontrolle beginnt mit einem Urteil

Urteilen ist immer ein Teil des Prozesses, der zur Kontrolle führt. Das Urteilen gibt uns das Gefühl, das Recht zu haben, andere zu kontrollieren. Das Urteilen rechtfertigt jedes negative oder böse Verhalten, zu dem wir uns entscheiden. Es ist der Pfad zum persönlichen Götzendienst. Menschen werden sich unserem Willen beugen, wenn wir ihnen unser Urteil aufzwingen.

Wenn du der »Gott« deiner Welt bist, hast du immensen Stress in deinem Leben. Wenn du derjenige bist, der die anderen durch Kontrolle dazu bringen will, sich zu verändern, dann bist du derjenige, der alle Veränderungen aufrechterhalten muss. Die am meisten gestresste Person in der Familie ist für gewöhnlich diejenige, die die anderen kontrolliert. Diese Person beschwert sich ständig: »Ich muss alles tun!«

Diese Beschwerde mag stimmen. Schließlich macht derjenige, der die anderen kontrolliert, die Menschen bewegungsunfähig. Er oder sie beraubt andere der Freiheit, unabhängig zu handeln. Also fallen alle Entscheidungen auf die Schultern des kontrollierenden Leiters – sei es Vater, Mutter oder Ehepartner.

Wenn wir die Herrschaft Jesu über das Leben eines anderen Menschen mit unserer Herrschaft ersetzen, ist es dieser Person unmöglich, Gottes Gnade zu erfahren, die den Menschen jedoch dazu ermächtigen würde, die nötigen Veränderungen vorzunehmen. Es ist ein Kreislauf der Enttäuschung und des Versagens. Wir wünschen uns Veränderungen im Leben unserer Freunde und unserer Familie, werden dabei aber zum Haupthindernis in ihrem Veränderungsprozess.

Und wenn Menschen sich nicht verändern, fällen wir schließlich neue Urteile darüber, warum sie sich nicht verändern. Diese Urteile bringen normalerweise noch mehr Schmerz und Enttäuschung in unser eigenes Leben. Wir denken dann, dass sie uns nicht lieben. Oder vielleicht sind sie einfach nur faul! Wenn wir dann zu einem »Gerichtsurteil« gelangt sind, beginnen wir, diese Person so zu bestrafen, als entspräche unser Urteil wirklich der Realität.

Und während wir mit unseren Urteilen beschäftigt sind, fällt auch die andere Person ihre eigenen Urteile und hat ihre eigenen Reaktionen. Das Resultat davon ist, dass die Beziehung sich noch weiter »polarisiert«, und die Personen sich gegenseitig immer mehr »abstoßen«. Der Schmerzpegel nimmt zu, und wir sind immer weniger willig, produktive Schritte zu unternehmen. Dann ist es bald zu Ende mit der Beziehung, der Freundschaft oder der Ehe. Nur wenige Menschen lassen sich aufgrund der tatsächlichen Probleme scheiden. Stattdessen lassen sie sich wegen ihrer Urteile scheiden.

Wenn wir diese Worte lesen, denken wir zuerst daran, wie wir sie bei anderen anwenden können. Wir denken, dass unser Wunsch, die Dinge richtig zu machen, uns den Vorwand gibt, die Weisheit von Gottes Wort linksliegen zu lassen. Wir nehmen fälschlicherweise an, dass wir durch unser gutes Motiv Grund genug haben, dieses Wort zu verwerfen. Erinnere dich daran: Es ist egal, warum du versuchst, andere Menschen zu kontrollieren; es ist trotzdem falsch! Unterwirf dich der Herrschaft Jesu! Wende die Wahrheit bei dir an, und gib jeder Person die Freiheit, sich selbst in den Dialog mit Gott zu begeben; unabhängig von deiner Kontrolle! Hör auf, »Gott« zu sein, und befreie dich von diesem Druck!

Kapitel 11

Wie ich es sehe

Wie ich es sehe, ist nicht, wie es wirklich ist: es entspricht nur dem, wie ich es sehe.

Kürzlich las ich einen Artikel, den jemand über mich schrieb. Er war vernichtend, verleumderisch und größtenteils nicht wahrheitsgetreu. Glücklicherweise war die Person nett genug, meinen Namen nicht zu erwähnen. Als meine Mitarbeiter diesen Artikel sahen, empfanden sie ihn als schweren Angriff auf meine Person. Sie wollten die Sache öffentlich widerlegen und meine Seite der Geschichte erzählen. Sie wollten ganz einfach, dass die Wahrheit herauskommt. Ich wusste, dass es keinen Zweck haben würde, mit dem Verfasser dieses Artikels zu argumentieren. Jedoch war das, was er geschrieben hatte, nicht wahr. Es war einfach das, was er sehen konnte.

Dies war eine der wichtigsten Lektionen, die ich jemals gelernt habe: »Wie ich es sehe, ist nicht, wie es wirklich ist; es entspricht nur dem, wie ich es sehe.« Die Realität wird durch unsere Sicht verzerrt. Unsere Sicht wird wiederum durch viele persönliche Faktoren geformt, wovon der wichtigste unser Selbstwert ist. Wie wir uns selbst sehen, ist die Grundlage dafür, wie wir die Welt um uns herum sehen und interpretieren. Menschen mit einem niedrigen Selbstwert interpretieren die Informationen, die sie bekommen, immer negativ. So machen sie sich selbst zum Opfer.

Es ist wie in diesem alten Witz von dem Mann, der zu einem Football-Spiel geht. Bei Beginn des Spieles springt er auf und rennt wütend aus dem Stadium hinaus. Als sein Freund ihn einholt, fragt er ihn: »Warum bist du denn gegangen?« Der Mann antwortet: »Es war einfach zu schmerzhaft für mich.« – »Was war zu schmerzhaft?« – »Als diese kleine Gruppe sich versammelt hat, um über mich zu reden.«

So albern dieser Witz auch sein mag, ist das noch gar nichts verglichen damit, wie seltsam Menschen reagieren können, wenn sie irrtümlicherweise annehmen, dass sie angegriffen werden.

Mein Stiefvater war ein sehr gewalttätiger und unsicherer Mensch. Er dachte immer, dass die Menschen ihm zeigen wollten, er sei dumm. Wenn es einen Konflikt gab, begann es meistens damit, dass er rief: »Glaubst du, ich bin dumm, oder was?« Was er dabei nicht verstand, war Folgendes: *Er* war derjenige, der dachte, er sei dumm. Ich sah mit an, wie sein Leben von extremer Gewalt geprägt war, die das Ergebnis seiner Urteile war. Mehr als einmal sah ich, wie er fremde Leute brutal angriff. Sein einziger Grund dafür war, dass sie ihn angeschaut hatten. Sein Urteil sagte ihm: »Sie schauen mich an, weil sie denken, dass ich dumm bin.«

Je negativer der Selbstwert einer Person ist, desto verurteilender ist ihre Haltung. Erinnere dich daran: Beurteilung will immer das Warum wissen. Menschen, die sich schikaniert fühlen, wollen immer wissen, warum. Weil sie einen niedrigen Selbstwert erfahren, antworten sie auf diese Frage immer negativ und voreingenommen.

Wenn du nicht gut von dir selbst denkst, wirst du auch vermuten, dass andere nicht gut von dir denken. Du beurteilst dann ihr ganzes Verhalten im Lichte dieser negativen Selbstwahrnehmung. Wenn du glaubst, dass du nicht liebenswert bist, beurteilst du die Handlungen der anderen Menschen aufgrund dieser vorgefassten Meinung. Wenn du Angst vor dem hast, was andere über dich denken, redest du dir ein, dass sie die Dinge tun, um dir eins auszuwischen. Diese negativen Urteile, die sich auf dein Selbstbild gründen, werden zu der Realität, die du erlebst, unabhängig davon, welche Absichten die anderen Menschen haben.

Ich sehe das Leben durch meine Meinungen

Selbstbezogenheit ist in jeder Sünde gegenwärtig. Doch sie präsentiert sich nicht immer in der offensichtlichen Form »Ich will der Erste sein«. Selbstbezogenheit macht ganz einfach das eigene Selbst zum Zentrum, von dem aus das Leben und die Geschehnisse interpretiert werden. Am einen Ende der Skala mag eine selbstbezogene Peron ein Tyrann sein, der von den anderen nimmt und sich nie um den Schmerz kümmert, den er anderen zufügt. Am anderen Ende mag es eine Person sein, die eine negative Selbstwahrnehmung hat und alles im Lichte des eigenen Selbst interpretiert. Diese Person sieht sich als das Zentrum der Welt, die sie selbst geschaffen hat, und die Menschen in ihrer Welt tun alles einzig und allein ihretwegen. Der eine scheint arrogant zu sein, der andere demütig, doch sie sind beide egozentrisch.

Wenn Menschen Urteile fällen oder feste Meinungen haben, gehen sie zu einem Auswahlverfahren über. Studien zeigen, wenn man eine feste Meinung hat, hat das Auswirkungen auf das aufsteigende retikuläre Aktivierungssystem, das sich am unteren Teil des Gehirns befindet. Diese neurologische Aktivität produziert einen Bewusstseinszustand, in dem man nur das sehen kann, auf was man sich zuvor festgelegt hat. Mit anderen Worten, du siehst nicht mehr, wie es ist. Wenn dein Gehirn Informationen verarbeitet, wählt es jetzt alles aus, was deine Ansicht bestätigt, und ignoriert alles, was deinem Standpunkt widerspricht. Wir haben das alle schon getan. Wir haben eine Aufschrift gesehen und waren uns sicher, dass darauf etwas Bestimmtes geschrieben stand, nur um später herauszufinden, dass dort etwas ganz anderes stand.

Der Verstand sucht das Gleichgewicht. Er will deine Meinungen für gültig erklären. Wenn du ein Urteil über eine Person fällst, sei es gut oder schlecht, wird dir nur das auffallen, was dein Urteil bestätigt. Du wirst alles, was diese Person tut, nach deinem Urteil interpretieren. Ich gebe jetzt ein Beispiel: Du siehst eine Frau, deren Kleider extrem leuchtende, helle Farben haben. Ihre Haare sind aufgehellt, und vielleicht ist ihr Kleid ein wenig zu eng. Du entscheidest, dass sie eine unsittliche Person ist. Damit begründest bzw. urteilst du, warum sie sich so kleidet.

Du beobachtest sie, und du siehst, wie sie sich mehreren Männern nähert. Du bemerkst, dass sie ein wenig zu nahe steht, wenn sie mit ihnen spricht. Sie schaut ihnen direkt in die Augen. Deine Meinung wird jetzt bestätigt. Sie ist eine unsittliche Person – wahrscheinlich eine Prostituierte –, du hast ja gesehen, wie sie die Männer anmacht. Doch eines hast du nicht gesehen. Sie hat Traktate bei sich. Sie hat Menschen von ihrem Glauben erzählt. Solche blinden Urteile werden jeden Tag gefällt und verfälschen das, was wir erfahren. Sobald wir eine Entscheidung getroffen haben, übersehen wir das Offensichtliche.

Wenn du einmal ein Urteil über jemanden gefällt hast, dann erlebst du die Person und das Ereignis auf der Grundlage deines Urteils. Was du dabei mit ihm oder ihr erlebst, hängt von deinem Urteil ab, ganz gleich, welche Absichten der- oder diejenige hatte. Erinnerst du dich an das Beispiel aus dem früheren Kapitel, bei dem der Pastor eines Sonntagmorgens einfach an dir vorbeiging, ohne mit dir zu sprechen? Alles, was er tat, war an dir vorbeizugehen, aber dein Urteil entschied darüber, ob du dich angegriffen fühltest oder ob es ein ganz bedeutungsloser Akt war. Weißt du, es kann sein, dass die Aggression, die wir aufgrund des Verhaltens anderer fühlen, gar nichts mit ihnen zu tun hat – sondern mit uns. Dass der Pastor an dir vorbeigeht, kann dir keine Schmerzen zufügen. Das Urteil, das du in dieser Situation fällst, kann jedoch immensen Schmerz verursachen.

Unsere Gefühle überschatten die tatsächlichen Ereignisse

In den 70er-Jahren sprach ich zu einer Gruppe über die Eröffnung einer christlichen Schule. Ich sprach darüber, wie wichtig die Unterstützung der Eltern ist, und ich verwendete das Beispiel einer alleinerziehenden Mutter, der es wegen ihrer Arbeit nie möglich war, am Abend zu Hause zu sein und mit ihrem Sohn zu lernen. Die Konsequenz davon war, dass er seine Hausaufgaben selten machte und in Schwierigkeiten geriet. Schließlich flog er von der Schule. Weil er von den Eltern keine Unterstützung erhielt, konnte ihm nicht geholfen werden.

Unter den Zuhörern befand sich eine Großmutter, die eine der wichtigsten Förderer dieser Schule war und deren Sohn gerade eine schmerzvolle Scheidung hinter sich hatte. Sie hatte eine Enkeltochter, die sie leidenschaftlich liebte. Wegen der Ehescheidung fühlte sie sich sehr verunsichert und irritiert, und das führte dazu, dass sie viele Urteile fällte. Sie dachte, ich hätte gesagt, dass wir in unserer Schule keine Kinder von geschiedenen Eltern haben wollten. Sie war wütend. Ich konnte sie nicht davon überzeugen, dass ich das nicht einmal angedeutet hatte. Sie jedoch wusste genau, was sie gehört hatte. Der Pastor kam herüber, hörte ihr höflich zu und versicherte ihr dann, dass sie es missverstanden hatte. Sie antwortete: »Nein, ich weiß, was ich gehört habe.« Wir gaben ihr sogar die Kassette, damit sie es noch einmal hören konnte. Sie war davon überzeugt, dass es von der Kassette gelöscht worden war. Sie wusste schließlich, was sie gehört hatte.

Das Traurige daran war, dass sie tatsächlich das hörte, was sie dachte, gehört zu haben. Doch ich hatte es gar nicht gesagt. Sie hörte es in ihren eigenen Gedanken. Durch ihre Ängste war sie für alles überempfindlich, was mit Scheidung zu tun hatte. In dem Moment, wo ich begann, über alleinerziehende Eltern zu sprechen, fällte sie wahrscheinlich ein Urteil. Dieses Urteil beeinflusste ihre Fähigkeit, die Information zu verarbeiten. Ihre Erfahrung war für sie real, doch sie entsprach nicht der Wahrheit. Danach mochte sie mich nicht mehr und sie erzählte anderen davon, was sie mich sagen »gehört« hatte.

In ihren Augen log sie nicht jedes Mal, wenn sie diese Geschichte wiederholte. So hatte sie es schließlich erlebt. Weißt du, du erinnerst dich nie an das, was tatsächlich geschehen ist; du erinnerst dich daran, wie du dich dabei gefühlt hast. Wie oft haben deine Kinder gesagt: »Du hast mich angeschrien!« Du hast sie nicht angeschrien, doch so haben sie es wahrgenommen.

Die Fehleinschätzung ist hier aber noch nicht zu Ende. Jedes Mal, wenn du dich an etwas erinnerst, kann sich deine Wahrnehmung des Ereignisses verändern. Du erinnerst dich nicht nur daran, wie du dich dabei gefühlt hast (anstatt an das, was wirklich geschehen ist); gleichzeitig ändert sich auch jedes Mal, wenn du daran denkst, deine Erinnerung. Wenn du diese Geschichte dann das nächste Mal erzählst, erinnerst du dich daran, wie du dich fühltest, als du dich das letzte Mal daran erinnert hast. Und so kann es zu immer mehr Übertreibungen kommen.

Sinnesänderung führt zu einer neuen Sicht

Unser Gehirn wird uns nur erlauben, etwas aus einer anderen Perspektive zu sehen, wenn wir unsere Urteile loslassen. Man kann es mit den drei Jungen vergleichen, die durch die Löcher im Zirkuszelt einen Elefanten sahen und unterschiedliche Meinungen über das hatten, was sie sahen. Der eine sagte, der Elefant sehe aus wie eine lange, dünne Schlange. Der andere behauptete, er habe große Flügel. Der dritte Junge bestand darauf, dass er wie ein großer Baumstamm aussah. Sie hatten alle den Elefanten gesehen, aber jeder hatte ihn von einer anderen Position aus gesehen. Einer sah den Schwanz, der Andere die Ohren, und der Dritte die Beine. Weil sie sich alle darin so sicher waren, was sie gesehen hatten, weigerten sie sich, durch ein anderes Loch im Zelt zu schauen.

Um etwas anders sehen zu können, muss man es nur von einem anderen Standort aus betrachten. Für uns mag das Loch im Zelt unsere Angst, unser Vorurteil oder unser Zorn sein. Das ist das Bezugssystem, durch das wir etwas betrachten. Um es nochmals zu sagen: Unsere Erfahrung ist real; doch sie stützt sich auf begrenzte oder verzerrte Informationen. Wir müssen bereit sein, unsere Meinung aufzugeben, bevor wir etwas anders sehen können. Das nennt die Bibel Buße bzw. Sinnesänderung: die Denkweise ändern. Bei der Sinnesänderung müssen wir bereit sein, die Art, wie wir etwas sehen, loszulassen. Dann sind wir frei, es von einem anderen Standort aus zu betrachten.

Meistens neigen wir dazu, an unserer Ansicht festzuhalten. Wir haben schließlich schon Stellung bezogen, wir haben gefühlsmäßig in unsere Ansicht investiert. Sinnesänderung könnte ja bedeuten, dass wir zugeben müssen, falsch zu liegen. Unser Verstand möchte lieber an seiner Meinung festhalten. Das Ego will Recht haben. Wir sagen zwar, dass wir die Wahrheit sehen wollen, doch sind nicht bereit, das Risiko einzugehen, Unrecht zu haben. Jetzt haben wir es mit unüberbrückbaren Differenzen zu tun. Zu diesem Zeitpunkt wird eine Offenbarung von Gott keine Wirkung auf uns haben.

Bei einer Offenbarung von Gott geht es nicht darum, dass er uns etwas Neues zeigt; eine Offenbarung besteht einfach darin, was wir sehen, wenn wir flexibel genug sind, um unseren verstandesmäßigen bzw. emotionalen Standpunkt über etwas zu ändern und es aus einer anderen Perspektive zu betrachten.

Nur wer ein reines Herz hat, wird Gott sehen, sagt uns Matthäus 5,8. Halte dein Herz also rein von Beurteilung, Voreingenommenheit und Vorurteilen! Lass deine festgelegten Ideen los, und du wirst viele schmerzhafte Ereignisse möglicherweise ganz anders sehen. Wenn du dich verunsichert oder zornig fühlst, erinnere dich daran: »Das ist nur, wie ich es sehe. Um über diesen Schmerz hinwegzukommen, muss ich es aus einer anderen Perspektive anschauen.« Und dann entdecke eine neue Sichtweise.

Kapitel 12

Verhaltensmuster identifizieren

Die anderen Menschen tun Dinge nicht aus dem gleichen Grund wie ich, sie haben ihre eigenen Gründe.

Eine Mutmaßung, die das größte Potenzial hat, uns ins Richten hineinzubringen, ist die Idee, dass die anderen Menschen Dinge aus demselben Grund tun, aus dem ich sie tun würde. In Verhaltensstudien sehen wir, dass es vier grundlegende Verhaltenstypen gibt, die wiederum in Hunderte von komplexen Verhaltensmustern unterteilt werden können. Diese vier Verhaltenstypen sind die dominanten, die initiativen, die stetigen und die gewissenhaften Personen.[4] Jeder dieser Typen kommuniziert auf unterschiedliche Weise. Sie interpretieren ihre Welt unterschiedlich. Sie werden durch ganz verschiedene Faktoren motiviert. Doch das Wichtigste ist: Sie fällen ihre Urteile aufgrund ganz unterschiedlicher Wahrnehmungen.

Zum Beispiel zieht es eine dominante Person vor, auf den Punkt zu kommen. Sie will das Wesentliche wissen und hat einen starken Charakter. Der dominante Mann bzw. die dominante Frau wünscht sich sehr, respektiert zu werden. Die initiative Person ist ein geselliger Mensch. Diese Person lässt sich leicht begeistern, doch auch leicht entmutigen. Es ist ihr Lebensziel, gemocht zu werden. Sie hält immer Ausschau nach sozialer Anerkennung. Die stetige Person ist sehr freundlich und umgänglich. Eine stetige Person bleibt tendenziell ruhig, und ist gut darin, gereizte Menschen zu beruhigen. Sie ist sehr indirekt, vermeidet Konflikte und will Dinge stabil halten. Die gewissenhafte Person ist analytisch veranlagt und an Details interessiert. Sie sieht sich als verantwortlich für die Qualitätskontrolle. Sie will, dass alles richtig gemacht wird. Sie ist diplomatisch und mag keine direkten Konflikte, sie versucht, durch ihren Qualitätsstandard zu kontrollieren.

Du denkst nicht, wie ich denke; doch ich denke, dass du denkst, wie ich denke

Alle diese Menschen tun vielleicht die gleichen Dinge. Jedoch ihre Motivation ist für gewöhnlich ganz verschieden. Eine dominante Person würde lügen, um respektiert zu werden. Die initiative Person würde lügen, um sozial akzeptiert zu werden. Die stetige Person würde lügen, um Konflikte zu vermeiden, und die gewissenhafte, analytisch-denkende Person würde lügen, um den Anschein zu erwecken, Recht zu haben. Wir alle kämpfen mit denselben Versuchungen, aber wir müssen erkennen, dass jeder durch ganz andere Bedürfnisse, Ängste und Wünsche motiviert ist. Wir können nie wirklich wissen, was der Grund für das Verhalten der anderen Person ist. Doch wir denken, wir wüssten es – und das kann große Schmerzen und Konflikte verursachen.

Das Problem bei der Konfliktbewältigung besteht darin, dass die Menschen normalerweise nicht verstehen, warum die anderen das tun, was sie tun. Der Einfluss, den das Verhalten anderer auf uns hat, rührt von unserem irrtümlichen Urteil her, dass »Menschen Dinge aus demselben Grund tun wie wir«. Wenn wir diese

Vermutung anstellen, übertragen wir unsere Werte und Gründe auf andere. Wir beginnen dann, die anderen so zu behandeln, als wäre unser Urteil korrekt. Das verursacht dann gewöhnlich noch mehr Konflikte. Ich habe erlebt, wie Hunderte von Ehen ganz einfach dadurch gerettet wurden, dass die Ehepartner akzeptierten, dass beide von ihnen etwas aus eigenen Beweggründen taten. Was sie taten, war nicht persönlich gemeint; ganz egal, mit wem sie verheiratet wären, sie würden gleich handeln.

Zum Beispiel ziehen es dominante Menschen vor, nicht zu nahe bei der anderen Person zu stehen. Sie beanspruchen viel Freiraum. Sie schauen dem Gegenüber direkt in die Augen, doch sie halten sich auf Distanz. Ihr Körperkontakt ist minimal. Viele Menschen interpretieren diese Distanz als Ablehnung. Die initiative Person anderseits hat gern viel Körperkontakt. Wenn sie Distanz einhält, bedeutet es, dass sie die andere Person nicht mag oder dass sie sich in ihrer Gegenwart unwohl fühlt.

Während du dir das vor Augen hältst, stell dir vor, eine dominante Frau beobachtet, wie eine initiative Frau nahe bei anderen steht, diese beim Sprechen berührt und sehr persönlich ist. Sie überträgt ihre eigenen Motive auf die initiative Person und schlussfolgert: »Wenn ich so viel Körperkontakt herstellen würde, hätte ich sexuelle Absichten.« Dann geht sie in ihrem Urteil, warum die initiative Frau so viel Körperkontakt sucht, noch einen Riesenschritt weiter und kommt zum Schluss: »Sie tut das, weil sie unsittlich ist.« Viele initiative Menschen haben nur deshalb den Ruf zu flirten und unsittlich zu sein, weil andere ihre eigenen Motive auf diese Situation übertragen.

Stell dir jetzt vor, die initiative Frau beginnt, mit dem dominanten Mann zu sprechen. Sie bemerkt, wie weit weg er von ihr steht. Sie bemerkt auch, dass er zurückweicht, wenn sie näher auf ihn zugeht. Das führt natürlich dazu, dass sie sich abgelehnt fühlt, deshalb tritt sie noch näher. Es ist ja schließlich so, dass sie selbst sich nur dann von jemandem entfernen würde, wenn sie sich unbehaglich fühlt. Wenn er also nochmals zurückweicht, vermutet sie, dass Herr Dominant sie nicht mag. Obwohl sie ihm nur helfen will, sich wohlzufühlen, fasst er ihre natürliche Neigung als Flirten auf. Beide Personen nutzen ihr persönliches Verhalten als den Beurteilungsstandard für den anderen. Dabei werden beide so auf den anderen reagieren, als wären ihre Urteile korrekt. Es kann sogar sein, dass sie genau die Probleme schaffen, vor denen sie sich fürchten.

Stellen wir uns einen anderen Fall vor. Ein dominanter Mann ruft einen stetigen Mann an. Der dominante Mann will höflich sein. Er erkennt, dass er in die Sphäre des stetigen Mannes eindringt. In seiner Absicht, höflich zu sein, kommt er sofort auf den Punkt. Schließlich ist er jemand, der das Wesentliche im Blick hat. Er würde zwar auch über persönliche Dinge reden, aber erst nachdem er sein Anliegen vorgetragen hat. Also ruft er an und sagt so etwas wie: »Bob? Hier ist Jim. Wie geht es dir? Bob, ich würde mir gerne deinen Projektor für eine Präsentation am Samstag ausleihen. Ist das möglich?« Er hat das so knapp formuliert, weil er denkt, dass alle dieselbe Kommunikationsweise bevorzugen wie er.

Erinnere dich, stetige Menschen sind sehr indirekt. Außerdem sind sie sehr umgänglich. Sie würden dich niemals anrufen und sofort auf den Punkt kommen, außer sie mögen dich nicht oder sind verärgert. In ihrem Bestreben, höflich zu sein, würden sie zuerst persönlich sein. Sie würden versuchen, dazu beizutragen, dass du dich besonders fühlst, indem sie Interesse an dir und deiner Familie zeigen. Sie würden dir alle möglichen persönlichen Fragen stellen, bevor sie auf den Punkt kommen. Auch sie nehmen an, dass jeder alles aus demselben Grund tut wie sie.

Weil sich Jim (Herr Dominant) nicht nach Bobs (Herrn Stetigs) Familie erkundigt oder mit ihm über persönliche Dinge gesprochen hat, nimmt Bob an, dass Jim verärgert ist. Erinnere dich: Jim ist sofort auf den Punkt gekommen, weil er versuchte, höflich zu sein. Bob ist gekränkt. Wenn er anderen diese Geschichte erzählt, wird er weitergeben, was er wahrgenommen hat. »Jim hat mich gestern angerufen, und er war grob und taktlos.« Das ist nicht wirklich so geschehen, aber Bob hat es so wahrgenommen, weil sein Urteil lautet: »Wenn ich das tun würde, würde ich das meinen.«

Jetzt wollen wir die Sache von der anderen Seite betrachten. »Jim, hier ist Bob. Wie geht es dir? Geht es Brenda und den Kindern gut? Ich habe sie schon lange nicht mehr gesehen.« Die ganze Zeit über denkt Jim: *Warum sagst du mir nicht einfach, was du wirklich willst?* Bob versucht, rücksichtsvoll und freundlich zu sein. Aber weil Jim nur so indirekt sein würde, wenn er versucht, jemanden zu manipulieren, fühlt er sich manipuliert. Er ärgert sich über Bob. Die größte Angst einer dominanten Person ist, manipuliert zu werden. Wenn du nicht sofort auf den Punkt kommst, fühlen sie sich von dir manipuliert. Jims Urteil, warum Bob auf diese Weise kommuniziert, führt dazu, dass Jim glaubt und fühlt, er wäre tatsächlich manipuliert worden, und dementsprechend wird er auch darauf reagieren.

Den Unterschied verstehen

Dominante und initiative Menschen drücken sich für gewöhnlich allgemein aus. Gewissenhafte oder analytische Menschen drücken sich nie allgemein aus, sie tendieren dazu, das Gegenüber mit Details zu überhäufen. Sie behandeln jede Unterhaltung so, als ginge es um einen Bericht – was in einem Konferenzraum ein bemerkenswerter Zug ist. Aber es ist nicht angebracht, wenn es sich um ein alltägliches Gespräch handelt oder wenn man eine Geschichte erzählt. Die analytische, detailorientierte Person ist der Ansicht, dass dominante oder initiative Personen lügen, wenn sie sich allgemein ausdrücken. Schließlich würde sich die detailorientierte Person nur so ausdrücken, wenn sie die Details verschweigen möchte. Andererseits fühlt sich die dominante Person durch die vielen Details überrannt: Sie hat den Eindruck, dass die analytische Person aufdringlich und manipulativ ist. Man könnte unendlich viele Beispiele bringen. Das Problem jedoch ist einfach zu erklären. Die anderen Menschen handeln nicht aus den gleichen Gründen wie wir. Doch wegen unseres Urteils behandeln wir sie so, als wäre genau dies der Fall. Bei unseren Konflikten geht es selten darum, was eine Person tut. Es geht meistens um unser Urteil darüber, warum sie es tut.

Allzu oft urteilen wir über Menschen und schaffen Konflikte, nur um später zu entdecken, dass unser Urteil falsch war. Dann ist es aber bereits zu spät! Der Schaden wurde schon angerichtet. Oft verpassen wir wegen unserer anfänglichen Urteile viele wunderbare Freundschaften. Wir treffen Leute und lehnen sie ab, bevor wir sie überhaupt kennengelernt haben. Und was wir meinen, über sie zu wissen, entspricht selten dem, wer sie wirklich sind; es entspricht stattdessen dem Urteil, das wir über sie gefällt haben.

Am schlimmsten ist es vielleicht, wenn dies in der Beziehung mit unseren Kindern geschieht. Dominante Menschen sind Multitasker. Wenn die Kinder anders veranlagt sind, werden sie als dumm oder faul beurteilt. Stetige Personen fühlen sich durch lange Listen überfordert, doch arbeiten sehr gut, wenn man ihnen nur ein paar Aufgaben auf einmal gibt. Analytische Eltern fällen Urteile über ihre initiativen Kinder und versäumen dabei oft, ihnen die körperliche Zuwendung zu geben, die sie brauchen. Auch kritisieren sie ständig, dass ihre Kinder nichts zu Ende zu bringen und übersehen dabei komplett deren Kreativität und Wärme.

In der Bibel steht: »Alle Wege des Menschen sind rein in seinen Augen« (Spr 16,2 SLT). Wir denken, dass wir richtig liegen. Wir denken, dass unsere Methode die einzige Methode ist. Das ist der Grund, warum wir etwas so tun, wie wir es tun. Wir wollen, dass auch unsere Kinder richtig liegen, und deshalb denken wir, dass unsere Kinder so sein sollten wie wir. Wenn das nicht der Fall ist, beurteilen wir ihr Verhalten als rebellisch, dumm oder falsch. Das entspricht aber nicht der Wahrheit. Was uns Erwachsenen gegenüber intolerant macht, wenn sie sich anders verhalten als wir selbst, ist derselbe Grund, aus dem wir uns unseren Kindern gegenüber intolerant benehmen, wenn sie nicht unsere Verhaltensklone sind –Urteilen!

Wenn wir Menschen aus unserem Urteil entlassen, können wir sie als die kennenlernen, die sie wirklich sind. Wir werden dann genau das wertschätzen, was sie von uns unterscheidet. So werden wir den Kreislauf der Saat und Ernte von Schmerz beenden.

Kapitel 13

Wie man jede neue Beziehung zerstört

Ich will es so, wie es immer war,
nur anders.

Indem wir unsere Lebenserfahrungen als Basis nehmen, bauen darauf unsere Weltanschauung auf. Während wir verschiedenartige Dinge erfahren, bilden wir unsere Meinungen. Mit anderen Worten: Wir beschließen, warum diese Dinge geschehen. Und weil wir eine Sündennatur haben, legen wir aus einer selbstbezogenen Perspektive fest: Warum ist mir das zugestoßen?

Als wir Kinder waren, tendierten wir dazu, jede Erfahrung im Licht dessen zu beurteilen, was sie für uns bedeutete. Durch unsere Sünden- bzw. Angstnatur haben wir jedes Geschehen in unserem Leben so interpretiert, als würde es dabei nur um uns gehen. Dann haben wir die Welt danach interpretiert, wie wir diese Erfahrungen beurteilt haben. Es gibt Studien, die besagen, dass wir unser Selbstbild festlegen, bevor wir fünf Jahre alt sind. Denk mal darüber nach. Durch unsere Erfahrungen und auf uns bezogenen Urteile haben wir unser Weltbild entwickelt, lange bevor wir das Erwachsenenalter erreichten.

Die Bibel lehrt, dass alle Kinder mit einer Sündennatur geboren werden. Das bedeutet nicht, dass jedes Kind wünscht, böse zu sein oder zu sündigen; es bedeutet ganz einfach, dass jedes Kind grundsätzlich furchtsam geboren wird. (Ein führender Kinderpsychologe glaubt, dass Angst die einzige angeborene Emotion ist, die ein Kind besitzt.) Die Sündennatur dreht sich nur um das Selbst. Weil Angst im Wesen subjektiv ist, macht sie das »Ich« zum Zentrum der persönlichen Erfahrungen. Deshalb interpretiert die Person mit der Sündennatur alles subjektiv: »Es geht alles um mich.«

Wir müssen unseren Sinn erneuern

Unser subjektives Weltbild wurde festgelegt, bevor wir alt genug waren zu erkennen, dass *nicht* alles um uns geht. Sogar wenn wir feststellen, dass nicht alles um uns geht, erkennen wir nicht, dass unser Weltbild auf eine dermaßen selbstbezogene Art begründet wurde. Wir wissen nicht, woher unsere Sicht auf die Welt kommt; wir wissen einfach, dass wir die Dinge eben so sehen, und das bildet die Basis für unser Selbstbild und alles, was wir tun.

Deshalb ist es auch so wichtig, dass die Gläubigen ihren Sinn erneuern. Wir müssen die Welt im Licht unserer neuen Identität in Christus interpretieren. Wir müssen Jesus zuerst ins Zentrum stellen, bevor wir die Welt betrachten können. Wir können nicht länger die Matrix sein, auf deren Grundlage wir festlegen, wie wir die Welt verstehen. Wir müssen uns von unserem sündigen, selbstbezogenen Urteil, das wir über unsere Welt gefällt haben, verabschieden. Das bedeutet, dass wir alle unsere Interpretationen der Vergangenheit überdenken und uns so von allen Urteilen trennen müssen, die wir über Menschen und Ereignisse gefällt haben. Sonst sind wir in unseren eigenen Ansichten und Meinungen gefangen, und das macht es uns unmöglich, unseren Sinn zu erneuern.

Unsere Vorstellungen von einem Vater, einer Mutter, einem Ehepartner und vielleicht sogar von Freunden stehen bereits fest. Durch unsere Erfahrungen und Urteile haben wir bis zu einem gewissen Grad schon über unser Schicksal entschieden, bevor wir die Pubertät erreicht haben. Wenn keine Herzensveränderung stattfindet, werden die meisten unserer bedeutenden Entscheidungen schon im Voraus dadurch festgelegt, wie wir die Welt und uns selbst sehen.

Kinder, die in einem Zuhause aufgewachsen sind, in dem Kritik die Norm war, werden für den Rest ihres Lebens davon beeinflusst, wie sie diese Kritik beurteilt haben. Ein Sohn mag folgendermaßen darüber urteilen: »Meine Mutter kritisierte mich, weil sie mich liebte.« Es kann sein, dass sein Urteil schon im Voraus festlegt, was für eine Art Frau er heiraten wird. Wenn er sich nach Liebe sehnt, wird er nach einer Frau Ausschau halten, die ihn kritisiert. Denn so hatte er die Kritik seiner Mutter schließlich beurteilt. Seiner Ansicht nach ist Kritik gleich Liebe. Aber dann kann er nicht verstehen, warum er in seinen Beziehungen als Erwachsener so unglücklich ist.

Das Mädchen, das darüber urteilt, dass jede Art von Kritik eine Form von Ablehnung ist, wird in eine andere Richtung gezwungen. Sie wird jeden meiden, der versucht, Qualität oder Richtungsweisung in ihr Leben zu bringen. Sie könnte sich einen Ehemann aussuchen, der keine eigene Meinung hat, sich vor Konfrontationen fürchtet und nie mitteilt, wie er selbst die Dinge sieht. Sie könnte dazu verurteilt sein, mit einem Menschen zusammenzuleben, der nicht kommuniziert. Sie ist unglücklich mit diesem Menschen, der ihr so »emotionslos« erscheint, und versteht nicht, wie sie sich je von ihm angezogen fühlen konnte.

Worum es bei Beziehungen wirklich geht

Weil wir uns schon entschieden haben, welche Rolle die Menschen in unserem Leben spielen sollten, halten wir bei jeder Beziehung Ausschau nach *unserer* Vorstellung von einem Freund. Wir haben schon eine Definition davon, welche Art Mensch das sein wird. Vieles davon geschieht unbewusst. Es steuert jedoch ganz klar den Verlauf unseres Lebens – und dabei dreht sich alles um Urteile. Das erklärt, warum Jesus, als er über das Herz redete, lehrte, dass wir mehr von dem bekommen würden, was wir schon haben – sei es Gutes oder Schlechtes (Mk 4,24–25). Wenn wir nicht das Wort in unser Herz säen und damit das ändern, was wir in unserem Herzen glauben, sind wir dazu verurteilt, die Muster unserer Vergangenheit zu wiederholen und dieselben schmerzhaften Erfahrungen immer wieder zu machen.

Beziehungen sollten Gelegenheiten für uns sein, uns persönlich weiterzuentwickeln. Sie sollten uns herausfordern und uns stimulieren. Sie sollten uns für die vielen neuen Facetten des Lebens öffnen. Wenn wir neue und andersartige Menschen kennenlernen, haben wir die Möglichkeit zu wachsen wie nie zuvor. Unser Problem ist jedoch, dass wir so viele Vorurteile haben, bevor wir die neuen Menschen wirklich kennenlernen. Deshalb ist es leider selten der Fall, dass wir uns emotional auf solche Menschen einlassen, die nicht unseren Vorstellungen entsprechen.

Wir haben unsere Ansicht davon, was ein guter Freund und was ein schlechter Freund ist. Zu dieser Ansicht sind wir durch unsere Urteile gekommen, die wir unser ganzes Leben lang gefällt haben. Auf der Grundlage unserer Ansicht werden wir jede neue Bekanntschaft entweder akzeptieren oder ablehnen, bevor wir diesen Menschen wirklich kennengelernt haben. Darum fallen Menschen in ihren Beziehungen in sich wiederholende Muster. Man hat sich schon im Voraus entschieden, welche Art von Mensch man akzeptieren und welche man ablehnen wird. Dies ist ein Teil des Prozesses, der dazu führt, dass unsere Beziehungen nach demselben zerstörerischen Muster ablaufen.

Die meisten Studien stimmen darin überein, dass Menschen nie wirklich dauerhafte Veränderungen erfahren können, wenn sie nicht »resozialisiert« werden. Die Bibel drückt sich sehr klar darüber aus, welche Auswirkungen Umgang und Sozialisierung auf unsere Gedanken und Taten haben. Menschen, die gottgemäße Entscheidungen treffen, werden diese nie bis zum Ende durchziehen, wenn sie nicht mit Menschen Gemeinschaft pflegen, die ihre Entscheidungen auf emotionaler Ebene unterstützen können. Leider halten uns unsere Vorurteile unser ganzes Leben lang in demselben sozialen Umfeld fest, was Veränderungen quasi unmöglich macht.

In diesem System bleiben wir immer in dem Bereich, in dem wir uns sicher fühlen. Mit anderen Worten, wir achten darauf, dass es so bleibt, wie es immer war, und wundern uns dann, warum sich nie etwas verändert. Weil wir nicht mit verschiedenartigen Menschen verkehren, werden wir nie herausgefordert. Wir sind nicht gezwungen zu wachsen. Wenn wir dann neue Menschen treffen und uns von ihnen angezogen fühlen, sind sie dieselbe Art von Freunden, die wir schon in der Vergangenheit hatten. Nur die Namen und das Äußere haben sich verändert.

Für die Person, die in ungesunden Beziehungen festgefahren ist, bestätigt dieser Kreislauf irrtümlicherweise ihre Ängste und Befürchtungen. Sie glauben dann wirklich, dass alle Leute gleich sind. Mit anderen Worten denken sie: *Es gibt keine Wirklichkeit außerhalb meiner Erfahrungen, die ich in der Vergangenheit gemacht habe. Schließlich ist es so, dass jede Person, mit der ich mich einlasse, genau wie die anderen Menschen ist, die ich schon kenne.*

So werden die falschen Urteile über alle Männer, alle Frauen, alle Weißen, alle Schwarzen und so weiter immer wieder von Neuem bekräftigt.

Wir brauchen neue Beziehungen mit verschiedenartigen Menschen, damit wir wachsen und aus unseren gewohnten Verhaltensmustern ausbrechen können. Wir brauchen Menschen mit unterschiedlicher Charakterentwicklung. Wir müssen wachsen, damit wir verschiedene Typen von Menschen akzeptieren können. Nicht jede dominante Person wird dich verletzen. Nicht alles an einer initiativen Person ist schlecht. Lerne neue Menschen kennen, und vermeide, dass sich die Schmerzen der Vergangenheit wiederholen.

Kapitel 14

Wie kleine Kinder werden

Wenn ich mich wie ein Kind verhalte, dann deshalb, weil ich wie ein Kind denke!

In Sprüche 4,23 (NLB) steht: »Vor allem aber behüte dein Herz, denn dein Herz beeinflusst dein ganzes Leben.« Dein Herz steuert dein Leben. Alles, was du tust, entspringt den Glaubensinhalten deines Herzens. Das Herz ist außerdem der Sitz deines Wesens. Es ist das kollektive Bewusstsein von allem, was du bist. Deine Selbstwahrnehmung und deine Weltanschauung entstammen den Glaubensinhalten deines Herzens.

Die Bibelübersetzung der New King James Version zitiert die zweite Hälfte dieses Verses folgendermaßen: »Denn aus ihm entspringen die Belange des Lebens.« Weil unsere Interpretation von uns selbst in unserem Herzen wohnt, wird alles, was wir tun, sehen und fühlen, von dieser Sicht beeinflusst. Unser Selbstbild ist die Linse, die unsere Welt färbt. Es ist der Filter, durch den alle Daten laufen und interpretiert werden. Es entscheidet darüber, wie wir die Realität erfahren. Wir mögen momentan Dinge tun, die über die Wahrnehmung unseres Herzens hinausgehen oder darunter liegen, aber zuletzt werden wir zu den Glaubensinhalten unseres Herzens zurückkehren.

In Sprüche 3,1 steht, dass wir Gottes Gebote in unserem Herzen bewahren sollen. In Sprüche 3,3 steht, dass wir gewisse Einstellungen und Überzeugungen auf unsere Herzen schreiben sollen. Dieser Vers offenbart, was die Bibel beständig lehrt: Wir müssen uns um unsere eigenen Herzen kümmern. Die Bibel sagt uns, dass wir im Herzen glauben, das Wort in unseren Herzen bergen, unsere Herzen bewahren, unsere Herzen lenken und unsere Herzen festigen sollen – und hier sagt sie, dass wir auf unsere Herzen schreiben sollen. Jeder Mensch muss sich um sein eigenes Herz kümmern, und doch gibt es nur wenige Menschen, die lernen, wie man das Herz beständig und bewusst beeinflusst. Das meiste, was sich in unseren Herzen abspielt, geschieht rein zufällig und wahllos.

Wie »schreiben« wir auf unsere Herzen?

So vieles, was wir in unseren Herzen über uns glauben, ist das Resultat von negativen und positiven Erfahrungen, die außerhalb unserer Kontrolle standen. Wir haben sie uns nicht ausgesucht, und als sie stattfanden, war uns nicht bewusst, welche Auswirkungen sie auf uns haben würden. Vieles von dem, was wir über uns glauben, ist das Ergebnis dessen, wie bestimmte Menschen sich uns gegenüber verhalten haben. Erwachsene und andere Kinder haben uns auf emotionaler Ebene beeinflusst, und wir haben diese Kindheitserfahrungen mit der Wahrnehmung und dem Verständnis eines Kindes beurteilt. Als wir dann wuchsen, definierten wir unsere Welt und unser Selbstbild anhand dieser Urteile. Wir dachten, dass diese Menschen sich unseretwegen so verhielten, doch die Wahrheit ist, dass sie sich ihretwegen so verhielten. Und wir waren einfach zufällig dabei.

Eine Art, in der wir auf unsere Herzen schreiben, besteht aus einer Kombination von Emotionen und Informationen. Zum Beispiel tun die Leute um uns herum etwas, was nichts mit uns zu tun hat, doch wir beurteilen ihr Verhalten auf subjektive Weise. Wir denken, dass es um uns geht. In diesem emotionalen Zustand wird unser Urteil, das sich durch unser Selbstgespräch äußert, zu der Information, die wir erleben. »Er tut das, weil ich dumm bin.« »Sie tut das, weil ich hässlich bin.« »Menschen mögen mich nur deshalb, weil ich hübsch bin.« Unser Selbstgespräch, das wir in diesen emotionalen Momenten führen, liefert dann die Information, die auf unsere Herzen geschrieben wird.

Oftmals werden die urteilenden Worte des Angreifers zu der Information, die wir verarbeiten. Wenn diese Männer oder Frauen außer Kontrolle geraten und uns sagen, dass wir hässlich, dumm oder wertlos seien, akzeptieren wir ihr Urteil als Realität. Durch die Kombination von Informationen und Emotionen wird etwas auf unsere Herzen geschrieben, dem wir vielleicht nie entkommen. Solche Menschen rechtfertigen ihre Taten damit, dass sie jemand anderem die Schuld zuschieben. Sie versuchen, ihre Opfer davon zu überzeugen, dass diese der Grund für das angreifende Verhalten sind. Wir schreiben es auf unsere Herzen. Dadurch werden unser Selbstbild und schließlich auch unser Weltbild geformt.

Welches Gefühl geben wir unseren Kindern?

Wie bereits erwähnt, werden Kinder mit einer Sünden- bzw. Angstnatur geboren. Da Angst sich ins Zentrum der bewussten Wahrnehmung der Welt stellt, wird jedes Geschehen subjektiv interpretiert. Auf der Grundlage dieser Subjektivität schreiben Kinder Glaubensüberzeugungen über ihre Welt und ihre Erfahrungen mit dieser Welt in ihre Herzen. Durch die Selbstbezogenheit bzw. Selbstwahrnehmung erscheint es den Kindern, als würde in ihrer Welt alles um sie gehen.

Die Herzen von Kindern sind extrem verletzlich. Unsere Kindheit sollte die Zeit sein, in der wir eine gesunde Sicht von uns selbst und unserer Welt entwickeln. Jedoch kommt eine gesunde Perspektive nicht einfach dadurch zustande, dass wir einem Kind die richtige Information geben, sondern dadurch, welches Gefühl ein Kind vermittelt bekommt.

Unsere negative und gesetzliche Einstellung zur Kindererziehung hat dazu geführt, dass wir das Prinzip, »dem Kind beizubringen, was richtig ist«, zur höchsten Zielsetzung gemacht haben. Doch in einem Herzen, das mit einem niedrigen Selbstwert erfüllt ist, wird Wahrheit nie ihr Ziel erreichen. Stattdessen wird sie zu einem zerstörerischen Konzept verdreht werden. Sogar dann, wenn ein Kind lernt, was richtig ist, kann die Lernerfahrung eine schrecklich negative Auswirkung auf das Kind haben. Wenn man einem Kind beibringen will, »gut zu sein«, resultiert daraus ein Glaube, der besagt: »Ich bin schlecht.«

Bevor Jesus kam, wussten die Juden, dass Gott allmächtig ist. Doch wegen ihrer Sünden- bzw. Angstnatur waren sie sich nicht sicher, wie er diese Macht einsetzen würde. Jesus brachte uns die Offenbarung, dass Gott ein liebender Vater ist. Wenn wir Gott als liebenden Vater kennen und deshalb Frieden und Sicherheit empfinden, vertrauen wir ihm, dass er diese Macht auf eine liebende und gute Weise einsetzen wird. Wir sehen also, dass das Lernumfeld von dem Gefühl von Sicherheit und Annahme geprägt sein muss; andernfalls kann die Information nicht den beabsichtigten Zweck erfüllen.

Das Hauptziel in der Kindererziehung sollte darin bestehen, dass die Kinder sich geliebt, angenommen und sicher fühlen. In dieser Umgebung werden sie vertrauensvoll, lernbereit und folgsam sein. Das Ziel bei der Erziehung von gesunden Kindern und bei der pastoralen Leitung gesunder Gemeinden sollte das gleiche sein. Wenn das Herz sich sicher fühlt, ist es offen und lernbereit. Wenn man sich angenommen fühlt, dann wird der Beweggrund für die Unterweisung nicht als Ablehnung empfunden. Menschen sollte nie etwas beigebracht werden, weil etwas mit ihnen nicht stimmt, sondern weil sie geliebt werden.

Eltern sollten ihren Kindern Gottes Liebe und Annahme vorleben. Sie sollten es den Kindern einfach machen, Gott ohne Angst zu vertrauen. Kinder entwickeln ihre Vorstellung von Gott hauptsächlich durch ihre Eltern. Letzten Endes urteilen wir nämlich, dass Gott so ist wie unsere Eltern. Wenn wir beim Aufwachsen eine negative Vorstellung von unseren Eltern entwickelt haben, haben wir als Erwachsene auch eine negative Vorstellung von Gott und eine negative Selbstwahrnehmung. Wir denken, dass Gottes Wort uns gegeben wurde, um uns »richtig« zu machen. Wir vergessen, dass Jesus uns durch seinen Tod und seine Auferstehung richtig *gemacht hat*. Wir vergessen, dass sein Wort uns gegeben wurde, damit wir lernen können, wie man das überfließende Leben lebt. Kurz gesagt: Das Motiv von Unterweisung misszuverstehen, verdirbt auch die Auswirkungen. Eltern und Pastoren sollten es sich zum Ziel machen, den Menschen zu helfen, Gottes Liebe zu erfahren, bevor sie ihnen irgendeinen anderen Aspekt der Wahrheit präsentieren.

Das Herz eines Kindes haben

Es gibt einen Grund dafür, warum Kinderherzen so leicht zu beeinflussen sind. Gott hat uns so geschaffen, dass unsere Kindheit eine Zeit ständigen Lernens und ständiger Entwicklung ist. In der Fachsprache nennt man diesen betrachtenden Zustand, in dem das Herz so leicht beeinflussbar ist, den »Alphazustand«. Der Alphazustand wird in Zeiten von tiefem Gebet, Meditation oder einfach bei tiefen Gedanken und tiefem Lernen erreicht. In diesem Zustand verlangsamen sich die Hirnströme auf ungefähr 7 Hertz. (Im »Wachzustand« bleiben die Hirnströme konstant bei ungefähr 14 Hertz oder darüber. Es ist ein intellektueller Bewusstseinszustand, in dem das Denken die Kontrolle hat und nicht das Herz.) Im Alphazustand hingegen löst das Bewutssein seinen Griff auf den Denkprozess, und die Gedanken des Herzens kommen zum Vorschein. Zu diesem Zeitpunkt ist das Herz verwundbarer.

Wir alle gelangen in den Alphazustand, bevor wir einschlafen und auch wenn wir am Morgen aufwachen. (Ich glaube, dass deshalb so viel Wert darauf gelegt wird, zu diesen Zeiten zu beten.) Auch wenn die meisten Erwachsenen ihre Fähigkeit verloren haben, mühelos in den Alphazustand einzutreten, bleiben Kinder die meiste Zeit über in diesem Zustand. Es gibt Studien, die besagen, dass Kinder bis zum Alter von zehn Jahren fast ständig im Alphazustand sind. Das bedeutet, dass jede Erfahrung, die ein Kind macht, das Potenzial hat, sein Herz zu beeinflussen. Vielleicht ist es das, was Jesus meinte, als er sagte: »Wahrlich, ich sage euch, wenn ihr nicht umkehrt und werdet wie die Kinder, so werdet ihr keinesfalls in das Reich der Himmel hineinkommen« (Mt 18,3).

Im Gleichnis vom Sämann lehrte Jesus, dass wir immer mehr von dem bekommen, was wir schon haben, es sei denn, wir säen etwas anderes in unsere Herzen. Jedoch haben nur kleine Kinder

Herzen, die formbar genug sind, um zuzugeben, dass sie wachsen, sich verändern und entwickeln müssen. Erwachsene bestehen darauf, dass sie sehen können, und bleiben deshalb in ihrer Blindheit.

Die Wahrheit darüber, wer du in Jesus bist, wirst du nicht zufällig auf dein Herz schreiben. Es wird geschehen, wenn du ein nachsinnendes Gebetsleben entwickelst, bei dem es deine Priorität ist, dein Herz zu festigen. Ich habe einen *Prayer Organizer* entwickelt, den ich jahrelang als Mittel verwendet habe, um Menschen zu helfen, Gottes Wahrheiten auf ihr Herz zu schreiben. Ich habe gesehen, wie Menschen von einer zwanzigjährigen Drogenabhängigkeit direkt zum überfließenden Leben übergingen, einfach weil sie sich die Zeit nahmen, die Wahrheit ihrer neuen Identität auf ihre Herzen zu schreiben. Ich habe aber auch gesehen, wie diejenigen, die einen relativ »normalen« Hintergrund hatten, in ihrer Beziehung mit Gott nie stabil wurden. Sie hatten einfach keine Zeit, um ihre Herzen zu entwickeln. Nimm dir die Zeit. Es ist eine Investition, die sich für den Rest deines Lebens bezahlt machen wird. Und der größte Nutzen dabei ist, dass du davon befreit wirst, urteilen zu wollen.

Kapitel 15

Das Leben in meiner imaginären Welt

Ich bin der Gott meiner eigenen Welt, und das bringt mich um!

Bei der Versuchung im Garten Eden bekam Adam die Möglichkeit, der »Gott« seiner eigenen Welt zu werden. Er ging darauf ein. Heute leben wir jeden einzelnen Tag in dem Resultat dieser Entscheidung. Jeder Schmerz, jede Art von Leid, jeder Kummer ist das Resultat der Entscheidung des Menschen, Gott seiner eigenen Welt zu sein. Es liegt jedoch nicht daran, dass Adam vor Tausenden von Jahren diese Entscheidung getroffen hat; es liegt daran, dass wir diesen Gedanken bei unseren täglichen Entscheidungen in jedem Bereich als Möglichkeit in Betracht ziehen.

Wir sind das Zentrum des Universums. Wir denken: *Alles, was sich ereignet, geschieht meinetwegen. Alles, was mir zustößt, ist das Ergebnis davon, dass jemand mir etwas antut.* So äußert sich die selbstbezogene Welt, die wir geschaffen haben. Und indem wir das Recht zu urteilen ausüben, erhalten wir eine illusionäre Welt aufrecht, deren Zentrum »ich« bin. Obwohl es eine Illusion ist, kontrolliert diese unser Leben und bestimmt unsere Erfahrungen. Leider wird die Illusion zur Realität, die wir erfahren.

Befreit vom System dieser Welt

Zu Jesus zu kommen und von Sünde gerettet zu sein, umfasst weit mehr als die typische religiöse Vorstellung, davon erlöst zu sein, Schlechtes zu tun. Von der Sünde gerettet zu sein bedeutet, dass wir von der Sündennatur erlöst wurden, deren Antriebskraft Angst und Selbstbezogenheit sind. Das bedeutet: Wir können von dieser Welt des Schmerzes und des Chaos gerettet werden, die wir selbst geschaffen haben. Wir können davon befreit werden, in dieser schmerzvollen Welt zu existieren, und stattdessen im Königreich Gottes leben.

Wenn die Bibel davon spricht, frei zu sein von der Welt, dann ist damit nicht dieser »Klumpen Erde« gemeint, der im Weltraum umherschwebt. Sie spricht davon, frei vom System dieser Welt zu sein. Das System dieser Welt bedient sich der Prinzipien von Selbstbezogenheit, Angst, Kontrolle und Gewalt. Es ist das System, das wir geschaffen haben, indem wir uns ungöttlicher Prinzipien bedient haben. Genauer gesagt: Alle von uns haben auf der Grundlage von negativen Prinzipien unser eigenes Weltsystem geschaffen und uns im Zentrum dieses Systems als »Gott« eingesetzt.

Auch das Königreich Gottes ist ein System. Dieses System ist auf Gottes Prinzipien von Liebe, Frieden und Freude gebaut. Es ist ein System, das sich um *ihn* dreht. In diesem System akzeptieren wir Jesus als Herrn. Er bringt uns wieder in eine Beziehung mit dem Vater und dann haben wir die Möglichkeit, in Gottes Realität – im Königreich Gottes – zu leben. Sein Königreich stellt *ihn* ins Zentrum.

Wenn wir Jesus annehmen, betreten wir nicht automatisch das Königreich Gottes. Es ist vielmehr so, dass wir es mit jeder Entscheidung, die wir treffen, betreten. Jede Entscheidung kann zur Folge haben, dass wir entweder Gottes Königreich oder das System dieser Welt erleben. Welches System wir erleben, ist davon abhängig, anhand welcher Prinzipien wir unsere Entscheidungen treffen. Wenn wir Entscheidungen im Vertrauen auf Jesus und seine Prinzipien treffen, bringen uns diese Entscheidungen in den Bereich des Königreichs Gottes. Wenn wir Entscheidungen treffen, weil wir auf unsere selbstbezogenen, auf Angst basierenden Prinzipien vertrauen, dann geraten wir durch diese Entscheidungen zurück unter das System dieser Welt. Dort sind *wir* wiederum im Zentrum.

Der Kern des Systems

Wie entkommen wir also dem System dieser Welt? Die Hingabe an Jesus als Herrn ist der einzige Weg, um aus dem alten System des Todes und des Leidens befreit zu werden. Wenn wir Jesus als Herrn annehmen, geben wir unser Recht auf, der Gott unserer Welt zu sein. Wenn wir den Thron aufgeben, dann müssen wir damit auch unser Recht zu richten aufgeben. Mit anderen Worten, wir geben unsere Ansichten und Meinungen auf und nehmen die von Jesus an. Wir achten seine Weisheit höher als unsere. Indem wir Jesus auf diese Weise als Herrn annehmen und unseren Entscheidungsprozess seiner Herrschaft anvertrauen, gibt uns das den Zugang zum Königreich Gottes und zu seiner ganzen Realität.

In Matthäus 7,2 (NGÜ) steht: »Denn so, wie ihr über andere urteilt, werdet ihr selbst beurteilt werden, und mit dem Maß, das ihr bei anderen anlegt, werdet ihr selbst gemessen werden.« In dem Maß, wie wir andere verurteilen, kommt das erfahrbare Maß auf uns zurück. Es kommt nicht einfach als ein Maß an Urteil zurück, sondern als Lebens-Erfahrung. Zum Beispiel: Wenn ich das Verhalten einer Person beurteile, dann bekomme ich diese Beurteilung auf eine Weise zurück, die meine Erfahrung verändert. Wenn ich urteile, dass alles meinetwegen geschieht, dann erfahre ich alles, was die Menschen tun, als wäre es tatsächlich meinetwegen. Jede unfreundliche Sache, die ein Mensch tut, fühlt sich dann an, als würde sie es tatsächlich meinetwegen tun, und das verschlimmert den Schmerz nur noch.

In Sprüche 17,20 (LUT) steht: »Ein verkehrtes Herz findet nichts Gutes.« Das Wort »verkehrt« bedeutet buchstäblich »krumm«. Das Wort »krumm« ist dasselbe Wort, das an anderen Stellen mit »ungerecht« übersetzt wurde. Ein gerechtes Herz ist gerade; ein ungerechtes Herz ist krumm. Ein ungerechtes Herz verzerrt die Wahrnehmung. Genauso wie Licht durch ein Prisma gebrochen wird, wird die Realität durch ein verbogenes Herz »gebrochen« und in seiner Farbschattierung verändert. In der Übersetzung *The Living Bible* steht es so: »Ein schlechter Mensch verdächtigt jeden Menschen und taumelt von einer Schwierigkeit in die andere.«

Wenn unsere Herzen nicht mit Gottes Wahrheit und Realität übereinstimmen, leben wir in der Welt unserer fruchtlosen Einbildungen. Wir leben in einer Welt, in der die Prinzipien des Königreichs Gottes nicht in Betrieb sind. Diese Welt wird stattdessen von den Prinzipien der Angst und Selbstbezogenheit regiert. Es ist wahr, dass wir in Christus von dieser Welt erlöst sind. Doch auch wenn wir davon erlöst sind: Wenn wir die Prinzipien der Welt anwenden, werden diese zu der von uns erfahrenen Realität. Dann können wir so viel beten, wie wir wollen, doch das Leiden wird nicht weggehen. So werden wir nicht von unseren Schmerzen geheilt. Gott kommt nicht in unsere Einbildungen, um uns zu retten. Er lädt uns ein, in *seine* Realität zu kommen, in das Königreich Gottes.

In Gottes Königreich regiert die Liebe; das Königreich dieser Welt hingegen wird im Wesentlichen von Angst regiert. Menschen, die aus Selbstbezogenheit handeln, fürchten sich davor, zu lieben. Sie fürchten sich davor, verwundbar zu sein und ausgenutzt zu werden. Sie versuchen sich zu schützen, indem sie Liebe zurückhalten. Sie kontrollieren und manipulieren, um das zu bekommen, was sie wollen und doch erreichen sie es nie.

Erneuere deine Denkweise und verändere dein Herz!

Paulus schrieb den Gläubigen in Rom, dass sie ihre Denkweise verändern sollten (Röm 12,2 NLB). Das Erneuern des Sinnes ist der einzige Prozess, durch den sie die Verwandlung erfahren könnten, die Gott in Christus verheißen hat. Das ist der Prozess, durch den Gott sie von Schmerzen befreien und sie zu einer neuen Realität in Christus bringen würde. Genauso wie den Christen in Rom wurde auch uns ein neuer Geist gegeben. Uns wurde ein neues Herz gegeben. Doch wenn unser Denken und Handeln weiterhin von unseren früheren fruchtlosen Urteilen geprägt wird, werden wir nie Verwandlung erfahren. Auch wir müssen unsere Denkweise erneuern.

Was noch verheerender ist: Wenn wir unsere Denkweise nicht erneuern, wird sich unser Herz zurück in die krumme Form biegen, die es vor unserer Bekehrung hatte. Wenn du von neuem geboren worden bist und es dann ablehnst, deine Denkweise zu erneuern, hast du zwar das Ticket in den Himmel erhalten, aber die Reise dorthin wird schmerzhaft sein.

Die Bibelübersetzung *New Living Translation* gibt Römer 12,2 folgendermaßen wieder: »Imitiere nicht die Verhaltensweisen und Gewohnheiten dieser Welt, sondern lass dich von Gott in einen neuen Menschen verwandeln, indem du deine Art zu denken veränderst.« Wenn wir unsere Denkweise nicht verändern, werden wir für immer dazu verurteilt sein, in der Finsternis unseres alten Lebens zu wandeln. Dieses Leben und dessen Wahrnehmung waren das Ergebnis der Urteile eines fünfjährigen Kindes mit einer Sünden- bzw. Angstnatur, die komplett selbstbezogen war.

Bei der Erneuerung der Denkweise geht es nicht so sehr darum, schlechte Gedanken abzulehnen. Bei der Erneuerung der Denkweise geht es vielmehr darum, Jesus als Herrn anzuerkennen, uns selbst so zu sehen, wie er uns sieht (entsprechend dem, was er über uns sagt), und damit unsere neue Identität in ihm anzunehmen und zu erfahren. Nur wenn wir uns so sehen, wie Gott uns geschaffen hat, können wir Gott als den sehen, der er tatsächlich ist. Daher erfordert die Erneuerung unserer Denkweise, dass wir unsere früheren Urteile über alle Menschen und Dinge loslassen, auch die Urteile über uns selbst.

Das Evangelium offenbart von Anfang bis Ende die Gerechtigkeit aus Glauben. Um unsere Denkweise in diese Richtung zu erneuern, müssen wir damit beginnen, die Tatsache anzuerkennen, dass wir in Jesus gerecht sind. Gott hat uns komplett angenommen. Wir können nichts tun, um noch geliebter und angenommener zu sein. Wir sind geliebt und angenommen, weil wir in Jesus sind. Durch diese Gefühle der Liebe, der Sicherheit und des Friedens kann Gott uns durch ein Leben der Verwandlung führen, ohne dass wir uns verurteilt fühlen und Angst haben (siehe Röm 5,1).

Wenn du dein Recht zu urteilen aufgibst, befreist du andere und auch dich selbst von der Macht und dem Schmerz des Urteilens. Wenn du das Urteilen aufgibst, wirst du feststellen, dass die Leute das, was sie tun, aufgrund dessen tun, was sie in ihrem eigenen Herzen erfahren. Ihr Verhalten hat nur wenig mit dir zu tun. Wenn du dich Gott unterstellst und er zum Zentrum deiner Welt wird, wirst du sehen, dass die Leute das, was sie tun, aufgrund dessen tun, wo sie mit Gott stehen. Wenn sie Gottes Liebe in ihrem Herzen erfahren, dann zeigen sie Liebe. Wenn sie etwas anderes erfahren, dann werden sie zeigen, was in ihren Herzen ist. Es kommt nicht darauf an, wer anwesend ist, es wird das sichtbar werden, was in ihren Herzen ist. Weil ihr Verhalten nichts mit dir zu tun hat, kannst du sie lieben. Du kannst geduldig und freundlich sein. Denn dann erkennst du, dass ihr Verhalten nicht definiert, wer du bist. Sie definieren nur, wer sie selbst sind.

Ein »krummes« Herz, das nicht mit Gottes Realität übereinstimmt, wird dich zu krummen Gedanken und krummen Resultaten führen. Im Licht von Gottes Verheißungen können wir dieses minderwertige Leben, das fruchtlose Einbildung ist, nicht als Realität anerkennen. Die einzige Weise, auf die du dich von deiner imaginären Welt befreien kannst, besteht darin, dein Herz mit Gott in Einklang zu bringen, indem du anerkennst, wer du in Jesus bist. Das ist die Realität, die du wählen musst, um das Königreich Gottes zu erfahren.

Kapitel 16

Frei vom Urteil anderer

Ich bin nicht, was du von mir denkst.
Ich bin nicht, was ich von mir denke.
Ich bin, was ich denke, das du von mir denkst.

Der Apostel Paulus erlebte ein schmerzliches Urteil – und zwar gerade von den Menschen, die er mit dem Evangelium erreicht hatte. Ganz offensichtlich war er nicht so redegewandt wie Apollos. Wie es typisch ist für »religiös gesinnte« Menschen, beurteilten sie Paulus aufgrund seiner rednerischen Fähigkeiten und urteilten daraus, wie geistlich er war. Die Zuhörer nahmen eine urteilende Haltung ein, als sie versuchten, diese Frage zu beantworten: »Warum predigt Apollos so viel besser als Paulus?« Das Resultat war das Urteil, Apollos sei »gesalbter« als Paulus.

Die traurige Realität war, dass Apollos nicht einmal von neuem geboren gewesen war, als er zu diesen Gläubigen in Korinth predigte. Er predigte die Taufe des Johannes, nicht das Evangelium (Apg 18,25). Paulus andererseits hatte Jesus gepredigt, und es waren viele für den Herrn gewonnen worden. Doch die Korinther verwarfen wegen der Illusion, die sie durch ihr Urteilen geschaffen hatten, die Realität. Auf viele Prediger heutzutage hätte dieses Erlebnis niederschmetternde emotionale Auswirkungen gehabt und hätte sie sogar von ihrer Bestimmung abbringen können.

In 1. Korinther 4,3 (NGÜ) antwortete Paulus auf ihr Urteilen: »Allerdings hat es für mich keinerlei Bedeutung, welches Urteil ihr über mich fällt oder ob sonst irgendeine menschliche Instanz über mich zu Gericht sitzt. Nicht einmal ich selbst maße mir ein Urteil über mich an.« Es scheint, als wäre Paulus frei davon gewesen, sich anderen gegenüber beweisen zu müssen. Ihre Beurteilungen hatten keine Macht oder Kontrolle über sein Leben. Sein Hauptanliegen war und blieb das Evangelium. Er wich nicht von seinem Kurs ab, weil er den Meinungen der anderen Menschen gerecht werden wollte. Er war nur deshalb fähig, seiner Bestimmung nachzufolgen, weil er frei war von der Macht des Urteilens. Am Ende seines Lebens konnte er zuversichtlich sagen: »Ich habe den guten Kampf gekämpft, ich habe den Lauf vollendet, ich habe den Glauben bewahrt« (2Tim 4,7).

Lebe in Freiheit!

Damit wir unser Potenzial erreichen, unsere Bestimmung leben und unsere Träume in Erfüllung gehen können, müssen wir frei sein von den Beurteilungen anderer Menschen. Natürlich sollten wir offen für Input sein. Die Bibel lehrt, dass es wertvoll ist, Rat anzunehmen: »Wo keine Beratung ist, da scheitern Pläne, wo aber viele Ratgeber sind, da kommen sie zustande« (Spr 15,22 SLT). Wir sollten qualifizierten Ratgebern zuhören. Aber am Ende des Entscheidungsprozesses müssen wir dem folgen, von dem wir glauben, dass es Gottes Weisheit für uns ist. Wir werden nie lernen, aus unserem Herzen zu leben oder Gottes Weisung zu folgen, wenn wir uns von den Meinungen anderer kontrollieren lassen.

Menschen, die sich von Urteilen kontrollieren lassen, haben das Gefühl, dass die Meinungen Anderer Macht über sie haben.

Sie attackieren die Menschen, die ihnen einen Rat geben wollen. Dann beschuldigen sie die anderen sogar, dass diese versuchen würden, sie zu kontrollieren! Die Wahrheit aber ist, dass dieses Gefühl der Kontrolle die Frucht von Säen und Ernten ist. In Matthäus 7,2 (NGÜ) steht: »Denn so, wie ihr über andere urteilt, werdet ihr selbst beurteilt werden, und mit dem Maß, das ihr bei anderen anlegt, werdet ihr selbst gemessen werden.« Menschen, die versuchen, die anderen durch ihre Meinungen zu kontrollieren, fühlen sich selbst so sehr kontrolliert, dass sie selten Rat suchen oder annehmen. Solche Menschen werden von den Meinungen anderer auf eine Weise beeinträchtigt, die nicht der Realität entspricht.

»Die Menschen zu fürchten ist eine gefährliche Falle, wer aber auf den Herrn vertraut, lebt unter seinem Schutz« (Spr 29,25 NLB). Unkluge Menschen leben diese Schriftstelle umgekehrt aus. Sie fürchten sich vor Gott, doch sie vertrauen den Menschen. Wir lassen uns durch Urteile kontrollieren, wenn es uns mehr beschäftigt, was die Leute sagen, als das, was Gott in einer Situation sieht. Man zieht in Betracht, dass man versagen könnte. Dabei spielen verschiedene emotionale Beweggründe eine Rolle, aber bei vielen Menschen geht es einfach darum, dass sie Angst davor haben, was andere sagen werden, »wenn ich versage«. Das Bedürfnis nach Anerkennung lähmt uns in unserem Entscheidungsprozess. Wir fühlen weder die Freiheit noch die Befähigung Gottes; deshalb fühlen wir uns bei jeder Entscheidung wie gelähmt.

Konfuzius, ein chinesischer Lehrer und Philosoph, der von 551-479 v. Chr. lebte, sagte: »Ruhm liegt nicht darin, niemals zu fallen, sondern jedesmal wieder aufzustehen, wenn wir gescheitert sind.«[5] Im Buch der Sprüche steht es so: »Denn siebenmal fällt der Gerechte und steht doch wieder auf, aber die Gottlosen stürzen nieder im Unglück« (Spr 24,16). Als Thomas Edison gefragt wurde, wie er sich fühlte, weil er bei seinem Versuch, die

Glühbirne zu erfinden, schon den zehntausendsten Misserfolg erlitten hatte, antwortete er: »Es war kein Misserfolg. Ich habe einfach auf zehntausend verschiedene Arten herausgefunden, wie es nicht funktioniert. Ich fühle mich nicht entmutigt, denn jeder falsche Versuch hat mich einen weiteren Schritt nach vorne gebracht.« Jeder bedeutende Erfinder und jeder bedeutende Leiter muss sich öffentlich mit Misserfolg auseinandersetzen. Diejenigen, die große Erfindungen machen oder durch ihren Lebensstil Einfluss nehmen, sind auch diejenigen, die frei sind von den Urteilen anderer.

Mein Vater war Perfektionist und Alkoholiker. Als ich ein Kind war, sagte er ständig: »Wenn es sich lohnt, etwas zu tun, dann lohnt es sich auch, es richtig zu tun.« Wenn ich an die gesetzliche Ablehnung zurückdenke, die er durch seine Eltern (meine Großeltern) erfahren hatte, nehme ich an, dass seine Denkweise einer der Gründe war, die ihn zum Trinken brachten. Perfektionismus ist eine Qual, die auf Angst basiert. Angst ist die Frucht dessen, wenn jemand keine Liebe erfährt. Der Perfektionist fürchtet sich davor, wie andere über ihn urteilen.

Diese Denkweise dominierte die erste Hälfte meines Lebens. Am Ende wurde aus dem Bedürfnis, das Richtige zu tun und Recht zu haben, das Bedürfnis, »dem Anschein nach Recht zu haben«. Mit der Zeit wurde es wichtiger, dass andere dachten, ich hätte Recht, als tatsächlich Recht zu haben. Ich beschäftigte mich mehr damit, wie es aussah, als damit, wie es wirklich war. Das führte zu einer Abwehrhaltung, dazu, dass ich den anderen die Schuld zuschob, dass ich log und auf unterschiedliche Weisen betrog.

An einem Punkt in meinem Leben entdeckte ich die Wahrheit: »Wenn es sich lohnt, etwas zu tun, dann lohnt es sich auch, es so lange falsch zu tun, bis ich gelernt habe, es richtig zu tun.« Heute beschäftigt es mich wenig, was die Leute über mich denken, im

Vergleich zu meinem Wunsch, als Mensch, Autor, Jünger, Vater und Ehemann zu wachsen. Wir können nicht wachsen, wenn wir ständig damit beschäftigt sind, unsere Fehler zu verdecken. Wir können uns nicht darum kümmern, wie es ist, wenn wir so sehr darum besorgt sind, wie es aussieht.

Was ist wertvoller?

Unsere persönliche Entwicklung wird gehemmt, wenn wir uns davon kontrollieren lassen, was andere über uns denken. Jedoch ist die Kontrolle, die andere ausüben, imaginär. Ihre Absichten haben keine Macht über uns; die Ursache liegt in unseren eigenen Überzeugungen. Niemand kann uns kontrollieren, es sei denn, *wir* geben die Kontrolle ab! Wir geben unsere Kontrolle ab, um etwas anderes dafür zu erhalten. Etwas, wovon wir den Eindruck haben, es sei ein Gewinn für uns, etwas, das wir höher schätzen, als Kontrolle über unser eigenes Leben zu haben. Wenn wir etwas mehr wertschätzen als Freiheit, geben wir die Kontrolle über uns selbst ab.

Manche Menschen betrachten es als wertvoll, einen guten Vorwand dafür zu haben, dass sie ihren Träumen nicht nachgehen. Manche Menschen finden es wertvoll, Anerkennung zu bekommen. Manche Menschen schätzen es wert, keine Verantwortung zu haben. Doch jedes Mal, wenn wir unsere Freiheit aufgeben, jedes Mal, wenn wir uns kontrolliert fühlen, sollten wir auf uns selbst schauen, anstatt auf andere zu sehen und sie zu beschuldigen. Wir sollten uns fragen: »Was finde ich in dieser Situation so wertvoll, dass ich dafür die Kontrolle über mein Leben abgebe?« Es gibt Menschen, die eher in den Tod gehen würden, als ihre Freiheit aufzugeben. Das war auch die Haltung, die zur Amerikanischen Revolution führte. »Gib mir Freiheit oder gib mir den Tod« war der Schrei von Patrick Henry.

Manche Menschen bleiben in gewalttätigen Beziehungen, weil sie finanzielle Sicherheit höher schätzen als körperliche Sicherheit. Manche Menschen bleiben in Gemeinden, die emotionalen Missbrauch üben, weil es ihnen wichtiger ist, sich mit einer gewissen Gruppe zu identifizieren, als Gott nachzufolgen. Bedenke: Wo auch immer wir uns kontrolliert fühlen, haben wir unsere Freiheit gegen etwas eingetauscht, das wir als wertvoller erachten.

Vertraue lieber Jesus als irgendwelchen Urteilen!

Jesus kam, um uns zu befreien – von der Sünde, von uns selbst, vom Gesetz, von der Strafe der Sünde – und von der Macht des Urteilens! Ihm von ganzem Herzen nachzufolgen ist das sicherste Leben auf der ganzen Welt. Es ist der größte Frieden, den es gibt; dadurch finden wir die emotionale Freiheit für alles, was wir uns wünschen. Damit wir ihm jedoch von ganzem Herzen folgen können, ist es notwendig, dass wir ihm genug vertrauen, um seine Wahrheit in unserem Leben anzuwenden. Wir müssen unser Leben in der Liebe führen. Wir müssen die Methode, mit der wir früher Sicherheit und Glück finden wollten, aufgeben und seinen Lehren folgen.

Einer der Bereiche, in denen wir dem Herrn am meisten vertrauen müssen, ist unser Recht zu urteilen. Dieses müssen wir aufgeben. Uns von der Kontrolle anderer zu befreien, beginnt damit, dass wir unsere eigene Kontrolle über andere Menschen loslassen. Es ist das Gesetz von Säen und Ernten. Das Urteil, das wir anwenden, wird »gedrückt, gerüttelt und überfließend« zu uns zurückkommen (siehe Lk 6,38). Manchmal geschieht das in Form eines

Urteils, das andere über uns fällen; ein andermal ist es die Art, auf die die Urteile, die wir über andere gefällt haben, auf uns zurückkommen.

Wenn wir unbarmherzig über andere urteilen, werden wir glauben, dass alle Menschen unbarmherzig urteilen. Wenn wir versuchen, andere Menschen durch unsere Urteile zu kontrollieren, werden wir uns durch ihre Urteile kontrolliert fühlen. Wenn wir schlecht über die Fehler der anderen reden, werden wir denken, dass jedermann schlecht über unsere Fehler redet. Es gibt nur einen Weg, wie wir uns davon befreien können, Negatives zu ernten: indem wir die Samen von Liebe und Barmherzigkeit säen. Wenn wir das tun, werden wir manche Ergebnisse sofort sehen, während andere Ergebnisse mehr Zeit brauchen.

Wir müssen die Menschen aus unserer Vergangenheit und Gegenwart aus unserer Beurteilung entlassen. Paulus sagte: »Ein jeder aber prüfe sein eigenes Werk, und dann wird er nur im Blick auf sich selbst Ruhm haben und nicht im Blick auf den anderen« (Gal 6,4). Wir müssen an den Punkt kommen, an dem wir unsere Anerkennung darin finden, dass wir Gott kennen, und an dem wir zuversichtlich sind, weil wir mit Gott leben. Wir müssen uns davon befreien, uns deswegen überlegen zu fühlen, weil wir über andere Menschen urteilen.

Wir wissen nicht, warum jemand etwas tut. Selbst wenn wir denken, wir wüssten es, wird die Realität nicht durch unser Urteil verändert. Es bindet uns nur an die Urteile anderer. Lasst uns also uns selbst befreien, indem wir andere befreien. Lasst uns unser Recht zu urteilen aufgeben und damit auch unsere nutzlosen Versuche, andere durch unsere Urteile zu kontrollieren. Nur dann können wir Freiheit von den Urteilen anderer finden.

Kapitel 17

Das Bedürfnis zu urteilen hinter sich lassen

Akzeptiere immer Kritik, aber niemals Urteile!

Mittlerweile wirst du sicherlich bemerkt haben, dass das Urteilen eine entscheidende Rolle dabei spielt, wer wir sind und wie wir uns in dieser Welt verhalten. Um das Urteilen aufzugeben, müssen wir für den Umgang mit unseren Emotionen ein ganz neues System erlernen. Wenn wir damit anfangen, haben wir noch keine Ahnung, wie sehr wir bisher aus unseren Urteilen heraus gelebt haben. Jeden Tag sehen wir uns Hunderte Male Situationen gegenüber, in denen wir Leute beurteilen und dann aus diesem Urteilen heraus handeln. Es ist erstaunlich, wie oft wir zu wissen meinen, warum jemand etwas tut.

Willst du weise sein? Dann kümmere dich nur um die Tatsachen. In dem Moment, wo du damit aufhörst, dich mit Tatsachen zu befassen, bist du im Begriff, in Schwierigkeiten zu geraten. Unsere Vermutungen, die wir über die Motive anderer anstellen, sind tödlich – sowohl für sie als auch für uns. Alles, was wir über jemanden wissen können, ist das, was man beobachten kann; also was wir sehen oder was diese Person uns erzählt. Die Bibel lehrt uns, die Frucht zu betrachten; sie fordert uns nicht dazu auf, einen

Schritt weiter zu gehen und darüber zu urteilen, warum die Person diese Frucht hervorbringt.

Sobald wir beurteilen, warum Menschen etwas tun, anstatt uns einfach damit zu befassen, *was* sie tun, haben wir die Grenze überschritten und sind zum Urteilen übergegangen. Wir haben einen Ort betreten, von dem Jesus uns fernhalten wollte. Wir haben das angetastet, was Gott allein zusteht. Und doch kommt es in unserem Leben täglich vor. Es ist seit unserer Kindheit tief in uns verwurzelt. Wie oft haben wir unsere Kinder gefragt: »Warum hast du das getan?«, und dabei beobachtet, wie ihre Augen sofort einen verstörten und in die Ferne starrenden Ausdruck annahmen und sie die unbekannten Möglichkeiten des »Warum« auszukundschaften begannen.

Ohne es zu merken, sagen wir: »Was du getan hast, zählt nicht wirklich, solange du einen Grund hast, der gut genug ist.« Das ist der Beginn eines Lebens der Selbstrechtfertigung. »Wenn ich einen Grund habe, der gut genug ist, komme ich mit allem davon.« Frage Kinder nicht, *warum* sie etwas getan haben. Frage sie stattdessen: »Was hast du getan?« Sie wissen immer, was sie getan haben. Frage sie dann: »Was, denkst du, hättest du stattdessen tun sollen?« Erstaunlicherweise wissen sie fast immer, was sie hätten tun sollen.

Von unserer frühesten Kindheit an wird uns beigebracht, nach dem *Warum* zu suchen anstatt nach dem *Was*. Uns wird beigebracht, Rechtfertigung und Urteile dazu zu gebrauchen, einen Ausweg aus persönlicher Verantwortung zu finden. Durch unsere Sünden- bzw. Angstnatur, die selbstbezogen ist, wird die Angelegenheit noch komplizierter. Von Kindheit an kommunizieren wir mit unserer Umgebung anhand unserer Urteile und Ausreden. Alle unsere Beziehungen sind ein verworrenes Geflecht, das von unseren eigenen Urteilen und den Urteilen anderer durchzogen ist.

Du kannst *dich* verändern!

Ich will mein Leben nicht auf der Grundlage meiner Urteile leben. So gut sind meine Urteile nicht. Darüber hinaus will ich mir keine Sorgen machen müssen, was ich aufgrund der Urteile anderer über mich denke. Ich will mein Leben nicht auf der negativen Seite von »Säen und Ernten« führen. Ich will wie Paulus lernen, frei von den Urteilen anderer zu sein, und ich will wissen, dass auch du frei von meinen Urteilen bist.

Durch dieses gesamte Konzept, mit dem wir Menschen aufgrund unserer Urteile begegnen, entfernen wir uns aus dem Bereich der Realität, Aufrichtigkeit, Integrität, Verantwortung und Rechenschaftspflicht. Wir können natürlich nichts dagegen tun, was der Rest der Gesellschaft tut, doch wir können entscheiden, was wir tun. Wir können entscheiden, dass wir unser Leben nicht auf der Grundlage unserer Urteile leben wollen. Wir können uns entschließen, die Kontrolle über unser Leben zu behalten – und uns nicht länger von unserem vermeintlichen Urteil darüber abhängig machen, warum Menschen das tun, was sie tun.

Wenn jemand uns unfreundlich behandelt, müssen wir keine Vermutungen anstellen, in Fantasien schwelgen oder Urteile fällen. Wir können der Person entweder vergeben oder mit ihr kommunizieren. In Matthäus 18,15 (NIV) steht: »Wenn dein Bruder sündigt …« Nur wenn ein Bruder tatsächlich sündigt, haben wir das Recht, es als seinen Fehler anzusehen. Wenn wir überempfindlich sind und unser Bruder nicht wirklich gesündigt hat, dann ist es unser eigener Fehler. Wenn ein Bruder dadurch, wie er uns behandelt hat, tatsächlich ein biblisches Prinzip verletzt hat, sollen wir ihm »seinen Fehler aufzeigen«, wie es in Vers 15 steht. Die meisten Menschen bemerken es gar nicht, wenn sie jemanden ungerecht behandelt haben.

Vor der Konfrontation prüfe dein Herz!

Das Problem hier ist, dass viele Menschen sich vor Konfrontationen fürchten. Diese Furcht ist normalerweise die Folge von negativen Erfahrungen, die sie in der Vergangenheit gemacht haben. Wenn wir mit einem Urteil auf jemanden zugehen, anstatt ihm einfach aufzuzeigen, was er getan hat, schaffen wir damit immer Konflikte. Wir müssen uns die Leitlinie für Konfrontationen noch einmal ansehen. Das erste Gesetz der Konfrontation lautet: »Lass alle Urteile los.« Hier geht es nicht darum, einer Person zu sagen, *warum* sie etwas getan hat.

Weißt du, Urteile beabsichtigen eine Strafe. Wenn wir mit jemandem anhand von Urteilen in Kontakt treten, ist es nicht unser Ziel, die Beziehung oder die Person wiederherzustellen; unser Ziel ist es dann, ihn leiden zu lassen, ihm zu zeigen, wie sehr er im Unrecht ist, oder ihm vorzuhalten, dass er wirklich so ist, wie wir ihn beurteilt haben. Sprüche 15,1b zeigt auf: »Ein kränkendes Wort erregt Zorn.«

Unser Urteilen führt nicht nur dazu, dass der Täter sich ärgert, sondern auch, dass er sich zu verteidigen beginnt. Bei dem Konflikt, der daraus resultiert, geht es nicht mehr um das Vergehen. Wegen unseres Urteils wird ein Kampf entfacht, bei dem man sich verteidigt und es nur noch darum geht, welches Urteil korrekt ist.

Wenn wir nicht in Liebe konfrontieren können, sind wir nicht bereit, zu konfrontieren. Wir können uns vor der Konfrontation einige Fragen stellen, um unsere Motive zu überprüfen: »Tue ich das nur, weil ich beweisen will, dass ich Recht habe? Versuche ich einfach nur, das letzte Wort zu haben? Versuche ich, die Diskussion zu gewinnen? Versuche ich, mit dieser Person abzurechnen? Wird die Art und Weise, in der ich vorgehe, Frieden fördern oder Konflikt hervorbringen? Wird meine geplante Vorgehensweise den Selbstwert der Person beeinträchtigen?« Wenn wir uns diese Fragen stellen, bekommen wir unsere persönliche Verantwortlichkeit in den Griff. Nur weil eine Person gegen uns gesündigt hat, entbindet uns das nicht von unserer persönlichen Verantwortung.

Konfrontation ohne Beurteilung

Bei einer gesunden Konfrontation geht es allein darum, die Menschen darüber zu informieren, welchen Einfluss ihr Verhalten auf uns hat. Wir können aufzeigen, was sie getan haben. Wir können ihnen darüber sagen, wie wir uns dabei gefühlt haben. Aber wir dürfen dabei nie ihren Charakter bewerten; wir sollen nicht über sie urteilen. Es ist ganz und gar unpassend, sie auf das Muster anzusprechen, nach dem sich ihr Verhalten unserer Meinung nach abspielt, außer wir haben sie schon einmal darauf angesprochen. Nur zu oft sitze ich in einer Seelsorge-Beratung zusammen mit Menschen, die sagen: »Diese Person hat mir das schon jahrelang angetan und es macht mich krank. Er ist gemein und kümmert sich überhaupt nicht um mich. Er verletzt mich ständig, und das dauert schon jahrelang an.« Oft frage ich dann: »Wie hat er reagiert, als du ihn in der Vergangenheit darauf angesprochen hast?« Dann finde ich zu meinem großen Erstaunen heraus, dass sie noch nie darüber gesprochen haben. Es ist wahr, dass der »Täter« einfühlsamer hätte sein sollen. Aber wenn es für dich bis jetzt nicht wichtig genug war, es zur Sprache zu bringen, dann hast du deinen Schmerz teilweise selbst verursacht.

Bei einer Konfrontation muss es genauso darum gehen, dieser Person zu helfen, wie es darum geht, dir selbst zu helfen. Du musst ihm helfen zu verstehen, welcher Art das Vergehen ist. Er muss verstehen, welchen Einfluss sein Verhalten auf andere hat, damit er die Gelegenheit hat, etwas dagegen zu unternehmen. Wenn du die Konfrontation als Anlass dazu nimmst, Menschen in Liebe zu dienen, werden sie gewöhnlich positiv und dankbar darauf reagieren. Eine solche Konfrontation könnte eine Gelegenheit sein, ihnen dabei zu helfen, ein Problem zu lösen, das ihr Leben bisher dominiert hat. Leider wissen Menschen zu oft, dass sie etwas falsch machen, aber niemand sagt ihnen, was es genau ist. Oder wenn sie darauf angesprochen werden, geschieht es auf eine so urteilende oder zornige Weise, dass es abgelehnt wird.

Nehmen wir einmal an, wir haben den Menschen bewusst gemacht, was für einen Einfluss ihr Verhalten auf uns hat. Wenn du sie positiv konfrontiert hast, bleibt es ihnen überlassen, wie sie ihr Verhalten handhaben wollen. Sie können ihre Probleme lösen. Wenn sie dir in der Zukunft wieder Unrecht tun, kannst du ihnen nochmals erklären, welche Auswirkungen ihr Verhalten auf dich hat. Wenn es unvermindert so weitergeht, musst du irgendwann erkennen, dass es in emotionaler Hinsicht zu kostspielig für dich ist, eine enge Beziehung mit ihnen zu haben. Sie wissen, wie ihr Verhalten sich auf dich auswirkt, und trotzdem ändern sie nichts daran.

Wir wissen nicht, *warum* sie weiterhin so mit uns umgehen, außer sie sagen es uns. Es mag sein, dass es sie nicht interessiert, welche Auswirkungen es auf uns hat. Es mag sein, dass sie zu sehr mit sich selbst beschäftigt sind. Es mag sein, dass sie uns nicht ernst nehmen. Es könnte sein, dass sie leiden. Oder sie könnten tatsächlich versuchen, uns Schmerzen zuzufügen.

Vielleicht wissen wir nicht, warum sie nichts geändert haben, und doch kann ihr Verhalten uns nicht kontrollieren, weil wir es ablehnen, ihm durch unser Urteil Bedeutung beizumessen. Jetzt sind wir auf dem Weg in unsere persönliche Freiheit; und auf dem

Weg, frei von den Urteilen anderer Menschen zu sein. Wir säen Freiheit, und wir werden Freiheit ernten.

Oft glauben wir, dass, wenn wir unser Urteil anhand von Kritik ausdrücken, wir die Menschen motivieren könnten, sich zu verändern. Das ist nicht der Fall! Es verletzt und verärgert sie. Wenn ich akzeptiere, dass ich mit liebevoller Kommunikation das erreiche, was ich mir wünsche, bin ich frei davon, urteilen zu müssen. Wenn ich erkenne, wie viel Schmerz das Urteilen mit sich bringt, kann ich damit beginnen, es aus meinem Leben zu entfernen. Ich lerne, dass es weniger Schmerzen bereitet, Fragen zu stellen, als zu urteilen.

Wir alle müssen erkennen, dass unsere Urteile uns nie Frieden gebracht haben. Sie haben nie irgendjemandem geholfen. Da sie niemals einen Nutzen hatten, können wir es in Betracht ziehen, sie loszulassen.

Alle Menschen brauchen Liebe. Niemand hat es nötig, dass man über ihn urteilt. Wenn Liebe das Problem nicht lösen kann, wird es auch durch nichts anderes gelöst werden. Gib dein »Recht« zu urteilen auf, und befreie dich und auch die Menschen um dich herum!

Kapitel 18

Freiheit von Rechtfertigungen

Das einzige, was die Freiheit mir wegnimmt, sind meine Vorwände!

Wir haben gesehen, dass wir schon von unseren ersten Lebenserfahrungen an lernen, unser Verhalten durch andere Menschen bestimmen zu lassen. Unser Verhalten wird dadurch gesteuert, wie sich die Menschen um uns herum verhalten. Es kann sein, dass diese Reaktionen etwas mit der Realität zu tun haben, aber normalerweise sind sie von unseren Urteilen abhängig. Wenn wir unser Leben dadurch bestimmen lassen, wie andere Menschen sich uns gegenüber verhalten, führt es dazu, dass wir die Kontrolle verlieren (in dem Sinne, dass wir nicht mehr länger dafür zuständig sind). Mit anderen Worten, wir bestimmen nicht mehr selbst über unser Verhalten, sondern lassen uns durch das Verhalten der anderen Menschen steuern.

Wenn wir unser eigenes Verhalten vom Verhalten anderer Menschen abhängig machen, wenn wir uns in unseren Entscheidungen von den Entscheidungen anderen Menschen bestimmen oder unsere innere Einstellung durch die Einstellung anderer Menschen steuern lassen, haben wir die Kontrolle verloren. Wir haben nicht nur die Kontrolle verloren, sondern hinzu kommt, dass *die andere Person* die Kontrolle über uns hat. Diese Art zu leben macht es für

Jesus unmöglich, der Herr unseres Lebens zu sein. Er kann keine Herrschaft ausüben, wo er nicht regieren kann, und er kann nicht regieren, wenn er nicht derjenige ist, auf den wir reagieren.

In 1. Johannes 4,8 steht: »Wer nicht liebt, hat Gott nicht erkannt, denn Gott ist Liebe.« Das bedeutet nicht, dass diese Person nicht gerettet ist. Es bedeutet nicht, dass sie niemals mit Gott zusammengetroffen ist, sondern es bedeutet, dass sie Gott im Moment nicht erfährt. Die Menschen reagieren auf das, wie sie sich momentan innerlich fühlen. Der einzige Weg, um Freiheit vom Urteilen zu erleben, besteht darin, die Freiheit zu erleben, die von Gott kommt. Gott bietet uns diese Freiheit an. Wenn wir uns weigern, Gottes bedingungslose Liebe anzunehmen, erleben wir keine Freiheit vom Urteilen.

Gottes Liebe befreit dich dazu, die Kontrolle zu behalten

Wir wissen, dass Angst mit Gericht bzw. einem Urteil zu tun hat. Die Übersetzung der *Living Bible* spricht die Angst vor einem Urteil deutlich an:

> *Wir müssen keine Angst vor jemandem haben, der uns vollkommen liebt; seine vollkommene Liebe zu uns verdrängt jede Furcht vor dem, was er uns antun könnte. Wenn wir Angst haben, ist es die Angst vor dem, was er uns antun könnte, und das zeigt, dass wir nicht völlig davon überzeugt sind, dass er uns wirklich liebt. — 1. Johannes 4,18*

Wenn wir Gottes Liebe glauben und auch fühlen, sind wir in der Lage, anhaltend auf Gottes Liebe und Freiheit zu reagieren anstatt auf das Verhalten anderer Menschen.

In Seelsorgegesprächen überall auf der ganzen Welt hören wir die Leute sagen: »Das habe ich getan, weil sie jenes getan hat.« »Ich tue das nur, wenn sie jenes tut.« Oder: »Jeder Mann würde so reagieren, wenn seine Frau so etwas tun würde.« Die Menschen schauen dir in die Augen, machen diese Aussage und denken tatsächlich, dass ihr Verhalten allein deswegen normal ist, weil so viele Menschen auf diese Weise leben. Aber weißt du was? Es spielt keine Rolle, ob alle anderen Menschen auf der ganzen Welt es so tun. Trotzdem haben wir die Kontrolle verloren, wenn wir uns durch das Verhalten anderer Menschen bestimmen lassen.

Unsere Gewohnheit, auf das Verhalten anderer zu reagieren, ist unlösbar mit unserem Bedürfnis verknüpft, uns zu rechtfertigen. Da unsere Eltern uns ständig fragten: »Warum hast du das getan?«, haben wir daraus folgendes Konzept entwickelt: »Wenn ich einen Grund habe, der gut genug ist, kann ich mein Handeln rechtfertigen.« Sogar unser Rechtssystem hat diese Rolle eingenommen. Wenn wir einen Grund haben, der gut genug ist, können wir jedes Verbrechen rechtfertigen. Alles in unserer Gesellschaft hat sich danach ausgerichtet. Die ganze Welt hat die Kontrolle verloren, weil die Menschen ein Urteilsrecht für sich in Anspruch nehmen.

Das Urteilen spielt eine entscheidende Rolle dabei, wie wir auf das Verhalten anderer Menschen reagieren. Da wir kein Bewusstsein von »Gott in uns« haben, fühlen wir uns nicht frei, gemäß göttlichen Prinzipien zu handeln. Stattdessen wollen wir so sehr von einer verkehrten Gesellschaft angenommen werden, dass wir uns durch die Urteile der Gesellschaft kontrollieren lassen. Unser Selbstwertgefühl kommt von den Menschen um uns herum anstatt von Gott, der uns geschaffen hat. Um also die Anerkennung anderer Menschen zu bekommen, haben wir den Eindruck, alle unsere Entscheidungen rechtfertigen zu müssen. Das Resultat davon ist, dass wir uns gezwungen sehen, jedermann um uns herum zu beurteilen, weil wir mit unseren Urteilen unsere Handlungen rechtfertigen.

Ob gut oder schlecht – es ist trotzdem ein Urteil

Ganz im Gegensatz zur gängigen Meinung haben wir nicht das Recht, über Gut oder Böse zu urteilen. Manche Menschen denken, dass Urteilen nur dann schlecht ist, wenn es uns zu einem negativen Schluss bringt. Wir müssen verstehen, dass es genauso falsch und zerstörerisch ist, wenn wir jemanden als gut beurteilen. Oft hören wir Menschen sagen: »Sie hat wirklich ein gutes Herz.« Doch wir kennen die Herzen nicht; Gott allein kennt die Herzen der Menschen. Die Leute denken, ein solcher Kommentar sei ein Kompliment, doch genau genommen handelt es sich dabei um ein Urteil.

Wie können diese »guten Urteile« negative Situationen verursachen? Schauen wir uns doch ein Beispiel an: Nehmen wir an, wir gehen mit jemandem eine Geschäftsbeziehung ein, weil wir ein Urteil über die Person gefällt haben. Es könnte dazu kommen, dass wir Geld verlieren – oder in eine andere verzweifelte finanzielle Lage geraten –, und all das deshalb, weil wir ein »gutes« Urteil gefällt haben. In der Bibel steht (Mt 7,16a): »An ihren Früchten werdet ihr sie erkennen.« Alles, was wir wirklich über eine Person wissen können, ist, wie sie sich in der Vergangenheit verhalten hat. Alles andere ist Urteilen. Die christliche Welt ist voll von Menschen, die ihr Vermögen verloren haben, weil sie andere Menschen als gut und vertrauenswert beurteilt haben, ohne Erkundigungen über ihre »Bilanz« einzuholen.

Wir alle sollten es lernen, auf den Heiligen Geist zu hören und ihm zu folgen. Nur zu oft wird das jedoch zu einer geistlich klingenden Ausflucht, um Urteile zu fällen. So fällt jemand eine Entscheidung und bezieht sich dabei auf sein Urteil, das etwa so lautet: »Ich denke, er hat ein gutes Herz.« Oder: »Ich fühle mich wirklich gut dabei, mit dieser Person Geschäfte zu machen.« Dann verliert diese Person ihre lebenslangen Ersparnisse oder macht schlimme geschäftliche oder zwischenmenschliche Erfahrungen. Leider sind sie dann am Ende meistens über Gott verärgert, weil sie annehmen, dass er sie falsch geführt hat. In Sprüche 19,3 (GNB) steht: »Manche bringen sich durch eigene Torheit in Schwierigkeiten, aber die Schuld schieben sie dem Herrn zu.«

Alle diese guten oder schlechten Gefühle sind nämlich rein subjektiv. Es kann sich dabei um Gottes Stimme handeln; muss es aber nicht. Aber wenn es wirklich Gottes Stimme ist, dann wird die Sache einer genauen Untersuchung standhalten. Man verleugnet nicht den Glauben, wenn man Arbeitszeugnisse oder Kreditauskünfte über jemanden einholt. Es ist keine Beleidigung für den Betreffenden, wenn man überprüft, ob seine Lebensgeschichte fundiert und seine Referenzen gültig sind. Wir machen keine Person zum Lügner, wenn wir die konkreten Angaben überprüfen; wir sind ganz einfach weise Verwalter. Wir sollen uns dabei immer daran erinnern, dass der Heilige Geist uns nie so führt, dass Gottes Weisheit dadurch missachtet wird.

Es scheint uns, dass wir, wenn wir etwas mit einer Person unternehmen wollen, ein Urteil zu ihren Gunsten fällen müssen; oder dass wir umgekehrt, wenn wir nichts mit einer Person tun möchten, ein Urteil zu ihren Ungunsten fällen müssen. Die entscheidende Frage dabei ist folgende: »Warum sehe ich mich gezwungen, mein Verhalten zu rechtfertigen, indem ich über andere Menschen urteile?« Auch wenn wir uns, nachdem wir die Referenzen überprüft haben, immer noch unwohl dabei fühlen, diese Person einzustellen, müssen wir nicht versuchen, bei dieser Person Fehler zu finden, um unser Verhalten zu rechtfertigen. Es sollte genug sein, dass wir uns ganz einfach nicht wohl dabei fühlen. Das bedeutet nicht, dass er oder sie eine schlechte Person ist; es bedeutet nur, dass wir uns nicht wohl dabei fühlen.

Du kannst freundlich sein und trotzdem »Nein« sagen

Es sind schon viele Personen zu mir gekommen, weil sie darüber besorgt waren, dass ich jemanden zu freundlich behandelt habe. Sie hatten den Eindruck, sie müssten mich über die Vergangenheit dieser Person informieren. Manchmal war das tatsächlich hilfreich, aber meistens dachten diese Menschen: »Wenn du diese Person wirklich kennen würdest, wärst du nicht so freundlich zu ihr.« Mit anderen Worten: Sie denken, Güte müsse gerechtfertigt sein.

In Jesus sind wir frei gemacht worden. Wir sind befreit von Sünde, Gericht und Hölle. Wir wurden von Tausenden von Dingen befreit. Doch genauso wichtig wie alle diese Freiheiten ist die Tatsache, dass wir von diesem Weltsystem befreit wurden. Wir müssen nicht nach demselben System funktionieren wie alle anderen Menschen. Wir sind Bürger des Königreiches Gottes. Was uns motiviert und uns freisetzt, ist die Liebe. Nur wenn wir uns in allem, was wir tun, durch Gottes Liebe motivieren lassen, werden wir wirklich Freiheit vom Urteilen erfahren.

Manchmal legen wir eine so starke Betonung darauf, *wovon* wir frei sind, dass wir vergessen, *wozu* wir jetzt frei sind. Mehr als alles andere sind wir frei, bedingungslose und unverdiente Liebe zu geben. Es ist tatsächlich so, dass wir jetzt eine Schuld der Liebe haben – aber wir sind sie nicht den Menschen gegenüber schuldig. Wir sind sie Gott gegenüber schuldig. Wir geben Gott Liebe zurück, indem wir Menschen die gleiche Liebe geben, die er uns gegeben hat. Bedingungslose Liebe ist die einzige Schuld, die vom Kreuz Christi her anfiel. Für alles andere ist bezahlt worden.

Wir können einander die Bitten erfüllen oder sie verweigern und dabei immer noch in Liebe wandeln. Wie? Betrachte die Eigenschaften von Gottes Liebe in 1. Korinther 13,4–7:

> *Die Liebe ist langmütig, die Liebe ist gütig, sie neidet nicht, die Liebe tut nicht groß, sie bläht sich nicht auf, sie benimmt sich nicht unanständig, sie sucht nicht das Ihre, sie lässt sich nicht erbittern, sie rechnet Böses nicht zu, sie freut sich nicht über die Ungerechtigkeit; sondern sie freut sich mit der Wahrheit, sie erträgt alles, sie glaubt alles, sie hofft alles, sie erduldet alles.*

Diese Eigenschaften legen wir nicht deshalb an den Tag, weil wir die Menschen als würdig einschätzen. Diese Eigenschaften werden bei uns sichtbar, weil wir in Jesus sind. Wie wir die Menschen behandeln, sollte nichts damit zu tun haben, für wen wir sie halten. Es sollte allein davon abhängen, wer wir in Jesus sind. Selbst wenn wir es ablehnen, ihnen eine Anstellung zu geben, ihnen Geld zu leihen, ihnen einen Gefallen zu erweisen, können wir ihnen trotzdem mit diesen Eigenschaften begegnen. Wir müssen unsere Freundlichkeit nicht rechtfertigen.

Wir befürchten oft, dass es uns zu verwundbar macht, wenn wir in Liebe handeln. Wir neigen dazu, Liebe als »Fußmatten-Syndrom« zu sehen. Wir glauben, dass andere auf uns herumtreten, wenn wir in Liebe handeln. Aber Liebe lässt sich nicht manipulieren; sie lässt sich nicht beherrschen; sie lässt sich nicht missbrauchen. Jesus hat immer in Liebe gehandelt, doch er ließ sich nie von jemandem beherrschen oder manipulieren und fühlte sich nie dazu gezwungen, allen Bitten nachzukommen.

Wenn du dir vergegenwärtigst, dass du immer noch in Liebe handelst, obwohl du nicht auf die Forderung eines Menschen eingegangen bist, befreit es dich davon, dich vom Urteil anderer Menschen beherrschen zu lassen. Ihr Urteil ist nicht mehr der Standard, der dein Leben bestimmt. Dein Standard besteht stattdessen in Gottes Wort und dem Beispiel, das Jesus uns gegeben hat. Wenn du frei vom Zwang bist, deine Taten durch dein Urteilen rechtfertigen zu müssen, dann bist du auch frei, auf eine sehr freundliche Art »Nein« zu sagen! Und dann brauchst du keine Vorwände mehr!

Kapitel 19

Frei sein davon, sich selbst zu rechtfertigen

Du hast nur dann das Recht zu urteilen, wenn du klüger bist als Gott.

Von allen schmerzerzeugenden und zerstörerischen Aspekten des Urteilens ist das Urteil über uns selbst der schlimmste. Warum? Das Urteil über uns selbst wird zur Grundlage für unser Selbstgespräch. Das negative Selbstgespräch wird zusammen mit den starken Emotionen, die es produziert, zerstörerische Dinge jeder Art auf unsere Herzen schreiben. Am Ende führt das Urteil, das wir über uns selbst fällen, entweder zu Gefühlen der Verdammnis oder dazu, dass wir uns selbst rechtfertigen – und beides ist ungesund.

Paulus sagte im ersten Brief an die Korinther, dass es für ihn keine Rolle spiele, wie andere über ihn urteilten. Er gab uns Einsicht in seine Freiheit von den Urteilen anderer Menschen.

Mir aber ist es das Geringste, dass ich von euch oder von einem menschlichen Gerichtstag beurteilt werde; ich beurteile mich aber auch selbst nicht. Denn ich bin mir keiner Schuld bewusst, aber dadurch bin ich nicht gerechtfertigt. Der mich aber beurteilt, ist der Herr. So verurteilt nichts vor der Zeit,

bis der Herr kommt, der auch das Verborgene der Finsternis ans Licht bringen und die Absichten der Herzen offenbaren wird! Und dann wird jedem sein Lob werden von Gott.
— 1. Korinther 4,3–5

Paulus' Freiheit von den Urteilen anderer Menschen war eng damit verbunden, dass er von Selbsturteilen frei war.

Nicht einmal über dich selbst sollst du urteilen

In der Originalsprache deutet *»denn ich bin mir keiner Schuld bewusst«* darauf hin, dass Paulus sich nicht wirklich kannte oder sich nicht deutlich sah. Das ist das Problem bei einem Urteil über sich selbst. Unsere Sicht ist immer vernebelt und wenn wir dann ein Urteil fällen, wissen wir nicht, ob es genau zutrifft. Er fährt fort: *»So verurteilt nichts vor der Zeit …«*

Paulus mutmaßte nicht, ob er Recht oder Unrecht hatte. Er urteilte nicht über sich selbst, um einen Vorwand zu haben, sich zu verteidigen oder zu verdammen. Paulus war bestrebt, Gott von ganzem Herzen zu folgen und in Liebe zu wandeln. Sein Identitätsbewusstsein entsprang seiner Beziehung mit Jesus, nicht seiner Selbsteinschätzung. Er war ernsthaft danach bestrebt, Gott zu folgen und ein gutes Gewissen zu bewahren. Weil er frei von »Werkgerechtigkeit« war (dem Versuch, Gerechtigkeit durch das eigene Tun zu verdienen), hatte er kein Bedürfnis, Bestätigung dadurch zu finden, dass er sich ständig selbst einschätzte. Er wusste, dass er in Jesus gerecht war; das war der Ursprung seines Friedens.

Dieses Konzept ist dem aktuellen christlichen Denken fremd. Wir sind so gefangen in der Werkgerechtigkeit, dass wir ständig eine Bestandsaufnahme unserer Werke machen, und zwar sowohl der guten als auch der schlechten. Wir führen eine Bewertungsliste und urteilen damit über uns selbst. Weil wir unser Urteil als Maßstab dafür verwenden, uns selbst anzuerkennen, werden wir genauso auch von den Urteilen anderer Menschen abhängig. Deshalb können wir erst dann frei davon werden, uns von den Urteilen anderer Menschen beherrschen zu lassen, wenn wir uns von der Kontrolle unserer Selbsturteile befreien.

Als Jesus sagte: »*Richtet nicht!*«, meinte er das auch so. Wir sollen nicht über die anderen urteilen, und wir sollen auch nicht über uns selbst urteilen. Wie wir in den folgenden Kapiteln sehen werden, verursacht das Urteilen über uns selbst emotionale Störungen, körperliche Krankheiten und sogar Tod. Ich will nicht, dass mein Leben von den Urteilen anderer Menschen oder meinem eigenen Urteil beherrscht wird. Ich kenne niemanden außer Jesus, dem ich eine derart einflussreiche, lebensverändernde Verantwortung anvertrauen würde. Wir müssen uns einem Leben anvertrauen, das frei ist von Urteilen. Wenn wir die Urteile über uns selbst loslassen, befreit uns das nicht nur von den Urteilen anderer, sondern es ist auch der Schlüssel, um uns von dem Bedürfnis zu befreien, über andere zu urteilen.

Es gibt natürlich Fälle, wo es durchaus angebracht ist, sich selbst auf eine gesunde Art und Weise einzuschätzen. (Wir werden das in späteren Kapiteln behandeln.) Diese Selbsteinschätzung führt jedoch nicht dazu, dass unser Leben dadurch beherrscht wird und Fehlfunktionen daraus entstehen. Andererseits werden wir emotional geblendet, wenn wir mit Schmerzen oder in Sünde leben. Wir sehen und interpretieren Ereignisse wie durch den Schleier subjektiver Verzerrung. Als Ergebnis davon veranlasst uns unser Gewissen, dass wir uns entweder verdammen oder rechtfertigen. Über sich selbst zu urteilen hat einfach immer negative Folgen.

Sich selbst »reparieren« zu wollen ist ein Problem

Im Gleichnis vom Weizen und Unkraut ist ein Prinzip zu finden, das sich auf Selbsturteile anwenden lässt:

> *»Ein anderes Gleichnis legte er ihnen vor und sprach: Das Reich der Himmel gleicht einem Menschen, der guten Samen auf seinen Acker säte. Während aber die Leute schliefen, kam sein Feind und säte Unkraut mitten unter den Weizen und ging davon. Als nun die Saat wuchs und Frucht ansetzte, da zeigte sich auch das Unkraut. Und die Knechte des Hausherrn traten herzu und sprachen zu ihm: Herr, hast du nicht guten Samen in deinen Acker gesät? Woher hat er denn das Unkraut? Er aber sprach zu ihnen: Das hat der Feind getan! Da sagten die Knechte zu ihm: Willst du nun, dass wir hingehen und es zusammenlesen? Er aber sprach: Nein, damit ihr nicht beim Zusammenlesen des Unkrauts zugleich mit ihm den Weizen ausreißt.« — Matthäus 13,24–29 SLT*

Jeder Versuch, das Unkraut vor der festgelegten Zeit auszureißen, führt dazu, dass der Weizen zerstört wird. Weizen und Unkraut sehen gleich aus, bis sie Frucht tragen. Ähnlich ist es jedes Mal, wenn wir in eine Haltung kommen, bei der wir sagen: »Ich werde das reparieren.« Diese Haltung hat für gewöhnlich genauso viele negative wie positive Auswirkungen. Deshalb sollten wir uns nicht so viele Gedanken darüber machen, wie wir eine Lösung finden können. Wir müssen einfach dem Heiligen Geist folgen, während er uns durchs Leben leitet. Dass wir geheilt und ganz gemacht werden, geschieht dann wie zufällig. Es ist nicht das Ziel der Reise, sondern ein wunderbarer Teil des Prozesses.

Nur wenige Menschen wissen, warum sie tun, was sie tun. Selbstbeobachtung ist ein derart subjektiver Prozess, dass wir nur selten die richtigen Schlüsse ziehen. Wenn ich Schmerzen habe oder verletzt bin, ist es sehr unwahrscheinlich, dass ich klar genug sehen kann, um zur eigentlichen Wurzel des Problems vorzudringen. Das wäre so, als würde ein geistesgestörter Patient seine eigenen Probleme einschätzen und dann eine Diagnose stellen. Die Behandlung ist dann nicht besser als die Diagnose. Wenn verletzte Menschen zur Selbstdiagnose greifen, verursacht die Behandlung, die diese Menschen sich selbst verschrieben haben, meist zusätzlichen Schmerz.

Akzeptiere einfach Gottes Sicht!

Das Selbsturteil ist vielleicht gerade die Wurzel, wegen der andere verdrehte Urteilsformen in unserem Leben gedeihen. Wir müssen die Sicht, die wir über uns selbst gebildet haben, verwerfen und aus unserer neuen Identität in Christus leben. Denn dadurch befreien wir uns sowohl von den fehlerhaften Urteilen anderer als auch von denen unseres eigenen betrogenen Herzens. Wir müssen Gottes Sicht und Meinung über uns annehmen und alles andere ablehnen. Jede andersartige Sicht, jeder andersartige Standard oder Ausgangspunkt wird nur die Ursache von Fehlfunktionen und Schmerzen sein. Gott sagt, dass wir geliebt, gerecht, angenommen und gesalbt sind. Mehr als zweihundertmal im Neuen Testament informiert Gott uns über unsere Identität.

In Römer 6,11 steht zum Beispiel: »So auch ihr: Haltet euch der Sünde für tot, Gott aber lebend in Christus Jesus!« Warum sollten wir uns so betrachten? Ganz einfach! So sieht Gott uns, und so ist es.

»Ja, aber ich habe so viele Probleme. Das kann für mich nicht gelten.« Und das ist das Problem. Du siehst Gottes Meinung nicht als wahr an; deshalb wirst du seine Version der Realität nie erfahren. Du wirst nur das erfahren, was du als wahr betrachtest. Wenn du diesen Vers als wahr ansiehst, wirst du frei von allen anderen Urteilen, die sich auf diesen Vers beziehen – einschließlich deiner eigenen Urteile.

Das einzige Urteil, das du jetzt annehmen solltest, ist das Urteil, das Gott über dich fällt. Dein alter Mensch, deine Sündennatur, wurde für schuldig erklärt und mit Christus gekreuzigt. Dein neuer Mensch wurde in Christus in Gerechtigkeit auferweckt. Du bist eine neue Schöpfung. Du musst Gottes Urteil akzeptieren und aus diesem Urteil heraus leben. Wenn du dich von einem anderen Urteil beherrschen lässt, verdrängst du die Herrschaft Jesu aus deinem Leben und herrscht selbst.

Gott beurteilt dich als frei von den Auswirkungen und den Strafen der Sünde. Er beurteilt dich als gerecht in Jesus; deshalb bist du für alles qualifiziert, was er jedem, der glaubt, je versprochen hat. Wirst du deine Sichtweise gegen seine austauschen? Wirst du dein Urteil durch seines ersetzen? Beginne heute damit, nie etwas zu dir oder über dich selbst zu sagen, das nicht damit übereinstimmt, was Gott darüber sagt, wer du in Jesus bist!

Kapitel 20

Meine eigenen Angelegenheiten kennen

Ich muss mich nicht mit deinem Schmerz beladen: mein eigener ist genug.

Es scheint, dass wir ständig, wenn auch mit guten Absichten, emotionales Territorium einnehmen, das nicht uns gehört. Wir sind viel eher dazu bereit, uns mit den Angelegenheiten anderer Menschen zu befassen als mit unseren eigenen. In die Angelegenheiten anderer Menschen einzudringen, ist ganz offensichtlich falsch. Oftmals laden Menschen uns in diese Bereiche ein, doch selten machen wir bei den Grenzen halt, die die Bibel uns über das Dienen aufzeigt. Wir haben dann die Grenzen überschritten, wenn wir uns mit dem emotionalen Gewicht ihrer Probleme beladen.

Obwohl unsere Konzepte von Dienst oder Hilfeleistung, die akzeptierte Norm sind, sind sie den biblischen Prinzipien oft entgegengesetzt. Wir überschreiten Grenzen und sind uns dabei kaum bewusst, dass wir schriftgemäße Prinzipien oder die Gefühle anderer Menschen verletzen. Wir schaffen Konflikte und dringen ins Privatleben anderer ein und wundern uns dann, warum wir von Chaos und Schmerzen umgeben sind. In der Bibel steht: »Deshalb sorgt euch nicht um morgen, denn jeder Tag bringt seine eigenen Belastungen …« (Mt 6,34 NLB). Dieses Prinzip lässt sich allgemein anwenden. Ich muss mich nicht mit deinem Schmerz beladen. Mein eigener Schmerz ist genug.

Wie sind wir da nur hineingeraten?

Manchmal nutzen wir unbewusst die Probleme anderer Menschen, um unseren eigenen Problemen zu entfliehen. Laut Forschung muss unser Gehirn sich zu Überlebenszwecken von Problemen ablenken, vor denen wir uns fürchten. Offensichtlich reduziert diese Verleugnung unserer Probleme den Schmerz in unserem Leben nicht; wir werden ganz einfach nur davon abgehalten, uns mit etwas zu befassen, von dem wir glauben, es sei zu schmerzhaft. Für manche besteht die akzeptable Alternative darin, sich zu überarbeiten; für manche ist es Krankheit; andere brauchen eine Krise; und wieder andere wollen dem eigenen Schmerz entgehen, indem sie sich um die Angelegenheiten anderer Menschen kümmern.

Unser Mangel an emotionalem Einfühlungsvermögen anderen gegenüber spiegelt bloß die Tatsache wider, dass wir uns nicht bewusst sind, was in uns selbst vorgeht. Weil es uns nicht bewusst ist, überschreiten wir Grenzen. Wir haben dieses Bewusstsein nicht, weil wir die Augen vor unseren Problemen verschließen. Und wir verleugnen unsere Probleme, weil wir uns davor fürchten, uns mit unserem eigenen Schmerz zu befassen. Kurz gesagt: Wir müssen uns mit uns selbst in Verbindung setzen, damit wir den Unterschied zwischen unseren eigenen Angelegenheiten und den Angelegenheiten anderer erkennen können.

1981 verließ ich für etwa ein Jahr die Kanzel. Ich hatte wirklich nicht vor, jemals zurück in den Dienst zu gehen, und es wäre auch nie geschehen, wenn nicht das Folgende eingetreten wäre.

Gott sprach zu meinem Herzen und sagte: »Mein Sohn, du versuchst, Dinge für Menschen zu tun, die nicht einmal ich für sie tun werde.«

Zu diesem Zeitpunkt las ich die Evangelien von Neuem. Ich las sie unvoreingenommen, so, als hätte ich diese Schriftstellen nie zuvor gelesen. Ich nahm nichts darin als selbstverständlich an. Ich ging davon aus, nichts zu wissen. Ich hinterfragte alles, was ich zu wissen meinte. Was ich entdeckte, veränderte mein Leben völlig. Ich entdeckte, wie Jesus den Menschen begegnete und auf sie einging. Ich war erstaunt, wie viele Szenarien es gab, in denen er die Gelegenheit gehabt hätte, die Grenzen zu überschreiten. Er lehnte es jedoch ab, in die Angelegenheiten anderer hineingezogen zu werden. Er überschritt nie die Grenzen eines anderen und tat nie für die Menschen, was sie selbst tun sollten.

Sei kein Narr!

In der Geschichte des verlorenen Sohnes war der Vater reich. Trotzdem ging der Sohn fort. Dann begann bei dem Sohn ein Prozess, in dem er lernen musste, sich mit den Konsequenzen seines Verhaltens auseinanderzusetzen. Das Buch der Sprüche lehrt uns, dass ein Narr eine Person ist, die nicht durch Zurechtweisung bzw. Belehrung lernt (Spr 15,5). Dieses Wort ist nicht das gleiche wie in Matthäus 5, wo die Bezeichnung »Narr« für eine Person verwendet wird, die keinen Wert hat. Ein Narr ist aus dieser Perspektive eine Person, die nicht durch Belehrung lernen will; stattdessen entschließt sie sich, auf die harte Tour zu lernen – nämlich durch Erfahrungen.

In der Bibel steht, dass Schläge für den Rücken des Narren bestimmt sind (Spr 17,10; 29,19). Die einzige Hoffnung eines Narren besteht darin, mit den Konsequenzen seiner Taten konfrontiert zu werden. Viele Schmerzen, die wir in unserem Leben erfahren, haben ihren Ursprung einzig und allein darin, dass wir nicht hören. Kinder, die nicht auf ihre Eltern hören, erfahren meistens viele Schmerzen. Menschen, die keinen guten Rat suchen und ihn auch nicht erwägen, enden immer in Schwierigkeiten. Sie wollen dadurch Schmerzen verhindern, aber sie wollen die Dinge auf ihre eigene Weise tun. Die tragischste Person jedoch ist diejenige, die es ablehnt, Rat anzunehmen, danach Schmerzen erleidet, aber es auch dann noch ablehnt, aus den Konsequenzen zu lernen. Solche Menschen sind zu einem Leben voller Schmerzen verurteilt. Es gibt keine Befreiung für eine Person, die wählt, ein Leben in Dummheit zu leben.

Ein noch größerer Narr jedoch ist derjenige, der einen Narren davon abhalten will, den Preis zu zahlen. Oftmals, wenn meine Kinder oder andere Menschen in meinem Umfeld in eine falsche Richtung gegangen sind, habe ich ihnen einen weisen Rat gegeben oder ihnen Hilfe angeboten, doch sie sind weiterhin in die falsche Richtung gegangen. Schließlich sind sie in Schwierigkeiten geraten. Zu diesem Zeitpunkt versuchten humanistische Gedanken mich dazu zu bringen, sie zu retten. Jedoch hätte eine solche Handlungsweise gegen alles verstoßen, was die Bibel mich über Weisheit und Beziehungen lehrt. Zu oft habe ich eingegriffen, damit sie nicht die Konsequenzen ihrer Taten und Entscheidungen tragen mussten. Dann habe ich mich darüber gewundert, warum sie in diesem Bereich nie erwachsen geworden sind.

Sich durch die Konsequenzen lehren lassen

Ist es ihr Problem? Nein, es ist mein Problem. Als ich ihre persönlichen Grenzen überschritten habe, habe ich ihr Problem zu meinem Problem gemacht. Ich hatte es abgelehnt, sie durch einen Prozess gehen zu lassen, bei dem sie mit den Konsequenzen ihrer Taten konfrontiert würden und daraus lernen hätten könnten. Ich habe sie davon abgehalten, die einzig wirkliche Gelegenheit zu ergreifen, die sie hatten. Ich habe ihnen aus der Zwangslage geholfen.

Wir wollen uns wieder der Geschichte des verlorenen Sohnes zuwenden. Der Vater des verlorenen Sohnes hätte die Mittel gehabt, ihn aus dem Schlamassel zu retten, doch er tat es nicht. Erst dann, als der Sohn als Sklave Schweinefutter aß (er bezahlte den Preis), kam er wieder zu sich. Schwierigkeiten bewirken, dass man mit der Realität in Verbindung tritt und sich besinnt! Konsequenzen sind ernüchternd! Wenn Menschen sich ihren Konsequenzen gegenübersehen, und wir es unterlassen, einzugreifen, wenden sie sich an Gott. Dann hat er die Gelegenheit, ihr Lehrer zu werden.

Menschen lernen durch Konsequenzen. Wir nennen es Liebe, wenn wir Entscheidungen für sie treffen, wenn wir uns in ihre Angelegenheiten einmischen. Doch Liebe beruht auf der Wahrheit. Wenn wir biblische Prinzipien verletzen, ist es keine Liebe.

Das Urteilen verleitet uns zu sagen: »Ich habe schlechte Entscheidungen getroffen, und Gott erteilt mir jetzt eine Lektion, indem er mich leiden lässt.« Diese Denkweise ist eine Steigerung von Dummheit. Damit leugnet man immer noch, dass die Konsequenzen das direkte Resultat der eigenen Taten sind und dass Gott nichts damit zu tun hat. Natürlich ist Gott immer für uns da, um uns herauszuführen, aber er ist nie derjenige, der uns in die Schmerzen hineinbringt. Ganz im Gegenteil, er steht immer bereit, uns zu helfen, wenn wir bereit sind, Hilfe zu empfangen – doch er zwingt uns seine Hilfe nie auf.

Lass Menschen los!

Als er weiterziehen wollte, lief ein Mann auf Jesus zu, kniete vor ihm nieder und fragte: »Guter Lehrer, was soll ich tun, um das ewige Leben zu bekommen?« »Warum nennst du mich gut?«, fragte Jesus. »Nur Gott allein ist gut. Aber du kennst doch die Gebote. ›Du sollst nicht töten. Du sollst nicht die Ehe brechen. Du sollst nicht stehlen. Du sollst keine Falschaussage machen. Du sollst nicht betrügen. Ehre deinen Vater und deine Mutter.‹« »Lehrer«, erwiderte der Mann, »alle diese Gebote habe ich seit meiner Kindheit gehalten.« Da sah Jesus den Mann voller Liebe an. »Eins fehlt dir noch«, sagte er zu ihm. »Geh und verkaufe alles, was du hast, und gib das Geld den Armen, dann wirst du einen Schatz im Himmel haben. Danach komm und folge mir nach.« Als er das hörte, verdüsterte sich das Gesicht des Mannes, und er ging traurig fort, denn er war sehr reich. Jesus sah alle, die dabeistanden, an und sagte dann zu seinen Jüngern: »Wie schwer ist es doch für Menschen, die reich sind, ins Reich Gottes zu kommen!« — Markus 10,17–23 NLB

Als der Mann wegging, hielt Jesus ihn nicht auf. Er akzeptierte, wo der Mann stand und erkannte, dass er Probleme hatte, die er mit Gott klären musste. Solange der Mann diese Probleme nicht klären würde, hätte es keine Rolle gespielt, wenn Jesus mit ihm verhandelt und ihn zur »Herde« zurückgebracht hätte, denn das hätte nicht genügt. Jesus erkannte und akzeptierte, dass es für den jungen Mann noch Dinge zu klären gab. Wäre Jesus ihm nachgegangen, hätte er diese Dinge zu seiner eigenen Angelegenheit gemacht. Wir andererseits gehen den Menschen nach und wollen mit ihnen verhandeln – jedoch nicht zu ihrem Nutzen, sondern zu unserem eigenen.

Wir gehen Menschen und Situationen nach, die nicht unsere Angelegenheiten sind, und wenn die Dinge sich dann nicht unserem Wunsch gemäß entwickeln, sagen wir: »Du machst mich unglücklich« oder »du tust mir weh.« Die Wahrheit ist: Wir sind unglücklich, weil wir die Angelegenheiten anderer Menschen zu unseren gemacht haben. Wir erfahren den Schmerz ihrer Dummheit, weil wir eine Grenze überschritten haben, die wir nicht hätten überschreiten sollen.

Wir können niemals Menschen dienen, über die wir urteilen. Sobald wir urteilen, verkünden wir ein Strafmaß. Bei diesem Strafmaß bzw. Urteilsspruch könnte es sich zum Beispiel um Erneuerung des Sinnes oder um eine Bestrafung handeln; doch ob unser Urteil nun gut oder schlecht ausfällt, verfolgen wir damit nur unsere eigenen Ziele. Ihre Reaktionen nehmen wir jetzt sehr persönlich. Wir haben uns in emotionaler Hinsicht von ihnen abhängig gemacht. Jetzt verlangen wir von ihnen, dass sie auch unserem Urteil gemäß handeln. Wenn sie das nicht tun, dann haben sie sich an uns vergangen.

Wir müssen lernen, die Menschen zu Gott gehen zu lassen, damit sie sich zu ihrer eigenen Zeit mit ihren eigenen Angelegenheiten auseinandersetzen. Gott kann mit den Problemen anderer viel besser umgehen als wir! Wenn wir Menschen die Wahrheit in Liebe darreichen und sie dann in Ruhe lassen, kann der Heilige Geist in ihrem Leben mehr bewirken, als unsere Manipulation und unser Druck auf sie es könnten. Das Problem besteht darin, dass wir nicht mit unserem Herzen oder mit Gott in unserem Herzen in

Verbindung sind. Wir sind so daran gewöhnt, aus unseren Urteilen heraus zu leben, dass wir nicht wissen, wo wir aufhören und wo jemand anders beginnt. Wir erkennen nicht den Unterschied zwischen ihren Problemen und unseren.

Wisse, wer du in Gott bist

Als ich die Evangelien von Neuem las, war ich erstaunt darüber, wie Jesus sich den Menschen gegenüber verhielt. Als Jesus und seine Mutter an einer Hochzeit teilnahmen, erwähnte sie ihm gegenüber, dass den Gastgebern der Wein ausgegangen war. Er entgegnete ihr: »Was hat das mit mir zu tun?« (siehe Joh 2,1–4). Bei einer anderen Gelegenheit, als seine Mutter und seine Brüder dachten, Jesus wäre wahnsinnig geworden, kamen sie, um ihn nach Hause zu holen. »Deine Mutter ist hier, um dich sehen«, sagte jemand aus der Menge. Jesus antwortete: »Ich will euch sagen, wer meine Mutter und meine Brüder sind« (siehe Mt 12,47–49). In einem anderen Fall kam jemand und versuchte ihn in eine Diskussion über sein Erbe zu verwickeln. Er antwortete einfach: »Wer hat mich zu deinem Richter gemacht?« (siehe Lk 12,14). Auf den ersten Blick mögen diese Antworten kalt erscheinen, doch das ist nicht der Fall. Jesus ließ es ganz einfach nicht zu, dass die Menschen ihn in ihre Angelegenheiten hineinzogen. Er ließ sich von den Menschen nicht in Probleme hineinziehen, die sie in ihren eigenen Herzen klären mussten.

Jesus wusste, wohin er ging. Er wusste, wer er war. Seine Identität und sein Selbstwert standen fest aufgrund dessen, wer er in Beziehung mit Gott war. Deshalb konnten die Menschen ihn nicht in ihre persönlichen oder religiösen Angelegenheiten hineinziehen. Wir andererseits lassen uns in Dinge hineinziehen, weil wir nicht wissen, wer wir in Jesus sind. Uns fehlt ein biblischer Selbstwert. Wir sind nicht wirklich von Gottes Liebe und Annahme überzeugt, deshalb suchen wir sie bei Menschen. Durch dieses bedürfnisorientierte Verhalten werden wir ständig in ihre Probleme hineingezogen.

Wir wollen keinen Konflikt, und doch wollen wir gemocht werden, also lassen wir uns in Dinge hineinziehen, die uns nichts angehen. Aber gerade das wird zum Konflikt. Wir machen Zusagen, die wir nicht wirklich wollen, und dann sind wir über andere frustriert, weil wir den Eindruck haben, dass sie uns benutzen und manipulieren. (Es ist erstaunlich, dass wir nicht »Nein« sagen können und trotzdem noch mit uns zufrieden sind.) Wir haben nicht genug Frieden, Freude oder Erfüllung in unserem eigenen Herzen, und deshalb denken wir, dass, wenn wir die Bedürfnisse aller anderen befriedigen können, sie uns mögen werden und das unser eigenes Bedürfnis erfüllen wird. Doch das geschieht nicht.

Warum lassen wir uns von anderen in ihre Angelegenheiten hineinziehen? Warum müssen wir so sein, wie jemand anders uns haben will? Was ist nur verkehrt mit uns, dass wir die anderen nicht so lieben können, wie sie sind? Warum müssen wir die anderen zu den Menschen machen, wie wir sie haben wollen, bevor wir sie lieben können? Warum müssen sie dieselben Dinge glauben, die wir glauben, bevor wir sie lieben können? Warum müssen wir so sein, wie die anderen uns haben wollen, bevor wir glauben können, dass sie uns lieben?

Wenn dein Gefühl, geliebt und angenommen zu sein, nicht in deiner Beziehung mit Gott verwurzelt ist, wirst du dich von den Urteilen anderer Menschen abhängig machen. Dir wird die emotionale Freiheit fehlen, den anderen zu erlauben, ihre eigenen Angelegenheiten zusammen mit Gott zu verarbeiten. Wenn dein Bedürfnis, von den anderen anerkannt zu werden, das übersteigt, was du als biblische Weisheit erkennst, dann wird sich dein Leben in ihren Angelegenheiten verfangen, weil du sie zu deinen eigenen gemacht hast.

Lass mich dir einen sehr praktischen Rat geben: Sage einfach »Nein«.

Kapitel 21

Über Gott urteilen

Wir haben über Gott geurteilt und ihn für Dinge schuldig befunden, die wir nicht verstehen.

Das Wort Gottes befiehlt ganz klar: »Du sollst dir kein Götzenbild anfertigen von etwas, das im Himmel, auf der Erde oder im Wasser unter der Erde ist.« — 2. Mose 20,4 NLB

Es gibt keinen Christen, der dieses Gebot bewusst übertreten würde. Allein der Gedanke daran stößt uns ab. Doch auf unterschwelligste und verlockendste Art sind wir alle zu einem gewissen Maß des Götzendienstes schuldig. Wir verüben keinen Götzendienst, indem wir in den Wald gehen, einen Baum fällen, ihn zu einem Götzenbild verarbeiten und uns davor niederwerfen. Niemand würde es wagen, Gott so zu verunehren. Und dennoch sind wir genauso schuldig, Götzenbilder zu erschaffen wie jede andere Generation vor uns.

Wir stellen unsere Götzenbilder nicht mit Axt und Schreinerwerkzeug her, sondern anhand unserer Gedankengebäude.

Denn die Waffen unseres Kampfes sind nicht fleischlich, sondern mächtig für Gott zur Zerstörung von Festungen; so zerstören wir überspitzte Gedankengebäude und jede Höhe, die

sich gegen die Erkenntnis Gottes erhebt, und nehmen jeden Gedanken gefangen unter den Gehorsam Christi.
— 2. Korinther 10,4–5

Unsere Gedankengebäude werden zu einer »Höhe«, die sich gegen all das erhebt, was wir von Gott durch sein Wort und durch das Leben von Jesus wissen. Um es geradeheraus zu sagen: Wenn wir über Gott urteilen, erschaffen wir abgöttische Vorstellungen von Gott.

Wir urteilen über Gott, weil wir nicht glauben, was er sagt

Die Israeliten urteilten über Gott und befanden ihn für schuldig.

Deshalb spricht der Heilige Geist: »Heute sollt ihr auf seine Stimme hören. Verschließt eure Herzen nicht gegen ihn, wie die Israeliten es taten, als sie sich auflehnten am Tag der Versuchung in der Wüste. Dort haben eure Vorfahren meine Geduld auf die Probe gestellt, obwohl sie vierzig Jahre Zeugen meiner Wunder gewesen waren! — Hebräer 3,7–9 NLB

Als sie in der Wüste waren, klagten die Israeliten Gott an und erklärten ihn der Lüge schuldig. Sie urteilten darüber, er sei unfähig, sie in das Land Kanaan zu bringen, das er ihnen versprochen hatte. 40 Jahre lang stellten sie Gott auf die Probe – das bedeutet, sie stellten ihn ständig vor Gericht –, weil sie ihn nicht für fähig oder willig erachteten, das zu tun, was er versprochen hatte.

Die Wahrheit ist, dass sie genau *wussten*, dass Gott fähig war. Sie hatten alle seine Werke gesehen, als sie aus Ägypten gekommen waren. Sie hatten gesehen, wie der Pharao mit seiner Armee besiegt wurde. Sie waren Zeugen des Wunders, als das Rote Meer geteilt wurde. Sie hatten mit Gott genug wunderbare Erscheinungen gesehen, dass sie kein Problem damit hätten haben sollen, seiner Zusage zu glauben. Das Problem war, dass sie sich selbst nicht trauten. Wie auch wir hatten sie kein Problem damit, an die mächtige Kraft Gottes zu glauben. Die Israeliten glaubten an jede von Gottes Verheißungen – bis sie durch sie geschehen sollten.

»Ich habe euch das Land gegeben; geht hin und treibt die Bewohner aus.« Das scheint eine widersprüchliche Aussage zu sein. Doch genau das sagte Gott zu den Israeliten: »Da sagte Josua zu den Söhnen Israel: Wie lange noch seid ihr zu nachlässig, um hinzugehen, um das Land in Besitz zu nehmen, das der HERR, der Gott eurer Väter, euch gegeben hat?« (Jos 18,3). Sie vertrauten Gottes Kraft so lange, bis sie glauben sollten, dass sie durch sie wirken würde.

Wir versuchen, Gott nach unserem Bild zu schaffen. Anstatt unser Denken und unser Herz zu öffnen, damit wir die Dinge so sehen, wie Gott sie uns zeigt, wollen wir, dass Gott die Dinge so sieht, wie wir sie ihm zeigen. Das Wort »Gedankengebäude« in 2. Korinther 10 kommt vom griechischen Wort »logos«. Logos hat mit Erwägungen oder Berechnungen zu tun.[6] Die *New King James Version* übersetzt es mit »Argumente«. Ein Gedankengebäude ist das Resultat von Erwägungen oder Berechnungen, und dadurch kommt man zu einem Konzept von Gott, das nicht der Wahrheit oder der Realität entspricht. Es ist ein Einwand gegen die Realität.

Wir urteilen über Gott, um uns selbst zu rechtfertigen

Wir erschaffen diese Götzenbilder von Gott auf viele Arten. Die erste und offensichtlichste Methode besteht darin – da wir so selbstbezogen sind –, die Welt und alles, was Teil von ihr ist, danach zu interpretieren, wie wir uns selbst sehen. Gott hat den Menschen nach seinem eigenen Bild geschaffen, doch wir als »Gott« unserer Welt bilden Gott nach, damit er in unsere Wahrnehmung dieser Welt hineinpasst. Wir schaffen ein Konzept von Gott, das unsere Lebenserfahrungen begründet.

Wenn wir in Bezug auf Gott beginnen, nach dem »Warum« zu fragen, fangen wir an, über ihn zu urteilen. Gott hat uns schon alles gesagt, was wir über ihn und über sein Wort wissen müssen. Er hat Jesus gesandt, der uns alles vorlebte, was Gott ausmacht. Wir sollten in der Lage sein, auf das Leben von Jesus zu schauen und dadurch Gott zu verstehen. Doch wir tun das nicht – wir schauen auf unsere Lebenserfahrungen und fragen: »Warum ist mir das zugestoßen?« Oder wir schauen auf die Tragödien, die auf dieser Welt geschehen und fragen: »Warum hat Gott das zugelassen?«

Wenn wir diese Fragen beantworten, werden wir zu Menschen, die Götzenbilder machen. Mit jeder Idee und mit jedem falschen Konzept formen und gestalten wir ein Bildnis des »Gottes«, an den wir glauben. So schaffen wir uns einen »Gott«, der unsere Wahrnehmung dieser Welt rechtfertigt.

Wie die Kinder Israels stellen wir Gott vor Gericht und erklären ihn schuldig, die gesamte Menschheit vernachlässigt zu haben. Er wird verurteilt, weil er die Ungerechtigkeiten dieser Welt erlaubt. Er wird für schuldig befunden, nicht jedes Kind gerettet zu haben, das verletzt oder misshandelt wurde. Er wird für schuldig befunden, weil er es zugelassen hat, dass Herzen gebrochen wurden.

Nachdem Hiob sich in beinahe 40 Kapiteln damit befasst hatte, Gott die Schuld für seine Schwierigkeiten in die Schuhe zu schieben, stellte Gott ihm die folgende Frage: »Willst du mein Rechtsurteil zunichtemachen, mich schuldig sprechen, damit du gerecht seist?« (Hiob 40,8 SLT). Die Antwort von Hiob und der menschlichen Rasse ist ein überwältigendes »Ja! Wir würden dich, Gott, liebend gerne beschuldigen, um uns selbst zu rechtfertigen«. Wir bestätigen das bei fast jedem christlichen Begräbnis, wenn jemand zitiert: »Der Herr hat gegeben, der Herr hat genommen« (siehe Hiob 1,21). Wir verstehen irgendwie nicht, dass dieser Abschnitt zu Hiobs langer und verwirrender Rede gehört. Wir sehen nicht, dass Hiob die ganze Zeit daran festhielt, er wäre für keine seiner Schwierigkeiten verantwortlich und hätte keine Schuld daran. Sicher, er war ein gerechter Mann, aber er hatte trotzdem Verantwortung.

Gott ist gut

Wir urteilen sogar dann über Gott, wenn wir Zeugnis geben. Ich erinnere mich daran, wie ich einem meiner Lieblingsprediger zuhörte, als ich eines Morgens mit dem Auto zum College fuhr. Er erzählte davon, wie er geheilt worden war, und erklärte dann, wie er Gott dazu gebracht hatte. Sein Zeugnis faszinierte mich. Es war so kraftvoll. Als ich vor dem Unterricht in meinem Auto saß und dieser Erzählung zuhörte, sprach der Herr zu meinem Herzen und sagte: »Das ist nicht der Grund, *warum* ich ihn geheilt habe.« Wie bei so vielen Zeugnissen handelte es sich bei dem »Warum« um subjektive, gemutmaßte Schlussfolgerungen, die den Glauben des Menschen verherrlichten anstatt Gottes Güte.

Es ist wirklich erstaunlich, dass wir bei all unseren Zeugnissen über Gottes Güte am Ende erwähnen, dass Gott so wunderbar gewirkt hat, weil *wir* etwas getan haben. So erheben wir Werke und Gesetzlichkeit. Wir geben den bedürftigen Zuhörern den Eindruck, dass sie einfach noch nichts so Großartiges getan haben wie wir. So schaffen wir ein Bild von Gott, das im totalen Widerspruch zu dem steht, was Jesus uns vorgelebt hat. Wir veranlassen Menschen dazu, sich vor einem Götzenbild der toten Werke und der Werkgerechtigkeit zu verbeugen.

Das, was Gott tut, tut er wegen des vollendeten Werks Jesu. Er ist ein liebender Vater, der uns den Weg geebnet hat, damit wir von Schmerz und Kummer befreit werden können. Jeder andere Erklärungsversuch des *Warums* ist ein mangelhaftes Urteil, das ein falsches Bild von Gott schafft.

Der Schmerz, den wir in unser Leben bringen, indem wir über andere urteilen, ist unbedeutend im Vergleich zu dem Schaden, der dadurch entsteht, wenn wir Gott für die Tragödien verantwortlich machen und dann über ihn urteilen. Nachdem wir über Gott geurteilt haben, gibt es für uns keinen Zufluchtsort mehr, in dem wir uns in den Stürmen des Lebens bergen können und wohin wir in den Schwierigkeiten fliehen können.

Die beiden wesentlichsten Urteile, die du je fällen kannst, bestehen darin, wie du dich selbst siehst und wie du Gott siehst. Diese beiden Realitäten überlagern sich. Sie sind ein zusammenhängendes Ganzes; sie sind so sehr miteinander verbunden, dass das eine das andere formt. Ich kann mich nicht so sehen, wie ich wirklich bin, bis ich Gott so sehe, wie er wirklich ist. Erst wenn ich akzeptierte, was Jesus über Gottes Wesen bezeugt, kann ich sehen, wer ich in der Beziehung zu ihm bin. Die Vorstellung, die ich von mir selbst habe, kann sich nie unabhängig von meiner Vorstellung von Gott entwickeln. Schließlich bin ich ja nach Gottes Bild und Gleichnis geschaffen. Ich bin eine neue Schöpfung in Christus.

Jedes Mal, wenn ich ein Konzept von Gott entwickle, um zu rechtfertigen oder zu erklären, was ich nicht verstehe, verändere ich auch meine Sicht von Gott, was schließlich dazu führt, dass ich mich selbst anders sehe. Die Abwärtsspirale auf der einen Seite bewirkt auch die Abwärtsspirale auf der anderen Seite. Paulus sagte: »Beurteilt nichts vor der Zeit« (siehe 1Kor 4,5). Jede Sicht oder jede Meinung, die wir von Gott haben und die nicht damit übereinstimmt, was Jesus uns durch sein Leben und seine Lehren gezeigt hat, muss verworfen werden. Alles, was wir nicht damit in Einklang bringen können, müssen wir links liegen lassen.

Wir alle haben unbeantwortete Fragen über Gott und über das Leben. Wir alle kennen Situationen, die wir einfach nicht erklären können. Jedoch sollen wir uns nicht von unserem Bedürfnis zu urteilen dazu verleiten lassen, über Gott zu urteilen. Damit bewirken wir nur Zerstörung. Nimm das an, was Jesus uns von Gottes Wesen vorgelebt hat. Glaube daran, wer er ist. Wenn du etwas nicht verstehst, urteile nicht!

Kapitel 22

Assoziationen und Urteile

Wenn wir eine Angelegenheit mit der anderen gleichsetzen, urteilen wir.

Erinnerungen sind ein sehr starkes Instrument, das für uns oder gegen uns arbeiten kann. Gott lehrte die Israeliten, gewisse Methoden anzuwenden, um Erinnerungen wachzurufen. Zum Beispiel sollten sie an bestimmten Orten Steine aufeinanderzuschichten. Wenn ihre Kinder dann fragten, warum dort Steine aufeinandergestapelt waren, erzählten die Eltern ihnen die Geschichte von Gottes Befreiung. Irgendwann würden sich die Kinder jedes Mal an Gottes Befreiungskraft erinnern, wenn sie diese Steinhaufen anschauten. Kurz gesagt: Er lehrte sie, Assoziationen herzustellen, also eine Sache mit der anderen zu verbinden.

Obwohl wir sehr stark von solchen Assoziationen profitieren können, können sie durchaus auch gegen uns arbeiten. Wir neigen dazu, gewisse Aktivitäten, Ereignisse, Worte oder sogar Verhaltensweisen mit vergangenen Erfahrungen zu verbinden. Das ist eine Form von klischeehafter Einordnung. Infolge der Assoziationen, die wir gemacht haben, neigen wir dazu, andere Menschen nach ihrer Sprache, Hautfarbe, Position oder einer Anzahl von verschiedenen anderen Faktoren klischeehaft einzuordnen.

Bevor wir das Schulalter erreicht haben – während wir also noch sehr jung sind –, haben wir schon ein komplexes Labyrinth von Assoziationen geschaffen, anhand derer wir in den kommenden Jahren unser Umfeld beurteilen werden. Wir können einer Person gegenüber sehr misstrauisch sein und dabei nie erkennen, dass es sich dabei lediglich um eine Assoziation handelt. Wenn jemand in der Vergangenheit unser Vertrauen verletzte und diese Person einen bestimmten Verhaltenszug hatte, dann ist es sehr wahrscheinlich, dass wir einer anderen Person mit demselben Verhaltenszug kein Vertrauen entgegenbringen und dabei nie wirklich wissen, *warum*.

Das ist eine Form des unterbewussten Urteilens. Die Liebe urteilt nicht im Voraus; die Liebe erlaubt es den Menschen, ihren Charakter zutage treten zu lassen. Sie ist nicht naiv und vertraut einfach blindlings, doch sie hält ihr Vertrauen nicht wegen Assoziationen zurück. Wenn wir uns gegenüber jemandem auf eine Weise verhalten, die die Prinzipien der Liebe verletzt, müssen wir uns mit den eigentlichen Ursachen in unserem Herzen befassen. Sogar dann, wenn uns neun von zehn Menschen mit einem bestimmten Charakterzug ausnützten, gibt es uns nicht das Recht, über den zehnten zu urteilen.

Du kannst weise sein, ohne dabei über andere zu urteilen

In Sprüche 12,26 (NIV) steht: »Der Gerechte ist vorsichtig in seinen Freundschaften.« Es ist weise, in allen Beziehungen vorsichtig zu sein; jedoch sollten wir nie zulassen, dass wir dabei zum Urteilen übergehen. Es ist gesund zu erkennen, dass Menschen mit bestimmten Verhaltensmustern in bestimmten Situationen bestimmte Dinge zu tun pflegen. Doch wir können nie *urteilen*, dass sie eine bestimmte Sache tatsächlich tun werden. Ihr Handeln in der Vergangenheit kann uns sagen, dass wir ihnen auf diesem einen Gebiet nicht vertrauen können. Doch wir dürfen nicht über sie urteilen, indem wir behaupten, dass sie eine bestimmte Sache tun werden, nur weil sie ein bestimmtes Verhaltensmuster haben; oder dass sie bestimmt so handeln werden, weil andere Menschen, die ihnen ähnlich sind, das auch tun.

Ein altes Sprichwort besagt »Vorsicht ist die Mutter der Porzellankiste«. Es scheint, dass wir durch unsere Unfähigkeit, unvoreingenommen zu sein, entweder in das eine oder das andere Extrem fallen. Entweder vertrauen wir niemandem, oder wir vertrauen allen. In Sprüche 14,8.16 (NLB) steht auch: »Der weise Mensch ist vorausschauend und rechnet mit dem, was kommt, die Narren aber betrügen sich selbst … Ein Weiser ist vorsichtig und meidet das Böse; nur der Narr handelt unbeherrscht und sorglos.«

Es ist weise, einer Person nicht über das hinaus zu vertrauen, was wir über sie wissen. Jedoch ist es schlecht, jemanden grundlos zu verdächtigen. Wenn wir eine dunkle Straße entlanggehen und uns eine Gruppe von jungen, unrasierten Männern mit Stachelfrisur, herunterhängenden Ketten und mit Tätowierungen bedeckten Armen entgegenkommt, ist es vielleicht besser, einen anderen Weg einzuschlagen. Aber wir haben keinen Grund zu sagen, dass es sich bei all diesen jungen Menschen um gewalttätige Leute handelt. In Sprüche 27,12 (NLB) steht: »Ein kluger Mensch sieht die Gefahr voraus und bringt sich in Sicherheit; die Unerfahrenen stolpern blindlings dahin und müssen die Folgen tragen.«

Sogar dann, wenn uns die »Bilanz« mancher Menschen zeigt, dass man ihnen in einem bestimmten Bereich nicht vertrauen sollte, wissen wir trotzdem noch nicht, ob sie diesmal nicht doch aufrichtig sind. Wir weigern uns nicht, ihnen zu vertrauen, weil ihre Vergangenheit *beweist*, dass sie momentan unaufrichtig sind; wir haben vielmehr das Recht, uns zu weigern, mit ihnen Geschäfte zu machen, weil wir uns durch ihre Vergangenheit nicht wohl dabei fühlen, ihnen unser Vertrauen zu schenken. Ihre Vergangenheit sagt uns: Es ist *wahrscheinlich*, dass sie auch heute nicht vertrauenswürdig sind. Weisheit und Liebe geben uns jedoch die Freiheit, angemessene Maßnahmen zu ergreifen, ohne dabei zu urteilen.

Bevor du urteilst, überdenke die Assoziationen!

Aus Assoziationen werden Urteile, sobald wir sagen: »Dieses ist genauso wie jenes.« Es mag noch so viele Ähnlichkeiten geben, trotzdem ist die Vergangenheit nicht notwendigerweise genauso wie die Zukunft. Wir können eine Person nicht aufgrund des Verhaltens anderer Menschen beurteilen. Wenn Menschen aus missbräuchlichen Gemeinden in meine Gemeinde kommen, bitte ich sie immer: »Bestrafe mich nicht für das, was Menschen in deiner Vergangenheit getan haben. Bitte erkläre mich im Zweifelsfall für unschuldig, bis ich dir einen Grund gebe, der dich vom Gegenteil überzeugt.«

Wenn wir den Assoziationen erlauben, unsere Emotionen zu dominieren, geben wir die Kontrolle über unser Leben an jene Menschen ab, die uns in der Vergangenheit verletzt haben. Durch unser momentanes Urteilen lassen wir zu, dass ihr Verhalten über unser zukünftiges Glück entscheidet. Wenn etwas ähnlich aussieht, ist es immer sicher, Fragen zu stellen. Wenn wir keine Fragen stellen dürfen, dann deutet uns die Vorsicht darauf hin, dass wir der Person auf diesem Gebiet nicht vertrauen können; doch dann wissen wir trotzdem noch nicht, *warum*.

Wenn jemand etwas tut, das den Argwohn der Vergangenheit in uns aufsteigen lassen will, müssen wir es ablehnen zu urteilen. Francis Bacon, ein britischer Philosoph, Essayist und Politiker, der vom Ende des 15. Jahrhunderts bis zum Anfang des 16. Jahrhunderts lebte, sagte: »Es gibt nichts, was einen Menschen so verdächtig macht, wie wenig zu wissen. Deshalb sollte man dem Argwohn Abhilfe schaffen, indem man sich befleißigt, mehr zu wissen, und nicht zulassen, dass das Misstrauen weiter genährt wird.« Information ist der Schlüssel, um das Misstrauen zu besiegen. Wenn wir uns davor fürchten, Informationen einzuholen, müssen wir uns eingestehen, dass das *unser* Problem ist, und sollten die Angst, die doch mit Geschehnissen aus der Vergangenheit zusammenhängt, nicht völlig überstürzt und ohne nachzudenken auf Andere projizieren.

Viele unserer Assoziationen sind auf die Bedeutung von Wörtern zurückzuführen. In einer kontrollierenden Gemeinde kann das Wort *Autorität* bedeuten, dass Menschen dazu gezwungen werden, den Anweisungen der Ältesten zu folgen. Wenn ich selbst hingegen das Wort *Autorität* verwende, beziehe ich mich damit jedoch auf die Autorität von Gottes Wort. In der einen Umgebung könnte das Wort *Unterordnung* Gehorsam bedeuten, in einer anderen kann es die Bereitschaft bezeichnen, aufeinander einzugehen. Viele Sekten verwenden dieselben Begriffe wie Christen. Deshalb kannst du nicht aufgrund der Ähnlichkeit urteilen. Wenn etwas dich beunruhigt, dann frage ganz einfach nach, und zwar ganz in Ruhe und ohne anzugreifen: »Was meinst du, wenn du diesen Begriff verwendest?«

Wenn durch Assoziationen unsere Emotionen außer Kontrolle geraten, werden wir von etwas beherrscht, das gar nicht existiert. Wir fühlen uns durch etwas verärgert, bedroht oder verletzt, das gar nicht vorhanden ist. Wir werden dann von dem beherrscht, was »ich denke, dass du denkst«. Alles, was wir tun müssen, um uns von dieser eingebildeten Kontrolle zu befreien, ist, Fragen zu stellen. Ob sich dann herausstellt, dass unser Misstrauen begründet war oder nicht, spielt dabei keine große Rolle – wir haben uns eine schmerzhafte Erfahrung erspart, weil wir es abgelehnt haben, zu urteilen.

Kapitel 23

Geistliche Gaben und Urteile

»So spricht der Herr« – darüber lässt sich nicht diskutieren.

Als ich durch die Tür der modernen, aber unordentlichen Wohnung trat, wurde ich von einer attraktiven, dunkelhaarigen jungen Frau nervös begrüßt. Sie vermied es, mir in die Augen zu schauen, als hätte sie Angst, ich könnte etwas entdecken, was sie verstecken wollte. Als wir zum Küchentisch traten, der das Zentrum der Aktivität in ihrer Wohnung zu sein schien, öffneten und schlossen sich ihre Hände nervös und verrieten ihre Furcht. Als sie sich dann an den Tisch setzte, verlor sie ihre Fassung. Ihre Angst und Verzweiflung schossen heraus wie ein Lavastrom bei einer Vulkanexplosion. Ihre Worte waren wie glühend heiße Steine, die beim Aufschlag brannten.

»Warum?« rief sie, »warum will Gott von mir, dass ich so etwas tue?«

Nachdem ich die aufgelöste Frau so weit beruhigt hatte, dass eine vernünftige Unterhaltung möglich war, erkundigte ich mich: »Was denkst du denn, was Gott von dir verlangt?« »Heute Abend ist Bruder Bill herübergekommen und hat prophezeit, dass es Gottes Wille für mich sei, ihn zu heiraten, aber ich will ihn nicht heiraten!«

Ich verbrachte den Rest des Abends damit, diese verärgerte junge Frau davon zu überzeugen, dass Gott nicht durch den Mund dieses geistlichen Manipulators gesprochen hatte. So unsinnig uns diese Szene auch erscheinen mag, kommt es leider täglich vor, dass sich Menschen durch das Verhalten, die Urteile und den Einfluss anderer beherrschen lassen, weil sie diese Menschen in ihren Gedanken auf einen Sockel gestellt haben.

Geistliche Gaben zu haben, ist nicht gleich Ermächtigung

In einer Zeit, in der so viele Menschen behaupten, im Namen Gottes zu sprechen, können jene, die Gott um jeden Preis nachfolgen wollen, leicht von den Urteilen geistlicher Leiter beeinflusst werden. Die Frau hatte diesen Mann auf eine Art dienen sehen, die sie glauben ließ, dass er jederzeit in Gottes Auftrag sprach, und deshalb nahm sie an, diese »Prophetie« müsse auch wahr sein.

Wir müssen verstehen, dass das Vorhandensein von geistlichen Gaben (wie sie in 1. Korinther 12 aufgelistet sind) nicht automatisch mit einem gottesähnlichen Charakter gleichzusetzen ist. Die Bibel zeigt uns viele Leute, die Gott auf mächtige Weise gebrauchte, obwohl einige von ihnen schwere Charaktermängel aufwiesen. Außerdem bekommt niemand durch den Besitz geistlicher Gaben das Recht, Grenzen im Leben anderer Menschen zu überschreiten. Nicht einmal Gott übt die Art von Kontrolle aus, die manche »geistlich gesinnte« Menschen anzuwenden versuchen. Geistliche Gaben werden uns nicht gegeben, weil wir heiliger sind als andere; sie werden uns für gewöhnlich gegeben, weil wir Gott gegenüber bereitwilliger und verfügbarer sind. Wenn wir sie verdienen könnten, wären es ja keine Gaben, also Geschenke.

Eine berechtigte Frage, die mir oft gestellt wird, wenn wir über solche Dinge sprechen, ist folgende: »Worum geht es bei den geistlichen Gaben?« Über viele Jahre haben gewisse Kreise eine starke Betonung auf die »Offenbarungsgaben« wie Unterscheidung der Geister und Prophetie gelegt. Das sind legitime geistliche Gaben. Aber bei der Art, wie diese Gaben dem Leib Christi präsentiert worden sind, wurden biblische Prinzipien verdreht. Es gibt keine Gabe von Gott, die uns befähigt, in das Herz einer anderen Person zu sehen. Es gibt keine Gabe, die uns die Motive anderer Menschen offenbaren kann, wie wir denken, dass es bei der Prophetie der Fall sei. Die Bibel erklärt den Zweck der neutestamentlichen Prophetie genau: »Wer aber prophetisch redet, der redet den Menschen zur Erbauung und zur Ermahnung und zur Tröstung« (1Kor 14,3 LUT).

Der Umstand, dass man im Leben von jemand anderem etwas sieht, das verkehrt ist, ist keine geistliche Gabe. Wir können uns alle gegenseitig betrachten und Dinge sehen, die nicht in Ordnung zu sein scheinen – das ist keine Gabe! Dabei kann es sich um das weise Ergebnis von Lebenserfahrungen handeln oder manchmal ist es lediglich eine kritische Haltung. Um eine Gabe handelt es sich dann, wenn wir etwas Inakzeptables sehen und es trotzdem zulassen, dass etwas aus uns hervorkommt, das die Person erbaut, ermahnt und tröstet. Es ist keine »Unterscheidung der Geister« wenn wir über Menschen urteilen und uns dann in ihre Angelegenheiten einmischen, um sie zu verändern. Wir haben schon darüber gesprochen, wie gefährlich der Versuch ist, jemanden zu »reparieren«! Wir haben im Gleichnis vom Weizen und Unkraut gesehen, dass wir nicht versuchen sollten, das Unkraut im Leben einer Person auszureißen. Wenn wir versuchen, jemanden zu reparieren, indem wir das Unkraut ausreißen, besteht die Gefahr, dass wir dabei auch den Weizen ausreißen. Ich habe viele

Menschen gesehen, die daran zugrunde gegangen sind, als die Gemeinde versucht hat, sie zu »reparieren«. Ich wäre beinahe einer von ihnen gewesen. Das anzugreifen, was verkehrt ist, ist nicht dienen; Dienen besteht darin, Menschen die Hilfe anzubieten, die ihnen ein neues Leben gibt. Beim Dienen geht es darum, wohin wir gehen, nicht darum, wo wir gewesen sind.

Kannst du trotzdem lieben?

Kurz nachdem ein Mann begonnen hatte, meine Gemeinde zu besuchen, wurde er verdächtigt, einen brutalen Mord begangen zu haben. Als die Medien darüber zu berichten anfingen, erkundigten sich die Leute bei mir, was ich in dieser Situation vorhätte. Ich sagte: »Ich werde ihn lieben.« »Wie kannst du so jemanden lieben?«, war die Antwort, die ich darauf normalerweise erhielt. »Genauso wie ich dich liebe!«, war meine Standardantwort. Können wir das Verbrechen rechtfertigen, weil er eine schreckliche Kindheit hatte? Nein, er hatte eine ganz normale Kindheit. Hatte er sich verteidigt? Nein, er war nur ein eifersüchtiger, herrschsüchtiger, missbräuchlicher Mann, der seine hilflose Freundin getötet hatte. Es war total unmöglich, sein Verbrechen zu rechtfertigen.

In solchen Situationen versuchen wir herauszufinden, wie wir unsere Handlungen rechtfertigen können. Nur zu oft gehen wir dabei folgendermaßen vor: »Wir können dich lieben, wenn wir dir eine Entschuldigung geben können.« Wir können eine Entschuldigung jedoch nur dann anerkennen, wenn sie die Frage nach dem »Warum« auf eine akzeptable Weise beantwortet. Mit anderen Worten, wir sind so sehr an Beurteilungen gebunden, dass wir ein Urteil brauchen, um damit unsere Freundlichkeit anderen Menschen gegenüber zu rechtfertigen. Ein Urteil, das uns die Erlaubnis gibt, freundlich zu sein, hat fast immer mit der Leugnung eigener Probleme zu tun: »Wenn ich ihn nicht ohne Rechtfertigung lieben kann, dann bin ich ja derjenige, der ein Problem hat.« Es sollte uns genügen, dass Gott die Menschen liebt.

Ich bin schon immer eine gewiefte Person gewesen, weil ich schon früh auf den Straßen unterwegs war. Ich kann einen Betrug leicht ausmachen, bevor andere ihn sehen. Doch das ist keine Gabe. Dass ich Schwindler, Lügner oder Betrüger durchschauen kann, hat mir viele Probleme eingebracht. Menschen haben mir gesagt, dass dieser Einblick eine Gabe ist; doch die Wahrheit ist, dass ich einfach »Erfahrung« gesammelt habe. Ich war sehr kritisch und zynisch. Bevor ich Gott erlaubte, in meinem Leben zu wirken und mir dabei zu helfen, solche Menschen mit all ihren Fehlern zu lieben, war ich sehr unglücklich. Ich sah die Fehler der Menschen, doch anstatt ihnen zu helfen, fühlte ich mich gedrängt, sie zu kritisieren.

Wir müssen uns einem Leben der Liebe verschreiben. Wenn wir Fehler in anderen sehen, müssen wir ihnen Gottes Güte zeigen, damit sie sich sicher genug fühlen, sich ihre Probleme einzugestehen und sie zu überwinden. Weil ich diesem jungen Mann, der den Mord begangen hatte, Liebe entgegenbrachte, fand er den Mut, sich zu stellen und sein Verbrechen zu gestehen. Noch bevor jemand wusste, ob er unschuldig oder schuldig war, sagte ich zu ihm von der Kanzel aus: »Wenn du schuldig bist, kommst du vielleicht auf den elektrischen Stuhl, doch Gott wird dich immer noch lieben. Wenn du schuldig bist, werden wir dich immer noch lieben. Wenn du schuldig bist und es dich dein Leben kostet, wird es nicht das Ende sein. Es gibt ein Leben nach dem Tod. Wenn du dich Jesus hingegeben hast, wird er dich mit Frieden in die Ewigkeit aufnehmen. Wir werden dein Verbrechen nie rechtfertigen, aber wir werden dich lieben und dir bis ans Ende beistehen.« Am nächsten Tag stellte er sich und gestand. Bis zum heutigen Tag sind wir Freunde geblieben.

Der Erfolg, den ich heute im Dienst habe, ist das Resultat dessen, dass ich die Spiele der Menschen durchschauen und sie trotzdem lieben kann. Mehr als einmal habe ich mit Menschen zusammengesessen und ihnen sehr liebevoll gesagt: »Ich denke, dass du mir etwas vorspielst. Ich will dir sagen, dass ich dich immer noch liebe, aber dass ich dir das nicht abkaufe.«

Andererseits ist es so, dass, wenn Menschen uns täuschen können, ihnen unsere ahnungslose Liebe und Annahme nichts bedeutet. Es ist tatsächlich so, dass sie uns deswegen verachten werden. Doch wenn sie feststellen, dass wir sie sehen, wie sie sind, und sie immer noch lieben, wird ihr Herz berührt. Wir zeigen ihnen Gottes Charakter. *Das* ist eine Gabe.

Leiter sollten nicht die Aufgabe des Heiligen Geistes an sich reißen

Weil Leiter von der Kanzel aus für Gott sprechen, denken sie oft irrtümlicherweise, sie hätten das Recht, in jedem Bereich für Gott zu sprechen. Wenn sie das Ende ihrer Konversation mit »der Herr hat gesagt« oder »im Namen des Herrn« oder »Gott hat mir gezeigt« kennzeichnen, kann nicht länger darüber diskutiert werden. Wenn wir menschliche Worte Gott zuschreiben, wird ihr Urteil uns vollkommen beherrschen – denn wer darf sich schon gegen Gott stellen?

Wir alle sollten für uns selbst von Gott hören. Gott hat seinen Geist in uns gelegt, damit wir nicht zu anderen gehen müssen, um ihn zu suchen. Er lebt in uns. Wenn wir täglich persönlich Kontakt mit ihm haben, wird niemand uns je durch geistliche

Manipulation leiten können. Der Apostel Johannes stand seinerzeit der geistlichen Kontrolle durch die Gnostiker gegenüber. Im 1. Johannesbrief musste er die Menschen von der Idee befreien, dass manche eine spezielle Salbung haben. Wer behauptete, diese spezielle Salbung zu besitzen, behauptete auch, das Leben der anderen beherrschen zu dürfen. Die Menschen, an die Johannes seinen Brief gerichtet hatte, ließen sich durch die Urteile anderer Menschen verführen. Und weil sie von diesen »besonderen« Menschen eine unrealistische hohe Meinung hatten, täuschten sie sich selbst.

Wir alle sind ganz einfach Gottes Kinder und Diener. Obwohl manche von uns Leiter sind, gibt uns das keine speziellen Rechte oder Privilegien im Leben anderer Menschen. Wir können ihnen dienen, aber wir können in ihrem Leben nicht den Heiligen Geist ersetzen. Wenn wir die Grenzen der Menschen überschreiten und versuchen, sie zu beherrschen, dienen wir ihnen nicht mehr. Wir können ihnen mit unseren Gedanken, Ideen, Belehrungen und Prophetien dienen; doch letzten Endes muss jeder Mensch sein Leben aus seiner eigenen Beziehung mit Gott heraus führen.

Wenn wir uns von einem geistlichen Leiter kontrolliert fühlen, sollten wir nicht über sein Motiv urteilen, sondern einfach nur anerkennen, dass wir diesem Leiter zu viel Einfluss in unserem eigenen Herzen gegeben haben. Das ist unsere Angelegenheit – unabhängig davon, welche Absichten der Leiter hat. An diesem Punkt müssen wir diesen Bereich unseres Lebens dem rechtmäßigen Besitzer zurückgeben: unserem Herrn Jesus Christus, der sich für uns der Sünde und dem Tod stellte. Nur er hat das Recht, unser Leben zu lenken.

Kapitel 24

Ein Wort für die Ahnungslosen

Höre zu, wenn deine Feinde dich kritisieren. Sie werden dir die Wahrheit sagen, die deine Freunde zurückhalten.

Für manche ist das Wort *Urteil* wie ein rotes Tuch, das sie jedes Mal schwenken, wenn sie hinterfragt werden. Es ist der Verteidigungsmechanismus des Narren. Es ist der Schrei des Opfers. Es ist das Mittel, mit dem diejenigen, denen es an Verständnis mangelt, jegliche Form von Kritik vermeiden können. »Du urteilst über mich!«, ist dann vielleicht ihre ultimative Verteidigung.

In den Sprüchen steht: »Ein Ohr, das auf die Zurechtweisung zum Leben hört, wird sich [gern] inmitten der Weisen aufhalten. Wer die Unterweisung verwirft, verachtet seine Seele, wer aber auf Zurechtweisung hört, erwirbt Verstand« (Spr 15,31–32 SLT). Keine Kritik ist angenehm. Es gibt keine Person auf der ganzen Welt, die sich nicht bewusst darum bemühen muss, auf Kritik positiv zu reagieren.

Manche weisen und geduldigen Seelen können Kritik annehmen, wenn sie von jenen kommt, denen sie vertrauen. In Sprüche 27,5–6 (NLB) steht: »Ein offener Tadel ist besser als verborgene Liebe! Wunden, die ein Freund geschlagen hat, sind besser als Küsse von einem Feind«. Andererseits wurden viele Freundschaften wegen einer aufrichtigen, liebevollen Kritik eines treuen Freundes beendet, der nur helfen wollte. Die Narren jedoch betrachten jede Meinung als ein Urteil.

Sogar wenn Kritik ausgesprochen wird, um uns zu schaden, kann sie in etwas Gutem verwandelt werden, wenn wir das Herz dafür haben. Niemand mag Kritik, doch Kritik ist oft das Einzige, was uns dazu bewegen wird, uns mit unserem Unverstand auseinanderzusetzen. Kritik erfahren wir, wenn wir nicht durch Unterweisung lernen. Wenn wir nicht auf das hören, was unsere Freunde uns in aller Freundlichkeit zu sagen versuchen, werden wir ihm später mit der Härte unserer Feinde gegenüberstehen.

Lerne aus Kritik und vermeide das Ende eines Narren

Irgendwo im Leben habe ich die Idee aufgegriffen: »Höre zu, wenn deine Feinde dich kritisieren. Sie werden dir die Wahrheit sagen, die deine Freunde zurückhalten.« Nur zu oft habe ich wie ein Narr gelernt. In der Bibel steht: »Eine Zurechtweisung macht mehr Eindruck auf den Verständigen als hundert Schläge auf den Narren« (Spr 17,10 SLT). Erinnere dich daran, ein Narr ist eine Person, die nicht durch Unterweisung lernen will. Nach der Unterweisung gibt es noch Zurechtweisung. Wenn jedoch die Zurechtweisung ignoriert wird, verbleiben nur noch Konsequenzen. Diese Konsequenzen können von Kritik bis zu persönlichem Schiffbruch reichen.

Eines Abends traf ich mich mit einer Gruppe von Leitern aus einer Gemeinde. Ich wusste damals nicht, dass der Pastor sittliche Probleme hatte und sich durch meine Gegenwart in seiner Gemeinde sehr bedroht fühlte. Er sagte seinen Ältesten, ich käme, um sie dafür zu kritisieren, dass sie nicht wirklich etwas unternähmen, um die Stadt zu erreichen. Mir sagte er, ich solle mit seinen Ältesten darüber sprechen, wie die Gemeinde wirksamer darin sein könnte, die Menschen zu erreichen. Das Resultat war katastrophal. Zu sagen, dass sie unvorteilhaft reagierten, ist milde ausgedrückt. Sie griffen mich wütend an und fällten sehr harte Urteile über mich.

Nach dem Treffen weinte und betete ich. Ich weinte nicht deshalb, weil sie mich mit ihren Worten verletzt hatten; ich weinte, weil es in meinem Verhalten etwas gab, das es ihnen einfach machte, das Schlimmste über mich anzunehmen. Ein Mensch, der mich zu zerstören versuchte, hatte mir in jener Nacht einen großen Dienst erwiesen. Womit er mir eigentlich hatte schaden wollen, verursachte einen der größten positiven Einstellungswandel meines Lebens. Gott kann jede negative Situation in eine Lernerfahrung umkehren, wenn wir lernbereit sind.

Natürlich handelt es sich nicht bei jeder Kritik um ein Urteil. Wenn jemand unsere Leistung kritisiert, uns nicht mag oder einen Fehler aufzeigt, geht es dabei nicht um ein Urteil, sondern lediglich um eine Beobachtung. Menschen sehen etwas und äußern ihre Meinung. Ihre Meinung kann richtig oder falsch sein; vielleicht tun sie diese auf unangemessene Weise kund, aber trotzdem können wir daraus lernen. Wenn Menschen etwas in uns sehen, das sie dazu bringt, ein Urteil zu fällen, müssen wir das Urteil ablehnen, aber die Kritik annehmen. Wir müssen uns fragen: »Was in meinem Verhalten lässt sie zu diesem Urteil über mich kommen?«

Der Weg des Törichten

Törichte Menschen lernen nur aus negativen Erfahrungen. Wenn sie genug schlechte Erfahrungen gemacht haben, sind sie vielleicht endlich bereit dazu, eine Realität zu akzeptieren, die sie schon lange hätten sehen können, wenn sie nur der Bibel geglaubt hätten. Meistens jedoch lernen Törichte nichts; sie machen immer wieder dieselben Fehler, weil sie dieselben Prinzipien anwenden, und doch erwarten sie ein anderes Ergebnis. Sie wiederholen dieselben Fehler und lernen nie.

Wenn der Törichte beginnt, unter den Konsequenzen seines Verhaltens zu leiden, spielt er gerne schnell das Opfer. Wenn törichte Menschen die Regeln der Gesellschaft verletzen und die Gesellschaft dann ungünstig reagiert, klagen sie die Gesellschaft an, weil sie ein Urteil über sie fällt. Wenn sie aus den Konsequenzen der Kritik nichts lernen, kommen noch schmerzhaftere Konsequenzen auf sie zu, die daraus entstehen, dass sie ihre Torheit bis zum Äußersten ausleben.

Ein Kennzeichen der Törichten besteht darin, dass sie keinen Rat von den Menschen in seiner Umgebung annehmen wollen. »Ein Narr verschmäht die Zucht seines Vaters; wer aber die Zurechtweisung beachtet, ist klug« (Spr 15,5). Wenn ihnen ein guter Rat gegeben wird, den sie nicht als Realität annehmen wollen, beschuldigen sie diese Menschen, sie würden sie verurteilen oder versuchen, ihr Leben zu beherrschen. Egal, welche Verteidigungsstrategie sie nun vorziehen, das Resultat ist dasselbe: Sie machen immer wieder die gleichen Fehler, bis sie schließlich kompletten Schiffbruch erleiden.

Törichte versuchen ihre Haltung durch verbale Formalitäten zu verteidigen. Wie der Rechtsanwalt bei seinem Verteidigungsgespräch vor Gericht werden sie die Kritik des Anklägers aufgrund von irrelevanten (hypothetischen, rein akademischen) verbalen Unterschieden verwerfen. Viele Menschen leben nach der Philosophie: »Wenn du es nicht beweisen kannst, ist es nicht wahr. Um es jedoch zu beweisen, musst du alles perfekt formulieren.

Damit deine Anklage stichhaltig ist, musst du es perfekt formulieren – *und* du musst mich erwischen.«

Selbst wenn unsere Ankläger falsche Schlüsse ziehen, selbst wenn ihre Kritik nicht korrekt ist, selbst wenn ihre Urteile über unsere Gründe ungenau sind, sind wir trotzdem immer noch töricht, wenn wir es ablehnen, ihre Sicht in Betracht zu ziehen. Ein törichter Mensch wird nie danach fragen, wie andere es sehen oder warum andere es so sehen. Er reagiert auf die Beobachtung lediglich mit abwehrenden Anklagen.

Hör beim ersten Mal darauf!

Unbelehrbare Narren verstehen nicht, warum Menschen so heftig auf sie einreden. Um es kurz zu sagen: Sie sind einfach ahnungslos. Menschen, die sie lieben und nicht dabei zusehen wollen, dass sie Schmerzen erleiden, teilen ihnen die Wahrheit normalerweise auf eine freundliche Art mit. Wenn die Information dann ignoriert wird, sagen diese liebevollen Freunde und Familienangehörigen es dann ein wenig heftiger. Wenn es dann wieder ignoriert wird, dann springen sie ihnen in ihrer Verzweiflung »an die Kehle«. Dann verwirft der Hörer die Information aus dem Grund, weil er sie für einen Angriff hält. Solche Menschen fragen mich oft: »Warum sind die Leute so hart, wenn sie mir Dinge sagen?« Meine Antwort ist für gewöhnlich immer dieselbe: »Wenn du zuhören würdest, wenn Menschen dir die Dinge behutsam sagen, und wenn du es annehmen würdest, würden sie nie so nachdrücklich werden.«

An dieser Stelle erkenne ich dann für gewöhnlich die Wahrheit: »Ich habe nicht darauf reagiert, weil sie das überhaupt nichts angeht.« Jetzt haben wir festgestellt, dass du es gehört *hattest*, als sie dich zum ersten Mal auf das Problem hinwiesen. Anstatt jedoch in Betracht zu ziehen, was sie dir sagten, wolltest du es nicht wahrhaben und hast von ihnen erwartet, dass sie dich in Ruhe lassen. Menschen, die dich lieben, werden dich niemals in Ruhe lassen. Wie unangebracht ihre Bestrebungen auch sein mögen, sie werden einfach immer lauter und heftiger reden, bis du die Situation wenigstens anerkennst.

Ich gebe zu, nicht jede Lektion wird dir in Liebe erteilt werden. Nicht jeder Lehrer wird um dein Bestes bemüht sein. Mach dir jedoch klar: Jede Person ist unser Lehrer, und jeder Umstand ist ein Schulungsraum. Wenn wir die Diskussion gewinnen, bedeutet das nicht, dass wir auch im Leben gewinnen. Wenn wir den Ankläger mit Worten besiegen, wird das uns nicht von den Konsequenzen unseres Verhaltens befreien. Stattdessen schürt unser abwehrendes Verhalten das Feuer der Anklage meist noch.

Es gibt viele Möglichkeiten, so auf Anklage und Kritik einzugehen, dass sie bei dir Frieden und persönliches Wachstum bewirken anstatt Schmerz und Kummer. Wenn du das erkennst, kann dir jede Kritik (auch wenn sie vielleicht nicht zu deinem Besten gedacht war) zu deinem Besten dienen, und dann wird selbst unangebrachte Kritik für dich kaum schmerzhaft sein.

Kapitel 25

Beziehungen, die funktionieren

Was ich sage, bedeutet für dich nicht das, was es für mich bedeutet. Es bedeutet für dich das, was es für dich bedeutet!

Beziehungen sind die Freude und der Schmerz des Lebens. Unabhängig davon, aus welchem anfänglichen Grund eine Person seelsorgerliche Beratung sucht, dreht sich das Problem letzten Endes um eine Beziehung. Auch wenn es sich bei einem Problem vordergründig um Geld, Ärger oder Angst zu handeln scheint, geht es normalerweise darum, wie Geld, Ärger oder Angst unsere Fähigkeit beeinflussen, Beziehungen zu führen, und deswegen wollen wir dann etwas dagegen unternehmen.

Beziehungen sind das Einzige, was in diesem Leben Ewigkeitswert hat. Alles, was wir je aus diesem Leben in die Ewigkeit mitnehmen werden, sind unsere Beziehungen. Egal, was wir an materiellen Gütern haben, ohne erfüllende Beziehungen werden wir nicht glücklich sein. Bei den meisten Suchtproblemen und zwanghaften Verhaltensweisen geht es um Beziehungen – oder eben um fehlende Beziehungen.

Beziehungen bilden die Grundlage für jegliches Wachstum und für alles, was für die persönliche Entwicklung bedeutsam ist. Der einzige wahrheitsgetreue Maßstab, nach dem wir unser persönliches Wachstum beurteilen können, ist die Frage, wie gut wir erfüllende Beziehungen aufbauen können. Da Beziehungen auf der Grundlage von Kommunikation (bzw. das Geben und Empfangen von Informationen) gebaut werden, können wir nur dann erfüllende Beziehungen haben, wenn wir die Rechte der Menschen akzeptieren, mit denen wir unser Leben teilen. Mit anderen Worten, in einer Beziehung gibst du anderen Menschen das Vorrecht, in dein Leben hineinzusprechen. Und da dein Leben sie beeinflusst, gibt es gar keine Alternative.

Was Beziehungen von uns verlangen

Um liebevolle Beziehungen zu haben, die auf Gegenseitigkeit beruhen – das heißt, um zu geben und zu empfangen –, müssen wir bestimmte Risiken eingehen. Beziehungen können sich nur dann entfalten, wenn wir miteinander kommunizieren, und Kommunikation wiederum gründet sich auf Ehrlichkeit. Wenn wir jedoch aufrichtig sind, machen wir uns verwundbar. Viele Menschen wollen sich diesem Risiko nicht aussetzen. Um also dem möglichen Schmerz zu entgehen, der in einer Beziehung entstehen kann, entschließen sie sich für den sicheren Schmerz, der darin besteht, überhaupt keine bedeutsamen Beziehungen zu haben.

Funktionierende Beziehungen müssen auf Gegenseitigkeit beruhen. Sie gründen sich auf unsere Fähigkeit, unsere Ideen, Stärken und Schwächen miteinander zu teilen. Durch dieses Teilen wachsen wir, entwickeln wir uns und stellen uns aufeinander ein, um die Beziehung positiver und erfüllender zu gestalten. Deshalb müssen der Kommunikation immer auch Flexibilität und Anpassungsfähigkeit folgen.

Wie bei jedem sozialen Miteinander geben wir auch in unseren Beziehungen manche unserer Rechte auf. Wenn uns jemand wichtig ist, müssen wir die Tatsache akzeptieren, dass unser Verhalten andere Menschen beeinflusst. Deshalb können wir die Menschen nicht darum bitten, eine Rolle in unserem Leben zu spielen und ihnen dann das Recht verweigern, in unser Leben hineinzusprechen. »Du darfst in meinem Leben sein, aber behalte deine Meinungen für dich.« So etwas funktioniert in einer echten Beziehung nicht.

Nur zu oft betrachten wir es als Urteilen, wenn Freunde versuchen, in unser Leben hineinzusprechen, und lehnen es deshalb ab, davon zu profitieren. Doch um in einer Beziehung und als Person zu wachsen, müssen wir bedenken, wie unser Verhalten die andere Person beeinflusst. Wenn diese andere Person dann versucht, sich mitzuteilen, müssen wir das, was sie sagt, auch in Betracht ziehen, es uns zunutze machen und dadurch wachsen.

Um es nochmals zu sagen: Flexibilität und Anpassungsfähigkeit sind für das persönliche Wachstum unerlässlich.

Wenige Menschen sind sich bewusst, welche Auswirkungen ihr Verhalten auf die Menschen in ihrer Umgebung hat. Und doch sind es diese Menschen, mit denen wir Beziehungen haben wollen. Robert Dilts greift in seinem Buch *Die Magie der Sprache: Sleight of Mouth. Angewandtes NLP*[7] ein wichtiges Kommunikationsprinzip auf: »Die Bedeutung einer Kommunikation ergibt sich aus der Reaktion, die sie hervorruft – nicht nur aus der Absicht des Kommunikators.« Wir können nie wissen, wie unser Verhalten andere Menschen beeinflusst, wenn wir nicht bereit sind, sie in unser Leben hineinsprechen zu lassen. Die Lösung besteht nicht darin, sich neue Freunde zu suchen, nur weil es uns nicht gefällt, wie unsere derzeitigen Freunde in unser Leben hineinzusprechen versuchen.

Liebe führt immer dazu, dass wir wissen wollen, wie unser Verhalten die Menschen um uns herum beeinflusst. In fast jeder Seelsorgesitzung ist es eine der wichtigsten Entdeckungen, wenn Menschen sich bewusst werden, wie ihr Verhalten andere beeinflusst. Wenn sie das einmal erkannt haben, fühlt sich das Feedback der anderen Person nicht mehr wie Kritik an. Es wird stattdessen zu etwas, das der Beziehung hilft.

Für viele von uns ist dieses Prinzip der Veränderung mehr als wir ertragen können. Denn um uns zu verändern, müssten wir eventuell zugeben, dass wir im Unrecht sind. Sehr oft ist es uns wichtiger, Recht zu haben, als eine Beziehung zu haben. Unsere Unsicherheit und die daraus entstehende Inflexibilität führen dazu, dass wir von Person zu Person gehen und eine Beziehung suchen, in der wir nie wachsen und uns verändern müssen.

Es ist kein Urteilen, wenn jemand uns darauf hinweist, dass unser Verhalten unbiblisch und inakzeptabel ist; es ist ein bedeutsamer Input. Es ist uns oft nicht bewusst, dass wir die Weisheit von Gottes Wort missachten. Wenn es uns wirklich wichtig ist, unser Leben in der Wahrheit zu führen, hilft uns ein solcher Rat dabei, wieder auf den richtigen Weg zu kommen. Wir brauchen kontinuierliche Rückmeldungen aus unserer sozialen Umgebung, damit wir uns aufeinander einstellen und unsere Beziehungen immer besser funktionieren können.

Vermeide Manipulation in Beziehungen!

Oftmals hören wir nur auf Menschen, von denen wir uns einen Gewinn erhoffen. Zum Beispiel werden Jugendliche ihren Freunden einen größeren Einfluss auf ihr Leben geben als ihren Eltern. Ein Single wird der Person, mit dem er oder sie ausgeht, einen größeren Einfluss geben als anderen Freunden. Manche Menschen geben gewissen Freunden einen größeren Einfluss als anderen. Nur zu oft lassen wir unser Leben derart beeinflussen, weil wir uns davon einen Gewinn erhoffen. Es handelt sich dabei jedoch nicht um Offenheit, sondern um Manipulation.

Die Menschen, gegenüber denen wir uns verwundbar machen, sollten nicht diejenigen sein, von denen wir uns einen Nutzen erhoffen. Wir sollten uns stattdessen den Menschen gegenüber verwundbar machen, die uns in bestimmten Bereichen Input geben können. Wir sollten den Menschen gegenüber offen und aufrichtig sein, die stabil sind und die bewiesen haben, dass sie uns aufrichtig lieben. Es ist allgemein bekannt, dass es einfach ist, jemanden zu täuschen, der uns täuschen will. Wenn Menschen jemanden zu ihrem eigenen Vorteil ausnutzen, werden sie durch ihre eigene Gier geblendet und können dann selbst ausgenutzt werden. Im Buch der Sprüche steht es so: »Ein Bösewicht hört auf böse Reden, ein Lügner schenkt dem Verleumder Gehör« (Spr 17,4 NEÜ). Mit anderen Worten, sie beginnen, den falschen Menschen Gehör zu schenken.

Wenn wir einmal damit begonnen haben, das Manipulationsspiel zu spielen, hören wir immer auf die falschen Leute. So treten die Leute oft in den zerstörerischen Kreislauf des »sich wiederholenden Schmerzes« ein, in dem eine Person in jeder neuen Beziehung dieselben Schmerzen zu erleiden scheint. Wir verletzen gesunde Prinzipien, die es beim Aufbauen von Beziehungen anzuwenden gilt, und wenn alles schief läuft, essen wir die Früchte davon. Wachsende Gefühle von Scham und Verzweiflung beginnen dann, unser Leben zu kontrollieren. Doch wir lehnen es ab, auf etwas zu hören, das uns in unserer verzweifelten Jagd nach dem vermeintlichen Glück nicht unterstützt. Wir verschließen unsere Ohren gegenüber jedem gesunden Rat und hören nur auf diejenigen, von denen wir uns einen Vorteil erhoffen. Jede Beziehung endet in einem Misserfolg, und wir fühlen uns immer leerer und verzweifelter; und doch lehnen wir es ab, unseren zerstörerischen Weg zu verlassen. Wir gehen immer größere moralische Kompromisse ein, um das zu bekommen, was wir wollen. Mit jeder Entscheidung steigt so die Wahrscheinlichkeit, dass der sich wiederholende Schmerz in seiner Intensität noch zunimmt.

Zu diesem Zeitpunkt versuchen vernünftige Menschen, mit einem vernünftigen Rat behilflich zu sein. Die verzweifelte Person betrachtet diesen Rat jedoch nicht als vernünftig, sondern als begrenzend, beherrschend und urteilend. Sie denkt immer, dass sie durch ihr Eingehen von Kompromissen das bekommen wird, was sie will. Das ist aber nicht der Fall. In Sprüche 14,12 (SLT) steht: »Mancher Weg erscheint dem Menschen richtig, aber zuletzt führt er ihn doch zum Tod.« Zu diesem Zeitpunkt wird jeder Rat, der die Selbsttäuschung nicht bekräftigt, als Urteilen abgetan.

Nicht alles, was uns Schmerzen bereitet, ist ein Urteil oder falsch. Der Schmerz rührt daher, dass wir über das Motiv urteilen. Für ein schlechtes Gewissen ist alles bedrohlich. Wenn unser Herz uns verdammt, wird uns jede Herausforderung verdammen. Wir sehen die andere Person als Ursache dessen an, doch die Ursache ist unser eigenes Gewissen.

Lehne also nicht diejenigen ab, die treu sind, nur weil du ihren Rat nicht magst. Wenn du dich dabei ertappst, dass du eine abwehrende Haltung hast und es dir nur darum geht, deine eigene Meinung zu verteidigen, stelle dir die Frage, warum du dich so dagegen wehrst. Manchmal ist es ein Gewinn, Menschen zuzuhören, von denen du weißt, dass sie anderer Meinung sind – einfach nur, um auch eine andere Sichtweise in Betracht zu ziehen. Der Weise lernt durch Unterweisung; der Langsame lernt durch Zurechtweisung; der Tor lernt durch Konsequenzen, und der Selbstsüchtige lernt nie. Höre zu, lerne und wachse … und setze dem Schmerz ein Ende.

Kapitel 26

Ich nehme meine Worte zurück

Die Bitterkeit in meinem heutigen Leben kommt von den Worten, die ich gestern ausgesprochen habe.

Wenn wir auf etwas reagieren, das unserer Ansicht nach ein Urteil ist, dann müssen wir unbedingt verstehen, inwiefern wir selbst andere regelrecht herausfordern, über uns zu urteilen. Obwohl niemand je urteilen sollte, wird es dennoch geschehen. Es hat keinen Zweck zu rufen: »Das ist ungerecht, das ist ungerecht!« Dieser Einwand wird uns nicht helfen, wenn wir unseren Anklägern gegenüberstehen. Es wird sie nur provozieren, uns noch heftiger anzugreifen.

Wenn wir die Samen des Urteilens und der Kritik gesät haben, können wir sicher sein, dass wir dasselbe auch ernten werden. »Verurteilt niemand, damit auch ihr nicht verurteilt werdet« (Mt 7,1 NGÜ) entspricht dem Gesetz von Saat und Ernte. Die Menschen werden immer so an uns handeln, wie wir an ihnen gehandelt haben – und werden dabei noch hinzufügen. Es gibt jedoch vieles, was wir tun können, um Urteile zu vermeiden.

In Sprüche 18,6 (NEÜ) steht: »Die Reden eines Narren stiften Streit, und sein Mund schreit, bis er Prügel bekommt.« Der Mund ist ein kleines Loch vorne im Gesicht, mit dem wir eine Welt voller Probleme erschaffen. Unsere Kommunikationsweise verleitet mehr zum Urteilen und verursacht mehr Schmerzen als irgendetwas anderes! Sogar dann, wenn das Verhalten von Menschen inakzeptabel ist, können wir die Konsequenzen durch unsere Kommunikation entweder besser oder schlechter machen.

Im Buch der Sprüche steht, dass der Mund des Narren nach Prügel schreit. Unsere Worte in den Griff zu bekommen, ist einer der Schlüsselfaktoren, um unsere gegenwärtige Situation zu verändern. In den Sprüchen steht außerdem: »Ein Narr hat kein Interesse daran, etwas zu verstehen, er will nur seine eigene Meinung zum Besten geben« (Spr 18,2 NLB). Das Bedürfnis, unsere Meinung hinauszuposaunen, kann die Ursache von vielen Problemen sein. »Ein Trottel lässt jeden Ärger heraus, ein Weiser hält ihn zurück« (Spr 29,11 NEÜ). Diese Schriftstellen zeigen uns eine Kommunikationsweise auf, die Schmerzen verhindern kann.

Was unbeabsichtigte Worte bewirken

Als ich Jesus gerade kennengelernte hatte, war meine Sprache sehr derb. Ich war nicht vulgär; ich war einfach sehr barsch zu Menschen. So sprach man eben auf der Straße. Daraufhin begannen die Menschen, mich als eine nachtragende, verdammende Person zu beurteilen. Zu diesem Zeitpunkt konnte ich nicht verstehen, wie sie zu einer solchen Meinung über mich gekommen waren; denn eigentlich war ich sehr fürsorglich und warmherzig.

Niemand sagte mir, warum sie eine solche Meinung von mir hatten oder woher ihre Meinung über mich kam. Sie hätten mich doch einfach fragen können: »Wenn du auf diese Art mit mir sprichst, fühle ich mich so und so. War das wirklich deine Absicht?« Doch niemand tat es! Stattdessen urteilten die Menschen über mich und sprachen in einer Weise über mich, als entsprächen ihre Urteile der Wahrheit. Wenn doch nur jemand die gesunden Regeln der Kommunikation befolgt hätte!

Eines Abends hatte ich Besuch von einem Ehepaar. Beim Spielen machte mein Spielpartner einen wirklich armseligen Zug. Ich machte eine drohende Aussage, die ich aber gar nicht ernst meinte. So sprach man eben auf der Straße. Aber ich war hier nicht auf der Straße; ich sprach nicht mit jemandem, der meine Ausdrucksweise verstand. Ich sprach mit jemandem, der meine Drohung sehr ernst nahm.

Wie andere, die sich durch mein raues Auftreten angegriffen fühlten, sagte auch er kein Wort, aber ich sah den Blick in seinen Augen, als ich diese Worte aussprach. Ich wusste, dass er wirklich erschrocken war. Ich entschuldigte mich bei ihm, doch der Schaden war schon angerichtet. Es gab nichts, was ich zu diesem Zeitpunkt tun konnte, um meine Worte zurückzunehmen oder um den Schaden rückgängig zu machen. Ich musste die Verantwortung für die Auswirkungen übernehmen, die meine Worte auf diese Person hatten.

Wenn wir beurteilt oder hinterfragt werden, unterlassen wir es oft, die Verantwortung dafür zu übernehmen, welche Meinungen und Urteile unsere Worte in den Menschen wachgerufen haben. Wir denken: »Sie hätten eigentlich wissen müssen, dass ich das nicht so gemeint habe.« Dieser Gedanke zeigt jedoch, dass wir sie darum bitten, über uns zu urteilen; doch natürlich wollen wir, dass dieses Urteil zu unseren Gunsten ausfällt. Doch wir können nicht erwarten, dass andere Menschen unsere Gedanken lesen. In Matthäus 12,37 sagte Jesus: »Denn aus deinen Worten wirst du gerechtfertigt werden, und aus deinen Worten wirst du verdammt werden.« Jemand machte einmal folgende weise Aussage: »Lass deine Worte süß und sanft sein! – Es könnte sein, dass du sie zurücknehmen musst.«

Sei dir bewusst, was du sagst – und wenn du es sagst, meine es auch so

Oftmals ist alles, was wir über einen Menschen wissen können, das, was wir sehen oder hören. Alles, was darüber hinausgeht, ist Urteilen. Wenn Menschen unserer Worte wegen eine schlechte Meinung über uns haben, dann verurteilen sie uns nicht; sie nutzen nur die einzige ihnen verfügbare Information, um sich eine Meinung zu bilden. Wie ich bereits in Kapitel 2 gesagt habe: Worte sind Samen, die in unserem Lebensgarten wachsen. Wenn uns nicht gefällt, was in unserem Garten wächst, dann sollten wir andere Samen säen.

Leider verwenden wir unsere Worte oft als eine Art Verteidigungsmechanismus. In solchen Fällen neigen wir dazu, nicht darüber nachzudenken, was unsere Worte eigentlich bedeuten. Wir platzen einfach damit heraus, um uns nicht mit dem eigentlichen Problem auseinandersetzen zu müssen. »Ist mir egal«, ist eine der tödlichsten Beschönigungen, die es gibt. Es ist selten das, was wir meinen, wenn wir es sagen, doch normalerweise kommt es auf schmerzhafte Weise zu uns zurück. Niemandem ist es egal, welche Konsequenzen sein Verhalten hat. Doch nur zu oft verwenden wir dieses »ist mir egal«, um nicht zugeben zu müssen, welches Ausmaß unser Verhalten hat. Wenn es unserer Kommunikation an Aussagekraft mangelt, während wir wichtige Lebensbelange besprechen, kann die Aussage »ist mir egal« erschreckend sein. Wenn wir die andere Person, mit der wir kommunizieren, davon überzeugen, dass es uns egal ist, haben wir kein Recht, uns darüber zu beklagen, wenn er oder sie uns dann so behandelt, als würden wir es wirklich so meinen.

Wir sollten niemals zu Sarkasmus greifen oder gedankenlos antworten, wenn wir gerade etwas Entscheidendes besprechen. Wenn wir die Antwort nicht wissen, sollten wir sagen: »Ich weiß es nicht.« Wenn wir über eine Sache nicht sprechen möchten, dann sollten wir sagen: »Ich möchte nicht darüber sprechen.« Wenn wir uns durch die Art und Weise bedroht fühlen, wie jemand uns ausfragt, sollten wir sagen: »Durch diese Unterhaltung fühle ich mich bedroht.« Wir sollten lernen, das zu sagen, was wir wirklich meinen, und das zu meinen, was wir sagen. Durch unangebrachte Reaktionen senden wir den Menschen falsche Botschaften. Wenn sie aber dementsprechend darauf reagieren, fühlen wir uns angegriffen.

Jakobus gab Leitern eine spezielle Warnung mit auf den Weg:

> *Werdet nicht in großer Zahl Lehrer, meine Brüder, da ihr wisst, dass wir ein strengeres Urteil empfangen werden! Denn wir alle verfehlen uns vielfach; wenn jemand sich im Wort nicht verfehlt, so ist er ein vollkommener Mann, fähig, auch den ganzen Leib im Zaum zu halten. — Jakobus 3,1–2* SLT

Jeder, der eine andere Person prägen, unterweisen oder leiten will, muss in seinem Leben einen höheren Verantwortungsstandard vorzeigen, und zwar vor allem im Bereich der Kommunikation.

Die Leiter werden nicht von Gott ein strengeres Urteil empfangen, sondern von Menschen. Um es genauer zu sagen: Von den Menschen, die sie leiten möchten. Der Bereich, in dem sie uns am strengsten beurteilen werden, ist unsere Kommunikation. Ist unsere Kommunikationsweise verletzend? Drücken wir uns klar und verständlich aus? Nehmen wir unsere Verantwortung wahr, gut zu kommunizieren, oder erwarten wir, dass die Menschen in unserem Umfeld selbst herausfinden, was wir wirklich meinen? Wenn wir die Menschen selbst herausfinden lassen, was wir wirklich meinen, dann zwingen wir sie dazu, zum Urteilen überzugehen. Und dieses Urteil sollten wir mögen, denn wir werden damit leben müssen!

> *Das [tugendhafte] Selbst eines Menschen wird von der Frucht seines Mundes gefüllt werden; und mit den Konsequenzen seiner Worte [ob gut oder schlecht] muss er sich zufriedengeben. Tod und Leben sind in der Gewalt der Zunge, und wer sie liebt, wird ihre Frucht essen [zum Tod oder zum Leben]. — Sprüche 18,20–21* AMP

Wenn wir es nicht mögen, wie Menschen über uns urteilen, dann müssen wir persönliche Verantwortung übernehmen. Anstatt auszurasten und ausfällig zu werden, müssen wir uns die Frage stellen: »Was sage oder tue ich, das eine solche Reaktion hervorruft?« Wenn wir dann erkennen, durch was wir die Meinungen anderer Menschen angefacht haben, haben wir etwas gefunden, mit dem es uns möglich ist, das Problem zu lösen.

Kapitel 27

Ein Bekenntnis ist der Weg zum Frieden

Ein Geständnis befreit ein schuldiges Herz.

Auf unserer Suche nach der Freiheit von Urteilen neigen wir dazu, folgendes grundlegendes Prinzip zu übersehen: Ein Geständnis mindert unsere Angst vor einem Urteil. Wenn eine Person ein Verbrechen begeht, wird sie vor Gericht gestellt, und es werden alle Beweise gegen sie hervorgebracht, um sie zu überführen. Im Leben funktioniert es ganz ähnlich: Wenn wir Menschen verletzen, bringen sie Beweise vor, um damit unsere Schuld nachzuweisen.

Der Weg, um dem Schmerz und der Schande eines solchen »Gerichtsverfahrens« zu entgehen besteht darin, ein Geständnis abzulegen. Gib es zu! Nachdem du es zugegeben hast, bleibt nur noch der Urteilsspruch übrig. Der Urteilsspruch für eine Person, die ein Geständnis abgelegt hat, fällt immer milder aus als für eine Person, die überführt worden ist. Das spiegelt sich auch in den Beziehungen des täglichen Lebens wider. Die Menschen hören damit auf, uns überführen zu wollen, wenn wir »gestehen«. Wenn wir die Wahrheit gesagt haben, ist die Strafe alles, was noch übrig bleibt.

Die Angst vor dem Geständnis

In unserem verzweifelten Bestreben, dem Schmerz zu entgehen und Vergnügen zu finden, verärgern wir Menschen. Wir verletzen andere, weil wir hoffen, darin eine Art Genugtuung zu finden. Wenn unser Fehlverhalten dann sichtbar wird, verlangen die Menschen nach Gerechtigkeit und wollen uns »überführen«. Jetzt werden wir damit konfrontiert, dass sowohl die Schande und der Schmerz unseres Verhaltens als auch die Konsequenzen, die unser Verhalten hervorriefen, offengelegt werden. Je mehr wir dann versuchen, unsere Sünde zu verdecken, desto entschiedener versuchen die Menschen, sie aufzudecken. Das bewirkt noch mehr Angst und Verleugnung auf unserer und nur noch mehr Heftigkeit auf ihrer Seite.

Unsere einzige Hoffnung, Barmherzigkeit zu finden, besteht darin, aufrichtig zu sein. »Wer seine Verbrechen zudeckt, wird keinen Erfolg haben, wer sie aber bekennt und lässt, wird Erbarmen finden« (Spr 28,13). Wenn wir schuldig sind, ist das Bekennen der kürzeste Weg zum Herzensfrieden und auch dazu, möglicherweise Vergebung von demjenigen zu empfangen, dem wir Unrecht zugefügt haben. Ein Geständnis beschwichtigt nicht nur den Verletzten, sondern befreit auch das schuldige Herz.

Wenn Menschen versuchen, uns zu beschuldigen oder zu überführen, fühlen wir uns wie gelähmt. Wir haben Angst etwas zuzugeben, weil wir befürchten, uns könnte dann etwas Schlimmes widerfahren. Ihr Verlangen nach Gerechtigkeit zwingt uns dazu, uns zu schützen, und unsere Angst vor dem Gestehen provoziert sie. Natürlich: Zorn ausgesetzt zu sein, kann einen kurzen, unmittelbaren, äußerlichen Schmerz bewirken. Doch so unerfreulich dieser Moment auch sein mag, bewirkt im Vergleich dazu das Verleugnen einen lebenslangen inneren Schmerz.

Etwas zuzugeben ist das Einzige, was uns vor der Erwartung eines Urteils befreit. Wenn wir sagen, warum wir etwas getan haben, gibt es nichts mehr, worüber geurteilt werden kann. Menschen werden jedoch nichts zugeben, wenn sie sich nicht sicher fühlen. Wenn sie kein sicheres Umfeld haben, in dem sie etwas zugeben können, werden sie ihr Unrecht verdecken. Gerade die Gemeinde sollte ein sicherer Ort sein, an dem die Menschen etwas zugeben bzw. bekennen können. Wodurch zeichnet sich ein sicherer Ort aus? Es ist dann sicher, etwas zuzugeben, wenn die Person oder die Gemeinde es sich zum Ziel macht, wiederherzustellen und zu heilen. Wenn das Ziel die Bestrafung ist, ist das Zugeben nie sicher.

Was uns vom Bekennen abhält, ist die Angst, verurteilt zu werden. Leider ist die Gemeinde zu einem Ort geworden, an dem man sich nicht sicher fühlt, um aufrichtig zu sein. Tatsächlich lügen wir in der Gemeinde über unsere Fehler und unser Versagen mehr als an irgendeinem anderen Ort. Die Gemeinde ist im Großen und Ganzen zu einer unbarmherzigen Umgebung geworden, die Täuschung und Heuchelei verursacht; anstatt ein Ort zu sein, an dem man aufrichtig sein und wachsen kann. So kann man in der Gemeinde tatsächlich dazu ermutigt werden, eine Maske zu tragen und seine Probleme zu verstecken.

Wie man Fehler am besten verarbeitet

Obwohl wir die Freiheit haben, zu bekennen, binden wir uns an Sünde und Scham. Jakobus spricht über unser Bedürfnis, unsere Emotionen und Fehler zu verarbeiten: »Leidet jemand unter euch? Er bete. Ist jemand guten Mutes? Er singe Psalmen. Ist jemand krank unter euch? Er rufe die Ältesten der Gemeinde zu sich, und sie mögen über ihm beten und ihn mit Öl salben im Namen des Herrn« (Jak 5,13). Das nenne ich »Verarbeitung«. Wir alle müssen Dinge verarbeiten. Dieser Vers zeigt uns den biblischen Weg, der zu Leben und Frieden führt. Wenn wir leiden, können wir daran festhalten, darüber nachdenken, wütend und deprimiert werden, oder wir können es durch Gebet verarbeiten.

Auch Fröhlichkeit kann man verarbeiten. Wir können entweder eine Party veranstalten, betrunken werden und angeben, oder wir können Gott Psalmen singen und so unsere Freude verarbeiten. Wenn wir krank sind, können wir entweder im Bett liegen, uns beklagen und Mitleid suchen, oder wir können die biblische Wahl treffen und die Ältesten der Gemeinde für uns beten lassen. Es gibt immer eine biblische Möglichkeit, Dinge zu verarbeiten, die uns Leben und Frieden bringt.

Leider haben wir uns Gott und uns selbst gegenüber so sehr entfremdet, dass wir wirklich nicht wissen, wie wir diese Dinge verarbeiten sollen. Manchmal machen die Menschen aus Lobpreis und Anbetung eher eine förmliche Veranstaltung, anstatt eine Zeit, in der man sich ausdrücken und Dinge verarbeiten kann. Lobpreis und Anbetung ist die Zeit, in der wir die Emotionen verarbeiten, die wir Gott gegenüber empfinden. Die Bibel zeigt Dutzende von Möglichkeiten auf, wie wir unsere Freude, Liebe und Danksagung ausdrücken können: unsere Hände heben, singen, tanzen, uns beugen, rufen, um nur einige zu nennen. Doch die Religion hat der Gemeinde ihre Freiheit gestohlen, sich ausdrücken zu können. Die Gemeinde ist zu einem Ort geworden, wo wir weder unsere Sünden zugeben noch unsere Freude ausdrücken können. Was übrigbleibt, ist also wirklich nicht viel mehr als Regeln und Vortäuschung.

Jakobus fährt fort und teilt uns mit, wie wir unsere Fehler verarbeiten können. In Jakobus 5,16 (KJV) steht: »Bekennt einander eure Fehler und betet füreinander, dass ihr geheilt werdet.« Das Wort *Fehler* kann auch mit »Verfehlung, Übertretung oder Sünde« übersetzt werden.[8] Es handelt sich dabei nicht um ein formelles Bekenntnis, das man bei einem Priester oder einem Seelsorger ablegt. Es geht auch weiter, als es nur dem Herrn Jesus im Gebet zu bekennen. Es geht dabei um ein aufrichtiges Austauschen unter Freunden und Menschen, denen wir vertrauen.

Andererseits haben wir auch die Wahl, mit unseren Fehlern auf eine unbiblische Art umzugehen: Wir können sie rechtfertigen, wir können sie verschleiern, wir können jemand anderem die Schuld zuschieben. So können wir zwar vorübergehend von uns selbst ablenken, aber keine dieser Möglichkeiten wird uns inneren Frieden geben. Wir müssen wissen, dass wir *mit* unseren Fehlern geliebt werden. Wir müssen unsere Maske abnehmen und zulassen, dass andere uns als authentische Menschen sehen, die über ihr eigenes Fehlverhalten betrübt sind. Wir brauchen Unterstützung von Menschen, die uns helfen, mit unseren Problemen umzugehen.

In der Gnade leben

Weil wir denken, dass es im christlichen Glauben darum geht, »richtig« zu sein, ist die Gemeinde zu einem Ort geworden, an dem Menschen uns zu beweisen versuchen, dass wir nicht richtig sind. Die Prediger denken, es sei ihre Aufgabe, Menschen zurechtzubiegen. Das setzt jedoch die Annahme voraus, sie seien unrecht. Doch in Wirklichkeit sind sie gerecht. Jesus hat uns allen das Geschenk der Gerechtigkeit gemacht; er hat uns schon gerecht gemacht und es ist ganz und gar unmöglich, dass wir je noch gerechter werden könnten. Es ist unsere Aufgabe, den Menschen zu helfen, durch Gottes Liebe heil zu werden. Paulus sagte: »Wenn ich nun schon gezwungen bin, mich selbst zu rühmen, dann will ich die Dinge rühmen, an denen meine Schwachheit sichtbar wird« (2Kor 11,30 NGÜ). Dieses Konzept ist der heutigen Christenheit fremd. Doch Paulus hörte hier nicht auf. Es handelte sich dabei ja nicht um eine Form von falscher Demut; er hatte vielmehr das Geheimnis gefunden, in Gottes Gnade bzw. Befähigung zu leben.

Als Paulus sich über seine Umstände und seine Unfähigkeit beklagte, etwas dagegen unternehmen zu können, wurde er von Gott an die Kraft erinnert, die durch ihn wirken kann.

> *Und er hat zu mir gesagt: Meine Gnade genügt dir, denn [meine] Kraft kommt in Schwachheit zur Vollendung. Sehr gerne will ich mich nun vielmehr meiner Schwachheiten rühmen, damit die Kraft Christi bei mir wohne. Deshalb habe ich Wohlgefallen an Schwachheiten, an Misshandlungen, an Nöten, an Verfolgungen, an Ängsten um Christi willen; denn wenn ich schwach bin, dann bin ich stark. — 2. Korinther 12,9–10*

Als Gott sagte: »*Meine Gnade genügt dir*«, lehnte er damit nicht ab, Paulus zu helfen. Er sagte vielmehr: »Die Umstände müssen sich nicht ändern. Die Kraft, um frei von Kontrolle der Lebensumstände und menschlichen Urteilen zu sein, findest du in meiner Gnade bzw. Befähigung, die aus deinem Herzen heraus wirkt. Du musst mich nicht darum bitten. Sie gehört dir schon.«

Wir haben ein Umfeld geschaffen, in dem wir entweder in das eine oder das andere Extrem fallen. Entweder denken wir, dass Schwachheit Demut ist und dass wir immer schwach sein sollen, oder wir denken, dass Schwachheit mangelnder Glaube ist und wir deshalb nie zugeben sollten, schwach zu sein. Unsere Schwachheit anzuerkennen und Gott zu vertrauen, sollte uns jedoch immer zu

Kraft und Befähigung führen – nämlich zu Gottes Gnade, durch die wir überwinden.

Beim Christsein geht es nicht darum, dass *wir* richtig oder fähig sind, sondern darum, dass *Jesus* richtig und fähig ist. Doch das ist für uns nur dann von Bedeutung, wenn wir erkennen, dass wir in ihm sind und dass wir an seiner Kraft teilhaben. Wenn wir uns auf Menschen verlassen können, hilft es uns dabei, uns auf Gott zu verlassen. Wenn wir offen mit Menschen sind, hilft es uns, auch mit Gott offen zu sein. Wenn wir unsere Sünden bekennen, ist das ein Teil des Heilungsprozesses, der uns hilft, transparent zu sein und offen zu kommunizieren. Es hilft uns, Bereiche in unserem Leben, in denen wir nicht weiterkommen, zu erkennen und loszulassen.

Bekennen hat viele Gesichter

Meine Erfahrung hat mich gelehrt, dass Menschen von Natur aus ein Bedürfnis haben, zu bekennen. Ich habe gelernt, den Menschen zuzuhören, wenn sie mir etwas erzählen. Wenn sie etwas quält, werden sie es auf indirekte Weise zugeben. Sie werden vielleicht nicht die genaue Wahrheit sagen, aber sie werden so viel wie möglich sagen, ohne das Risiko einzugehen, dass man über sie urteilt.

In meiner ersten Gemeinde gab es zum Beispiel eine nette Frau, die sich von Zeit zu Zeit mit mir unterhielt. Sie machte oft folgende Bemerkung: »Vielleicht ist es mein Fehler, dass mein Mann noch nicht gerettet ist.« Ich tröstete sie dann immer und riet ihr, sich nicht die Schuld dafür zu geben.

Sie machte diese Bemerkung mehrmals. Eines Tages, als ich wieder damit begann, sie zu trösten, stoppte mich der Heilige

Geist und zeigte mir, dass ich ihr nicht wirklich zuhörte. Sie versuchte, mir etwas zu erzählen. Also hörte ich damit auf, sie zu trösten. Stattdessen begann ich ihr Fragen nach ihrem Verhalten zu stellen, das so negative Auswirkungen auf ihren Mann hatte. Zu meiner Überraschung erkannte ich, dass der Einfluss, den sie auf ihren Mann ausübte, wirklich eine große Rolle dabei spielte, dass ihr Mann noch nicht gerettet war. Sie behandelte die Menschen in der Gemeinde ganz anders als ihre Familie. Sie wollte sich mit diesem Problem nicht wirklich auseinandersetzen, doch sie hatte das Bedürfnis, es zuzugeben.

Manchmal erschaffen Menschen imaginäre Situationen und Persönlichkeiten, um eine Möglichkeit zum Bekennen zu finden. Manchmal entsteht eine multiple Persönlichkeitsstörung, weil man das Bedürfnis hat, jemanden zu finden, den man als den Schuldigen bezeichnen kann. Vor einiger Zeit erzählte mir ein Mann eine Geschichte von einem Angehörigen, der jemanden ermordet hatte. Die Wahrheit war jedoch, dass er selbst derjenige war, der diesen Mord begangen hatte. Durch das Erzählen der Geschichte kam er einem Geständnis so nahe, wie es ihm möglich war. Jedoch bringt diese Art von »Geständnis« keine Erleichterung.

Natürlich ist es nicht weise, allen Menschen jede Sünde zu bekennen. Doch es ist weise, die Sünden zu bekennen, mit denen wir andere Menschen verletzen. In den Bereichen, wo wir von etwas nicht loskommen, oder bei Problemen, die wir allein mit Gott in unserem Herzen nicht selbst lösen können, sollten wir für gewöhnlich bekennen. Leider sind die meisten Umfelder nicht dafür geeignet, weil sich der Betreffende nicht sicher fühlt. Deshalb wird zu diesem Zweck meistens ein Priester, Seelsorger oder Pastor aufgesucht. In unserer Gemeinde haben Menschen die Gelegenheit, ihre persönlichen Probleme in unseren »Impact Groups« zuzugeben und zu lösen. In diesen Kleingruppen können Menschen ehrlich sein, weil sie sich sicher fühlen.

Das Bekennen ist das Einzige, was dich von der Erwartung befreit, dass Menschen über dich urteilen werden. Wenn du sagst, was du getan hast, bist du schon dabei zu entdecken, warum du es getan hast. Wenn du dann auch noch sagst, warum du es getan hast, gibt es nichts mehr zu urteilen. Wenn du weißt, dass du mit deinen Fehlern durchschaubar geworden bist, ist es dir egal, wer es weiß. Wenn dein Herz im Frieden ist, kannst du die Meinungen anderer Menschen ertragen. Wenn dein Herz jedoch nicht im Frieden ist, wird jedes Wort, jeder Blick und jede Tat eines anderen Menschen für dich nach einem Urteil aussehen. Und ein Herz, das sich verurteilt fühlt, kennt keinen Frieden.

Mach es dir zur Gewohnheit, transparent zu sein. Gib deine Fehler zu, und zwar sogar dann, wenn du weißt, dass es unangenehm sein wird. Die Freiheit des Bekennens wird dir die innere Freiheit geben, in jeder Situation Gottes Gnade bzw. Befähigung zu erfahren und siegreich daraus hervorzugehen.

Kapitel 28

Das selbstmörderische Selbsturteil

Sobald wir über uns geurteilt haben, erzeugt unser schuldiges Herz die Strafe.

Unter allen zerstörerischen Folgen, die mit Urteilen zusammenhängen, ist Krankheit wahrscheinlich die schlimmste. Wir alle wissen, dass sich die emotionale Gesundheit durch die Schuldgefühle des Urteilens verschlechtern kann. Diese angstbasierten Schuldgefühle verursachen Depressionen und Beklemmungsgefühle und hängen außerdem mit allen anderen negativen Emotionen zusammen. Leider erkennen wir oft nicht, dass wir, wenn wir das Urteil einmal akzeptiert haben, damit auch unsere körperliche Gesundheit zugrunde richten. In der Bibel steht, dass dies die Ursache von Krankheit und Tod ist.

In seinem ersten Brief an die Gläubigen in Korinth erfahren wir von Paulus, dass das Abendmahl eine lebensspendende Erfahrung sein kann. Jesus sprach: »Dieser Kelch ist der neue Bund in meinem Blut, dies tut, sooft ihr trinkt, zu meinem Gedächtnis!« (1Kor 11,25b). In Vers 26 teilt Paulus uns mit: Wenn ihr das tut, »verkündigt ihr den Tod des Herrn, bis er kommt«. In Vers 27 warnt er uns dann davor: »Wer also unwürdig das Brot isst oder den Kelch des Herrn trinkt, wird des Leibes und des Blutes des

Herrn Jesus schuldig sein.« Für viele ist es am schwierigsten zu verstehen, was es bedeutet, unwürdig daran teilzunehmen.

In Vers 28 lesen wir: »Der Mensch aber prüfe sich selbst, und so esse er von dem Brot und trinke er von dem Kelch.« Das Wort *prüfen* bedeutet »sich selbst untersuchen, um zu erkennen, dass man für gut geheißen wird.« Es bedeutet nicht, dass man eine innere Bestandsaufnahme seiner Fehler macht. Man tut es nicht zu dem Zweck, um in sich hineinzuschauen und zu ergründen, warum man nicht missbilligt wird. Im Gegenteil: Man tut es zu dem Zweck, um in sich hineinzuschauen und sich an das Kreuz von Christus zu erinnern und daran, was er durch sein Blut für uns erkauft hat und warum wir durch sein Opfer für gutgeheißen sind.

Durch die Religion, die Schule und das Leben wurden wir im Allgemeinen gelehrt, in unser Herz zu schauen und uns die Frage zu stellen: »Was ist an mir falsch?« Also schauen wir in unser Herz und sagen uns: »Ich muss herausfinden, was an mir falsch ist, damit ich das Problem lösen kann.« Das ist jedoch das genaue Gegenteil dessen, was Paulus lehrte. Wenn wir das Problem lösen wollen, dann müssen wir herausfinden, was an uns *richtig* ist. Aus diesem Grund ermahnte uns Paulus: »Prüft euch selbst auf Gutheißung hin. Schau in dein Herz und versuche herauszufinden, wodurch du für gutgeheißen wirst.«

Unsere Anerkennung kommt von Jesus

Was also bringt uns Anerkennung? Das vollbrachte Werk von Jesus ist das Einzige, was uns vor Gott qualifiziert. Wir müssen darauf schauen, was er durch seinen Tod, sein Begräbnis und seine Auferstehung vollbracht hat. Er wurde zu unserer Sünde, damit wir nicht unter dieser Last leben müssen. Er hat die Strafe für unsere Sünde auf sich genommen, damit wir uns nicht vor der Strafe fürchten müssen. Er ging an unserer statt in die Hölle, damit wir uns nicht vor der Hölle fürchten müssen. Er erlangte Gerechtigkeit und gab uns diese als ein unverdientes Geschenk, damit wir sie uns nicht verdienen müssen. Er hat auch bewirkt, dass wir jetzt für alle Verheißungen Gottes qualifiziert sind. Um es kurz zu sagen, er ist unsere Gerechtigkeit. Durch ihn sind wir qualifiziert. Wir sind in ihm für gutgeheißen. Wie Kolosser 2,10 ausdrückt: In ihm sind wir zur Fülle gebracht, das heißt vollkommen gemacht.

Leider hat uns die Gesetzlichkeit veranlasst, auf unsere Werke zu schauen und sie zu der Grundlage zu machen, auf der wir von Gott für gutgeheißen werden. Tote Werke können unser Gewissen jedoch nicht reinigen. Ganz egal, was wir auch richtig gemacht haben, die Dinge, die wir falsch gemacht haben, hängen bedrohlich über unseren Köpfen wie ein Fallbeil, das jeden Moment hinabsausen kann. Gehen wir zur Anweisung von Paulus zurück – er hat uns daran erinnert, dass das Abendmahl zum Gedächtnis von Jesus und seinem vollbrachten Werk eingenommen werden sollte! Dabei geht es nicht um uns, sondern um *uns in ihm.*

In 1. Korinther 11,29 steht: »Denn wer isst und trinkt, isst und trinkt sich selbst Gericht, wenn er den Leib des Herrn nicht richtig beurteilt. Erinnere dich, wir essen und trinken auf unwürdige Art, wenn wir uns nicht als solche ansehen, die in Christus für gutgeheißen wurden. Das Wort *Gericht* ist hier dasselbe Wort wie *Verdammnis.* Bei Verdammnis geht es um ein Sündenbewusstsein, bei dem man erwartet, bestraft zu werden. Es ist das Resultat von Urteilen – es kann sich dabei um Selbsturteil handeln oder um Urteile, die andere Menschen über uns fällen. Was auch immer die Ursache sein mag: Wenn wir ein anderes Urteil annehmen als das von Gott, werden wir uns selbst als unwürdig beurteilen. Dann erwarten wir, bestraft zu werden.

Das Problem besteht darin, dass wir »den Leib des Herrn nicht richtig beurteilen«. In jedem Aspekt unseres Lebens sollten wir auf Jesus sehen und darauf, was er durch seinen eigenen Leib für uns vollbracht hat. In Vers 30 steht geschrieben: »Deshalb sind viele unter euch schwach und krank, und ein gut Teil sind entschlafen.« Die Bibel sagt uns also: Weil wir uns nicht im Licht dessen, was Jesus am Kreuz getan hat, begutachten und uns deshalb nicht als für gutgeheißen ansehen, sind Krankheit und Tod die Folge.

Wir bestrafen uns selbst

Paulus fährt in Vers 31 fort: »Wenn wir uns aber selbst beurteilten, so würden wir nicht gerichtet.« Das griechische Wort, das hier für *beurteilen* verwendet wird, bedeutet »begutachten, Anerkennung finden«. Wenn wir uns als für gutgeheißen ansehen würden, würden wir uns nicht verdammt fühlen oder negativ über uns urteilen.

»Wahrlich, wahrlich, ich sage euch: Wer mein Wort hört und glaubt dem, der mich gesandt hat, der hat ewiges Leben und kommt nicht ins Gericht, sondern er ist aus dem Tod in das Leben übergegangen« (Joh 5,24).

Das Problem besteht nicht darin, dass Gott uns richtet, sondern es ist unser eigenes Herz, das uns richtet oder verdammt.

In Hebräer 10,26–27 steht: »Denn wenn wir mutwillig sündigen, nachdem wir die Erkenntnis der Wahrheit empfangen haben, bleibt kein Schlachtopfer für Sünden mehr übrig, sondern ein furchtbares Erwarten des Gerichts und der Eifer eines Feuers, das die Widersacher verzehren wird.«

In dieser Schriftstelle steht nicht, dass Gott diese Dinge sendet, sondern: Wenn wir damit fortfahren, willentlich zu sündigen, wird es sich bei dem, was wir erfahren, schließlich um Gericht handeln. Wegen unseres schuldigen Gewissens beginnen wir schlechte Dinge zu erwarten. Wir erwarten, gerichtet zu werden. Wir kämpfen mit Schuldgefühlen. Wir erwarten ein Urteil!

Ein Selbsturteil ist eine selbsterfüllende Prophezeiung. Wir urteilen, dass wir es wirklich verdient haben, krank zu sein. Doch wenn wir dann krank werden, sagen wir: »Gott bestraft mich.« Das ist nicht wahr; Gott hat gar nichts getan. *Wir* haben es getan. Unsere Herzen haben eine Lüge geglaubt, und wir erfahren die Frucht dieses Glaubens. Wie es in den Sprüchen geschrieben steht: »Manche bringen sich durch eigene Torheit in Schwierigkeiten, aber die Schuld schieben sie dem Herrn zu« (Spr 19,3 GNB).

In 1. Korinther 11,32 (SLT) steht: »Wenn wir aber gerichtet werden, so werden wir vom Herrn gezüchtigt …« Was bedeutet es, gezüchtigt zu werden? Das Wort *züchtigen* bedeutet in der griechischen Sprache nicht schlagen, geißeln, bestrafen oder hinrichten; es bedeutet stattdessen »ein Kind aufziehen, erziehen«[9]. Ein Kind zu unterweisen bedeutet, jemanden zu »ziehen« und davon zu überzeugen, den richtigen Weg zu gehen. Das geht liebevoll vonstatten, mit großer Liebe und Zuneigung, und nicht, indem man jemandem Schmerzen zufügt. Gott züchtigt uns als seine Kinder, an denen er Freude hat.

Wir wollen betrachten, was mit Ananias und Saphira geschah. Sie waren ganz frisch bekehrt. Sie hatten noch nicht gelernt, was es bedeutet, vom Gesetz und vom Zorn Gottes befreit zu sein. Als sie damit konfrontiert wurden, dass sie den Heiligen Geist belogen hatten, wurden sie von Furcht und Verdammnis überwältigt. Gott wurde beschuldigt, er habe sie getötet, doch er hatte sie nicht niedergestreckt. In Apostelgeschichte 5 steht, dass sowohl Ananias als auch Saphira »den Geist aufgaben« (Verse 5 und 10 LUT). Gott hatte sie nicht umgebracht. Der Teufel hatte sie nicht umgebracht. In der griechischen Sprache ist das sehr eindeutig. Es war keine

Macht, die das von außen her an ihnen bewirkte; etwas geschah in ihrem Innern. Es kam aus ihrem eigenen Herzen. Sie glaubten etwas, das nicht der Wahrheit entsprach, und sie starben aufgrund dessen, was sie glaubten.

Dein Unterbewusstsein wird dir heraushelfen

In seinem Buch *Befreit von Rückenschmerzen* sagt der Arzt Dr. John Sarno, dass er Tausende von Menschen behandelte und von ihren Rückenschmerzen befreite, und zwar einfach indem sie an einem seiner dreistündigen Vorträge teilnahmen. Sie erhielten keine weitere medizinische Behandlung. Seine Ergebnisse sind phänomenal! Wenn wir unter emotionalen Schmerzen oder anderen Dingen leiden, von denen wir nicht wissen, wie wir sie loswerden können, erschafft unser Denken irgendwo in unserem Körper Krankheiten oder Schmerzen. Dieser Schmerz gibt uns etwas, auf das wir uns fokussieren können, damit wir uns nicht mit etwas befassen müssen, das wir als noch schmerzhafter erachten. Welchen Problemen wollen wir uns aus Angst nicht stellen, die Krankheit und Schmerzen dann anziehender erscheinen lassen? Schuldgefühle, Angst, Scham, Minderwertigkeitsgefühle oder das Gefühl, nicht geliebt zu sein, stehen auf der Liste ganz oben.

Es gibt weitere Studien, die aufzeigen, dass unser Denken immer ein Gleichgewicht anstrebt. Es will unsere gegenwärtige Sichtweise herbeiführen bzw. beweisen, dass sie richtig ist. Zum Beispiel verlangen Schuldgefühle danach, bestraft zu werden. Wenn wir uns schuldig fühlen oder uns schämen, haben wir das Bedürfnis, bestraft zu werden. Danach wird jede einzelne Zelle in unserem Körper daran arbeiten, unsere »Glaubensüberzeugung« herbeizuführen. Wenn wir glauben, dass wir unwürdig sind, Erfolg zu haben, und dann doch beginnen, erfolgreich zu sein, werden unsere Emotionen und sogar auch unser Körper diesen Erfolg aufzuhalten versuchen. Wenn wir glauben, etwas getan zu haben, das eine körperliche Strafe verdient, dann werden wir Schmerzen haben und krank sein.

Es gibt Dutzende von Möglichkeiten, wie wir unser Herz beeinflussen können, von denen der Glaube, dass wir eine neue Schöpfung in Christus sind, die allerwichtigste Möglichkeit ist. Wir sind gerecht, wir sind vom Fluch des Gesetzes befreit, und wir sind für jede Verheißung Gottes qualifiziert. Das sollte unsere wichtigste Lebensauffassung sein. Wir sollten nie anders über uns denken. Wenn das nicht der Fall ist, müssen wir unbedingt die Wahrheit auf unsere Herzen schreiben!

Das nächste Mal also, wenn du erkennst, dass dich seelischer oder körperlicher Schmerz befallen wollen, setze dich hin, entspanne dich und öffne dein Herz Gott gegenüber. Beginne dann, die Wahrheit auszusprechen. Blicke in dein Herz und sage: »Ich brauche diesen Schmerz nicht. Was auch immer ich getan habe, ich verdiene diesen Schmerz nicht. Jesus hat den Fluch des Gesetzes für mich auf sich genommen. Ich verdiene nur das, was Jesus mir durch seinen Tod zu geben hat.«

Dann sprichst du Folgendes aus: »Dieser Schmerz, diese Krankheit, diese Qual ist mir in keiner Weise behilflich, bringt mir keinen Nutzen und vollbringt keinen göttlichen Zweck in meinem Leben. Darum entschließe ich mich, es loszulassen.« In deinem Herzen sagst du einfach: »Ich lasse es los. Jesus, befreie mich davon. Ich muss das nicht haben. Ich lasse es jetzt los.« Für gewöhnlich wirst du innerhalb von wenigen Minuten entdecken, dass das Gefühl oder der körperliche Schmerz zu verschwinden beginnt.

Ich habe Menschen überall auf der Welt von diesen einfachen Prinzipien erzählt und gesehen, wie unzählige von ihnen von chronischen Schmerzen und Krankheiten befreit wurden. Wenn du negative Überzeugungen auf dein Herz geschrieben hast, die ein Teil deiner Selbstwahrnehmung geworden sind, brauchst du vielleicht einen ausgebildeten Seelsorger, der dir hilft, dich mit deinen Herzensüberzeugungen zu befassen. Vielleicht muss du die zerstörerischen Urteile identifizieren, die dich beeinflusst haben, und etwas Neues auf dein Herz schreiben.

Wenn du weiterhin glaubst, dass der Schmerz in deinem Leben eine Strafe von Gott ist, wird es für dich keine Befreiung geben. Du wirst den Rest deines Lebens damit verbringen, für deine Verfehlungen zu sühnen. Du wirst von der Macht der Sünde nie ganz frei sein. Du wirst nie ein produktives, friedvolles Leben führen, in dem du mit Gott wandelst und dein Charakter wächst. Ich bitte dich, dem Schmerz ein Ende zu setzen, indem du damit aufhörst, Gott die Schuld zuzuschieben.

Wenn du deine Urteile über dich selbst loslässt, wirst du die Gelegenheit haben, aus dem lebenslangen Kreislauf von Krankheit und Schmerz auszubrechen. Die Misserfolge, die du in deinem Geschäftsleben oder in deinen Beziehungen erlitten hast, müssen sich nicht wiederholen. Du wirst frei sein und Gottes Gnade erleben, die dich befähigt, ein Leben zu führen, in dem du dich nicht mehr von Urteilen und Bestrafungen beherrschen lässt.

Kapitel 29

Das wahre Ich finden

Finde dein wahres Ich, und du wirst deine Bestimmung finden.

Wir haben uns so lange von den Urteilen anderer und uns selbst beeinflussen lassen, dass wir wirklich glauben, das sei unsere Identität. Wir haben uns von unserer neuen Identität in Christus abgewendet. Wir haben Gottes Realitäten gegen unsere verdrehte Selbstwahrnehmung eingetauscht. Wir haben die Tatsache aus den Augen verloren, dass wir in Christus tatsächlich eine neue Schöpfung sind. Anstatt die grenzenlosen Möglichkeiten zu sehen, die wir in ihm haben, leben wir in der begrenzten Welt unserer Ängste und Urteile. Weil wir unsere Urteile als Realität angenommen haben, haben wir unsere Bestimmung verloren – und die Folge des Verlustes unserer Bestimmung ist ein Leben voller Enttäuschung und Frustration.

Wie Könige, die unter Gedächtnisschwund leiden, gehen wir als Bettler umher und wissen nicht, dass wir königlich sind. Weißt du, jeder lebt nach der Wahrnehmung, die er von sich selbst hat. Wir können vieles verändern – Rahmenbedingungen, unser Umfeld – doch wenn unsere Selbstwahrnehmung dieselbe bleibt, werden wir uns noch immer durch dieselben Dinge beherrschen lassen. Wir können zwar neue Vorwände für unsere Sünden erfinden; wir können darin sogar eine neue soziale Anerkennung finden – doch es ist trotzdem noch Sünde. Wir können Gewicht verlieren oder uns einer Schönheitsoperation unterziehen; wir können unser materielles oder physisches Umfeld so oft verändern, wie wir wollen, doch innerlich werden wir uns noch genauso fühlen wie vorher.

Es geht nicht um das Äußerliche

Weil wir gelehrt worden sind, auf das Äußerliche zu schauen, fühlen wir uns besser, wenn wir äußerlich alles richtigzustellen versuchen. In seinem ersten Brief an die Gemeinde gab Petrus den Frauen bestimmte Anweisungen: »Euer Schmuck sei nicht lediglich der äußerliche; das Herrichten der Haare und das Tragen von Gold oder das Anziehen feiner Kleidung; sondern vielmehr der verborgene Mensch des Herzens« (1Petr 3,3–4 NKJV). Das ist ein Lebensprinzip, das sich auf für jeden alle einzelnen Menschen anwenden lässt.

Natürlich sollten wir alle auf unser Äußeres achten, denn daran spiegelt sich oft unser Selbstwert. Und doch steht in der Bibelübersetzung *New Living Translation* von Vers 4: »Ihr sollt für die Schönheit bekannt sein, die von innen kommt.« Wir können uns fragen: »Will ich bei Menschen für mein Inneres oder mein Äußeres bekannt sein? Will ich Beziehungen, die tiefer gehen als nur diese äußeren Dinge, oder will ich meine Beziehungen oberflächlich halten?« Denn gerade durch diese Oberflächlichkeit entstehen viele Beziehungsprobleme. Wie Petrus andeutete: Schönheit wird vergehen. Wenn unsere Schönheit schwindet oder eine größere Schönheit in unsere Umgebung kommt, haben wir einer Person, die uns nur rein äußerlich kennt, nicht anderes zu bieten.

Damit will ich überhaupt nicht sagen, dass wir äußerliche Schönheit verwerfen sollten; stattdessen sollten wir bei dieser Sache die richtige Balance finden. Wir sollten mindestens genauso sehr um die innere wie um die äußere Schönheit bemüht sein. Vergiss dabei nicht, dass es bei der inneren Schönheit nicht um einen Prozess geht, bei dem wir uns etwas aneignen, das wir noch nicht haben. Nein, es geht einfach darum, uns dessen bewusst zu werden und uns dem hinzugeben, was durch Christus schon in uns ist. Als Christus in unser Herz kam, brachte er Gerechtigkeit und Macht mit sich. Er brachte uns eine Lebensqualität, die wir nur in ihm finden. Wir versuchen nicht, ihn dazu zu bringen, uns etwas zu geben. Unsere Aufgabe besteht darin, in unser Herz zu sehen und dort das neue »Ich« zu entdecken.

Selbst wenn wir versuchen, unseren Charakter zu entwickeln, neigen wir dabei oft zu äußeren Vorgehensweisen. Wir streben danach, eine Identität zu erschaffen, die auf Leistungen basiert. Wir versuchen immer noch herauszufinden, wer wir sind, ohne dabei auf Gott zu vertrauen. Als Satan kam, um Jesus zu versuchen, wollte er Jesus durch eine Täuschung dazu bringen, seine Identität aufgrund seiner Leistungen zu beweisen. »Da trat der Versucher an ihn heran und sagte: ›Wenn du Gottes Sohn bist, dann befiehl, dass diese Steine hier zu Brot werden!‹« (Mt 4,3 NGÜ). In der *Living Bible* steht es folgendermaßen: »Das wird beweisen, dass du Gottes Sohn bist.«

Jesus lehnte es ab, seine Identität anhand seiner Werke zu beweisen. Stattdessen sprach er: »Es steht geschrieben« (Vers 4 SLT). Was Gott gesprochen hatte, genügte ihm, um darauf seine Identität zu gründen.

Diese neue Natur sollte gute Werke hervorbringen – ja, wir sollten bestrebt sein, ein Leben der guten Werke zu leben. Doch unser Vertrauen, unsere Zuversicht und unsere Identität sollten niemals von diesen Werken herrühren. In dem Moment, wo das geschieht, haben wir unser Vertrauen und unseren Fokus von Jesus weg und auf uns selbst gerichtet. In dem Moment ist das, was zuvor gute Werke waren, zu toten Werken geworden.

Wenn wir unsere Identität anhand unserer Leistungen beurteilen, werden wir ins Wanken geraten, wenn unsere Werke nicht beweisen, wer wir sind. Wenn wir durch unsere Werke jedoch unsere Identität beweisen, werden wir unsere Gerechtigkeit über die Gerechtigkeit Gottes erheben. Unsere Gerechtigkeit ist nicht größer als seine. Deshalb müssen wir auf das Wort Gottes und auf den Heiligen Geist in unseren Herzen schauen, um in unserer Identität gegründet zu werden. Beides ist notwendig. Wir finden die Wahrheit im Wort, doch die Realität dieses Wortes erfahren wir durch eine innige Beziehung mit Jesus.

Weil wir unser Denken nicht erneuert haben, sehen wir uns bis zu einem gewissen Grad immer noch als die Person, die wir waren, bevor wir gerettet wurden. Anhand unserer Selbsturteile legen wir fest, dass unser Inneres verdorben sein muss, weil unser Äußeres inakzeptable Charakterzüge aufweist. Die meisten Menschen wollen nicht in ihre Herzen schauen, weil sie Angst vor dem haben, was sie dort sehen würden. Sie sind davon überzeugt, sie würden darin etwas so Abscheuliches sehen, dass sie es nicht ertragen könnten.

Es gibt einen »verborgenen Menschen« des Herzens, eine neue Person bzw. Natur, mit der wir nicht wirklich in Verbindung sind. Durch unsere Selbsturteile können wir diese neue Natur nicht wahrnehmen. Als der Apostel Paulus darüber sprach, wir sollten unserem inakzeptablen Verhalten ein Ende setzen, wies er auf die Tatsache hin, dass wir *bereits* neu gemacht *wurden*. Doch um den neuen Menschen »anzuziehen«, müssen wir unsere Denkweise verändern. In der Bibelübersetzung *New Living Translation* steht: »Es muss eine geistliche Erneuerung eurer Gedanken und Einstellungen stattfinden« (Eph 4,23). Wenn wir in Christus sind, müssen wir nicht etwas Neues *werden*. Wir müssen jedoch Klarheit in unser Denken bringen. Wie im erwähnten Beispiel des Königs, der an Gedächtnisschwund leidet, müssen wir nicht Könige *werden*, sondern uns einfach daran erinnern, dass wir schon Könige sind. »Lasst eure neue Natur sichtbar werden, weil ihr bereits neue Menschen seid, geschaffen nach Gottes Bild – gerecht, heilig und echt« (Eph 4,24 NLT).

Du hast ein neues Ich in dir. Du denkst, dass du nicht wirklich neu bist, weil du dich immer noch wie das alte Ich verhältst. Du hast nie das Urteil Gottes über das alte Ich angenommen: »Mein alter Mensch wurde mit Christus gekreuzigt.« Die alte Sündennatur wurde gerichtet, für schuldig befunden, gekreuzigt, sie ist gestorben und sie wurde in Christus begraben. Du bist jetzt eine neue Schöpfung. Du wurdest nach Gottes Bild in Gerechtigkeit erschaffen. Das Alte ist vergangen; das Neue ist da.

Die Errettung wäre für uns in diesem Leben nutzlos, wären wir nicht eine neue Schöpfung geworden. Das scheint eine harte Aussage zu sein, doch wir wurden nicht errettet, um unser Leben an die Sünde und an Misserfolge zu verschleudern, während wir auf den Himmel warten. Nein, wir müssen die Prinzipien des Betens, des Studiums des Wortes, der biblischen Meditation und des Bekennens anwenden, um unsere Herzen davon zu überzeugen, dass diese Realität hier auf dieser Erde gilt. Wir müssen Zeit damit verbringen, in unserem Herzen mit Jesus zu sprechen, um uns so seiner immerwährenden Allgegenwart in unserem Leben bewusst zu werden.

Der Apostel Petrus schrieb, dass wir durch diese Erkenntnis all das erfahren würden, was zum Leben und zur Gottseligkeit dient. »Da seine göttliche Kraft uns alles zum Leben und zur Gottseligkeit geschenkt hat durch die Erkenntnis dessen, der uns berufen hat durch [seine] eigene Herrlichkeit und Tugend« (2Petr 1,3).

Wenn das nicht real für uns ist, werden wir es in diesem Leben nicht erfahren.

Es ist Zeit für eine Veränderung

Genau wie es der Apostel Paulus erkannt hat, müssen wir uns und auch die Menschen in unserer Umgebung von den Fesseln unserer Urteile befreien. Das Äußerliche darf nicht mehr unseren Realitätssinn bestimmen, deshalb müssen wir damit aufhören, andere nach der Denkweise dieser Welt zu beurteilen.

> *Deshalb haben wir aufgehört, andere nach dem zu beurteilen, was die Welt von ihnen hält. Früher habe ich irrtümlich auch Christus so beurteilt – als sei er nur ein Mensch gewesen. Wie anders sehe ich ihn jetzt! Das bedeutet aber, wer mit Christus lebt, wird ein neuer Mensch. Er ist nicht mehr derselbe, denn sein altes Leben ist vorbei. Ein neues Leben hat begonnen!* — 2. Korinther 5,16–17 NLB

Entdecke den verborgenen Menschen des Herzens, und erlebe dadurch seine dich verwandelnde Macht. Höre auf dein Herz. Alles, was du in deinem Herzen findest, das du nicht magst, ist nicht dein wahres Ich. Es ist nur eine Fassade. Es ist eine falsche Überzeugung, zu der du durch deine Selbsturteile gekommen bist. Wenn du lange genug hinschaust, wirst du das neue Ich finden – das geschaffen ist nach Gottes Ebenbild.

Wenn du diese Realität von ganzem Herzen suchst, wirst du sie finden. Wenn du aus deiner neuen Identität heraus lebst, dann hast du das wahre Ich gefunden – und damit auch den Weg zu deiner Bestimmung.

Kapitel 30

Eine neue Perspektive gewinnen

Wie ich es sehe, ist nicht, wie es ist, sondern so, wie ich es erfahre.

Der Herr ist mein Hirte … Er erneuert meine Seele« (Ps 23,1.3 KJV). Es ist Gottes Ziel, unsere Seele – unsere Emotionen, unseren Sinn und unser Denken – zu erneuern, zu erfrischen, wiederherzustellen. Er will uns an einen Ort führen, an dem es stille Wasser und grüne Auen gibt. Er will, dass wir in friedvolle Emotionen hineinfinden. In Matthäus 11,29 sagte Jesus, dass wir Ruhe für unsere Seelen finden, wenn wir ihm folgen.

Sünde zerstört unsere Seele. In Hesekiel 18,20 steht: »Die Seele, die sündigt, sie soll sterben.« Sobald wir an irgendeiner Art von Sünde teilhaben, werden unsere Seele, unsere Emotionen und unsere Gedanken davon beeinflusst. Unsere Denkweise und unsere Emotionen verändern sich. Paulus sagte in Epheser 4,18, dass Sünde unser Verständnis »verfinstert«. Mit anderen Worten, die Art, wie wir Dinge sehen und verstehen, beginnt sich zu verändern.

Wir sind wie Adam. Gott sagte, wenn Adam von der Frucht äße, dann würde er sterben. Adam muss sich wohl gefragt haben, warum er nicht tot umfiel, nachdem er davon gegessen hatte. Vielleicht dachte er, seine Sünde habe keine wirkliche Konsequenz gehabt. Und doch hatte er sich emotional verändert. Auch wenn dies zuerst kaum merklich war, führte die Veränderung in seinen Emotionen dazu, dass er sich vor Gott fürchtete und sich vor ihm versteckte. Er sah Gott in einem anderen Licht, und er sah auch sein Umfeld in einem anderen Licht.

Der Apostel Johannes schrieb: »Geliebter, ich wünsche, dass es dir in allem wohlgeht und du gesund bist, wie es deiner Seele wohlgeht« (3Joh 2). Durch diese kurze Schriftstelle gewinnen wir eine unglaubliche Einsicht. Es kann uns nur dann wohlgehen und wir können nur dann gesund sein, wenn es uns auch im Bereich unserer Seele, unseres Denkens und unserer Emotionen wohlgeht. Wenn Sünde unsere Seele beeinflusst, dann beginnen wir, das Leben anders zu sehen und zu erfahren. Wir stellen fest, dass wir Dinge tun, die wir nie von uns erwartet hätten. Das Leben wird zu einer Abwärtsspirale, die wir nur beenden können, wenn wir Gott die Erlaubnis geben, unsere Seele zu erneuern.

Sünde verändert unsere Sicht

Die Leere der Sünde lässt uns nach wahrem Leben und Glück hungern. Doch die Verfinsterung unseres Verstandes lässt uns glauben, das Glück sei in noch mehr Sünde zu finden. Manche Menschen brechen nie aus diesem Kreislauf aus. Wenn wir einmal versucht haben, den Hunger der Genusssucht zu befriedigen, entdecken wir, dass es sich hierbei um eine bodenlose Grube handelt, die unter keinen Umständen zufriedengestellt werden kann. Es ist ein dunkles Gefängnis, aus dem es kein Entrinnen gibt. Sprüche 30,15a erwähnt dieses heftige Verlangen, das durch die Begierde ausgelöst wird: »Der Blutegel hat zwei Töchter: Gib her, gib her!« Dasselbe geschieht, wenn wir einmal in die Spirale der Selbstbezogenheit hineingeraten sind: Wenn sie sich zu drehen begonnen hat, wird sie nie gesättigt werden.

Jesaja prophezeite von Jesus: »... Und ich behüte dich und mache dich zum Bund des Volkes, zum Licht der Nationen, blinde Augen aufzutun, um Gefangene aus dem Kerker herauszuführen [und] aus dem Gefängnis die, die in der Finsternis sitzen« (Jes 42,6–7). Die Finsternis, die die Menschen gefangen hält, ist das unstillbare Verlangen der Selbstbezogenheit; es ist die Verzweiflung und die Enttäuschung, die davon herrührt, Erfüllung mithilfe von fleischlichen Bemühungen zu finden; es ist der Betrug der Sünde.

Erinnere dich, die Selbstbezogenheit geht beim Beurteilen von Menschen und Umständen immer nur von sich selbst aus. Sie zieht nur eine einzige Perspektive in Betracht: Wie werde ich dadurch beeinflusst? Menschen, die auf die Täuschung der Selbstbezogenheit hereingefallen sind, gelangen in einen Zustand der Finsternis und der Schmerzen, in dem es keine Heilung gibt. Das Gefängnis, in dem sie sitzen, ist durch die verzerrte Wahrnehmung ihrer selbstbezogenen Urteile entstanden. Sie glauben wirklich, dass Menschen Dinge ihretwegen tun und sie ihnen wirklich Schmerzen zufügen wollen. Das ganze Leben wird zu einer einzigen schmerzenden offenen Wunde, die nicht geheilt werden kann, weil sie immer wieder von neuem geöffnet wird.

In Lukas 4,18–19 sagte Jesus:

> *»Der Geist des Herrn ist auf mir, weil er mich gesalbt hat, Armen gute Botschaft zu verkündigen; er hat mich gesandt, Gefangenen Freiheit auszurufen und Blinden, dass sie wieder sehen, Zerschlagene in Freiheit hinzusenden, auszurufen ein angenehmes Jahr des Herrn.«*

Damit Gott dich von deiner Gebundenheit befreien und deine Seele wiederherstellen kann, muss er zuerst deine Sicht wiederherstellen.

Obwohl Jesus körperlich blinde Menschen sehend gemacht hat, wissen wir, dass körperliche Heilung allein Menschen nicht aus der Finsternis herausbringen und Zerschlagene nicht in die Freiheit führen wird. Auch die Augen des Herzens müssen geöffnet werden, damit Menschen den Weg, der aus dem Gefängnis herausführt, klar genug sehen können.

Öffne deine Augen für Gottes Perspektive

In Markus 6 speiste Jesus 5000 Menschen mit nur fünf Broten und zwei Fischen. Da Jesus ein Mensch war, der »in allem in gleicher Weise wie wir versucht worden ist, doch ohne Sünde« (Hebr 4,15), muss in seinem Innern ein unglaublicher Kampf stattgefunden haben, bevor er dieses Wunder wirkte. Die Situation muss überwältigend ausgesehen haben. Und wie in allen überwältigenden Situationen muss es so ausgesehen haben, als gäbe es keinen Ausweg und als wäre kein glückliches Ende möglich.

In Markus 6,41 lesen wir:

> *»Und er nahm die fünf Brote und die zwei Fische, blickte auf zum Himmel, dankte und brach die Brote und gab sie den Jüngern, damit sie diese ihnen vorlegten; und die zwei Fische teilte er unter alle.«*

Bei dem Satz *»Er blickte zum Himmel«* handelt es sich um dieselbe griechischen Redewendung, die auch in Lukas 4,18 gebraucht wurde und dort mit *»dass sie wieder sehen«* oder nach einer englischen Version mit *»die Sicht wiederherstellen«* übersetzt wird.

Als Jesus von der Not, so viele Menschen mit solch begrenzten Mitteln zu speisen, überwältigt war, schaute er zum Himmel und »stellte seine Sicht wieder her«. Bevor er ein Wunder wirken konnte, musste er die Dinge aus Gottes Perspektive sehen. Wenn er die Situation weiterhin aus seiner begrenzten menschlichen Perspektive gesehen hätte, hätte das Problem ihn gefangen genommen. Dann wäre dieses Wunder nicht geschehen.

An diesem Punkt hätte Jesus zu urteilen beginnen können: »Warum passiert mir das? Warum setzen mich diese Menschen so unter Druck? Warum erwarten alle so viel von mir? Warum lässt Gott das zu?« Wenn er zum Urteilen übergegangen wäre, hätte sein eigenes Urteil ihn gefangen genommen und begrenzt. Stattdessen befreite er sich von den Begrenzungen der Urteile und betrat den unbegrenzten Bereich der Perspektive Gottes.

Menschen leben nicht deswegen in Armut und Leid und sind nicht deswegen krank, weil Gott sie verlassen hat. Sie brauchen auch nicht mehr von Gott. Als wir von neuem geboren wurden, kam Gott mit allem, was er ist, in unseren Geist. Wir müssen einfach nur von den Beschränkungen unserer Urteile befreit werden, die wir uns selbst auferlegt haben. Wir müssen unser Potenzial aus Gottes Perspektive sehen. Wir müssen »wieder sehen« lernen.

Wir, die wir an Gottes Verheißungen glauben, rufen ihn vielleicht an, damit er dämonische Mächte bricht, doch nichts wird geschehen, weil es nicht der Teufel ist, der uns begrenzt. Wir beten vielleicht, dass die Umstände sich verändern; wir beten vielleicht, dass die Depression oder die Angst uns verlässt – doch diese Dinge können uns nicht verlassen, solange wir an unserer Sichtweise und an unseren Urteilen festhalten. Bei dem Gefängnis handelt es sich um eine Festung von Überzeugungen, nicht um dämonische

Mächte. Wir können nur dann freikommen, wenn wir »wieder sehen« können.

Paulus beschrieb es folgendermaßen:

Denn die Waffen unseres Kampfes sind nicht fleischlich, sondern mächtig für Gott zur Zerstörung von Festungen; so zerstören wir überspitzte Gedankengebäude und jede Höhe, die sich gegen die Erkenntnis Gottes erhebt, und nehmen jeden Gedanken gefangen unter den Gehorsam Christi.
— 2. Korinther 10,4–5

Bei den Festungen handelt es sich um Vernünfteleien und Glaubensüberzeugungen, die mit der Erkenntnis in Konflikt stehen, die wir von Gott haben.

Die Gebundenheit besteht darin, für sein eigenes Selbst zu leben. Solange wir die Welt von unseren Urteilen aus sehen, werden wir von den Dingen, die uns schmerzen, gefangen gehalten. Doch wenn wir uns wie Jesus an Gott wenden, um unsere Sicht wiederherzustellen, werden wir vollständigen Sieg über jeden einzelnen Umstand erleben. Gottes Weg ist nicht schmal und schwer; sein Weg ist weit und frei. Jesus sagte, dass er sanft und leicht sei (Mt 11,30).

Wir wollen unsere Sicht und Ansicht *Gottes Sicht und Ansicht* unterordnen, damit wir immer sehen, wie wir siegreich leben können. Wenn wir die Dinge aus Gottes Sicht sehen, wird die Angst durch Frieden ersetzt werden, die Liebe wird den Hass überwinden und das Verständnis wird die Verwirrung beseitigen. Wenn wir die Dinge aus Gottes Perspektive sehen, werden wir auch fähig sein, ihm zu grünen Auen und stillen Wassern zu folgen. Dann werden unsere Seelen wiederhergestellt, und wir werden Frieden haben.

Kapitel 31

Befreiung vom Schmerz der Vergangenheit

Wir werden erst dann frei sein, unsere Zukunft in Angriff zu nehmen, wenn wir frei sind von dem Schmerz der Vergangenheit.

Den Schmerz unserer Vergangenheit zu vergessen, wird den Schmerz nicht heilen. Ungelöste Probleme können uns als undeutliche Gedanken im Hinterkopf bleiben und zu einer Qual werden, die uns verzehrt. Unsere ganze Aufmerksamkeit wird dadurch in Anspruch genommen; wir fokussieren alle unsere Gedanken darauf; wir können uns gar nicht der Gegenwart widmen, weil wir in der Vergangenheit feststecken.

Jesus lehrte, dass Anstöße unvermeidlich seien (siehe Mt 18,7 SLT). Auch wenn man noch so geistlich ist, kann man sie nicht verhindern. Jedoch muss ein Anstoß nicht zu einer Qual werden, die uns beherrscht und unser ganzes Leben dominiert bzw. beeinflusst. Schmerz ist unvermeidlich, doch seelische Qual ist optional. Wir können verhindern, dass aus dem Schmerz ein Feuer der Qual wird, indem wir sinnvolle Entscheidungen treffen.

Worauf du deine Aufmerksamkeit richtest, das wird wachsen

Worauf auch immer wir unsere Aufmerksamkeit richten, kann das verstärken, was wir erleben. Wenn wir uns gequält fühlen, geschieht es oftmals dadurch, dass wir unsere Probleme, Ängste, Versuchungen oder Schmerzen über alle Maßen »erheben«. Sie werden dann zum Mittelpunkt unserer Erfahrung. Sie werden der Nährboden, auf dem unser Leben und unsere Gefühle wachsen. In Psalm 34,4 steht: »Erhebt den HERRN mit mir, lasst uns miteinander erhöhen seinen Namen.« Erheben bedeutet »lauter, größer und mächtiger machen«. Wir können Gott nicht mächtiger machen als er schon ist, doch wir können das, was wir mit ihm erfahren, mächtiger machen, indem wir unsere ungeteilte Aufmerksamkeit auf ihn richten und ihn erheben. Gleicherweise scheinen unsere Probleme und unsere Schmerzen größer zu werden, wenn wir uns auf sie fokussieren – und diese Dinge beginnen uns dann zur Qual zu werden.

Alles, worauf wir unsere Aufmerksamkeit richten, wird in unseren Erfahrungen größer gemacht. Wir können uns über einen Fehler einer Person ärgern und diesen dermaßen erheben, dass wir jeglichen Respekt vor dieser Person verlieren und keinen Blick mehr für positive Qualitäten haben, die sie auch noch aufzuweisen hat. In vielen Fällen ist die Sache, die wir erheben, unglaublich unbedeutend, doch weil wir dieser Sache erlauben, uns auf diese Weise zu beeinflussen, kann eine Freundschaft komplett zerstört werden.

Wenn etwas für uns zur Qual wird, wird es in unseren Gedanken so groß, dass es unser Leben beherrschen kann. Paradoxerweise fühlen wir uns oft durch Dinge angezogen, die uns quälen, obwohl wir sie doch hassen. Warum? Es gibt ein Prinzip aus der

Schrift, das besagt, dass wir zu dem werden, das wir betrachten. Es ist genau das Prinzip, das Gott dazu verwendet, um uns umzugestalten. Wir betrachten das Bild, das wir von Gott haben, und so werden wir in sein Bild verwandelt. Oder wir bewegen eine positive Eigenschaft in unseren Gedanken, und wir erleben nun selbst, dass wir diese positive Eigenschaft zum Ausdruck bringen. Im Gegenzug ist es so, dass wir, wenn wir uns in unseren Gedanken auf jemanden fokussieren, den wir hassen, wie diese Person werden.

Ich hasste meinen Vater, doch als junger Mann stellte ich fest, dass ich ihm immer ähnlicher wurde. In meiner Seelsorge treffe ich ständig Menschen, die dem Bild ähnlich geworden sind, das sie hassen. Weißt du, wir hören nicht auf, etwas zu tun, weil wir ständig darüber nachdenken. Darüber nachzudenken bedeutet, es in unserer Erfahrung größer zu machen.

Wie wir Qual verhindern können

Glaubensüberzeugungen werden durch eine Kombination von Information und Erfahrung geformt. Das geschieht folgendermaßen: Wir erleben etwas, das starke Emotionen in uns hervorruft. Die Information, die wir mit diesem Erlebnis verknüpfen, wird dann zu der Art und Weise, wie wir dieses Erlebnis interpretieren. Sie wird zu unserer Realität. Wenn Menschen uns verletzen, sprechen sie dabei oft Worte aus, von denen wir glauben, sie seien wahr. Der Täter macht Aussagen wie: »Du weißt genau, dass du das wolltest.« Viele Menschen verbringen ihr Leben in dem Glauben, es sei ihre Schuld, dass sie als Kind sexuell missbraucht wurden. Diese Information wurde zu einer Glaubensüberzeugung des Herzens, weil sie mit starken Emotionen gekoppelt war.

Nur zu oft handelt es sich bei der Information in unserem Denken (gekoppelt mit schmerzhaften Emotionen) um das Urteil, das wir durch unser »Selbstgespräch« ausdrückten. Da unser Urteil festlegt, *warum* die Menschen »uns« das angetan haben, geht es bei ihrem Verhalten um uns. Wenn man mal darüber nachdenkt, ist unsere Fähigkeit, Schmerzen zu ertragen, sehr groß. Die meisten Ereignisse würden kaum Auswirkungen auf unser Leben haben, wenn wir nicht Urteile fällen würden, die tief in unserem Herzen einen Glaubensinhalt formen. Was lediglich einen vorübergehenden Schmerz hätte bewirken können, ist durch unser Urteil zur bleibenden Qual geworden. Durch unser Urteil geben wir den Ereignissen in unserem Leben Bedeutung, indem wir Aussagen darüber machen, warum uns diese Dinge widerfahren sind. Der Schmerz wird dann durch Qual vergrößert, bis wir in unseren Gedanken ganz und gar davon gefangen sind.

Ich möchte wiederholen, dass wir uns nie wirklich daran erinnern, wie etwas geschah, sondern daran, wie wir uns bei dieser Begebenheit fühlten. Außerdem gibt es Studien, die besagen, dass wir uns nie an etwas auf die gleiche Weise erinnern. Jedes Mal, wenn wir uns an ein bestimmtes Ereignis erinnern, erinnern wir uns daran, wie wir uns das letzte Mal dabei fühlten, als wir daran dachten. Also wächst unsere schmerzhafte Erfahrung im Laufe der Zeit. Mit anderen Worten, jedes Mal, wenn wir uns daran erinnern, erfahren wir es noch intensiver und schmerzhafter, und durch diese gesteigerte Intensität hat es für uns eine noch größere Bedeutung. Daher führen wir unser Leben in Qual und Ärger.

Jesus warnte uns in Lukas 21,34:

Hütet euch aber, dass eure Herzen nicht etwa beschwert werden durch Völlerei und Trunkenheit und Lebenssorgen und jener Tag plötzlich über euch hereinbricht.

Wenn unsere Aufmerksamkeit durch Schmerzen, Sünde, Habgier, Lust oder einen anderen quälenden Gedanken in Anspruch genommen wird, werden wir dadurch unfähig, bewusst durchs Leben zu gehen. Dann scheinen uns aus heiterem Himmel Schwierigkeiten zu überfallen. Auch wenn alle Außenstehenden es kommen sehen – wir sehen es nicht. Wir sind beladen, verzehrt von Lasten und Schmerzen. Unser Gefühl, in diesem Leben keine Kontrolle zu haben, nimmt zu. Unsere Zuversicht wird von einer Opfermentalität überwältigt. Wir verlieren unser Leben, weil wir unsere Seelen verloren haben. Wir werden wie Lot, der ein gerechter Mensch war, doch unter seelischen Schmerzen litt: »Denn der unter ihnen wohnende Gerechte quälte durch das, was er sah und hörte, Tag für Tag seine gerechte Seele mit ihren gesetzlosen Werken …« (2Petr 2,8).

Lass Menschen los, und du wirst selbst frei werden!

Wir nehmen an, dass wir uns von der Vergangenheit erholen können, einfach indem wir den Menschen vergeben, die uns verletzt haben. Das ist aber nur ein Teil der Genesung. Ein weiterer wesentlicher Teil der Genesung besteht darin, die Urteile loslassen, die wir über andere Menschen und auch über uns gefällt haben. Wir wissen wirklich nicht, warum Menschen in der Vergangenheit bestimmte verletzende Dinge getan haben. Wir wissen ja noch nicht einmal, warum *wir* selbst manche beschämende Dinge getan haben. Mit großer Wahrscheinlichkeit haben Menschen diese verletzenden Dinge getan, weil sie selbst innerlich verletzt waren. Ihr Verhalten hatte sehr wenig mit uns zu tun, doch wir haben so darüber geurteilt, als wäre das der Fall gewesen. Wir haben vielleicht gesagt: »Sie haben es getan, weil sie mich nicht liebten.«

Oder: »Ich war nicht liebenswert.« Oder: »Ich war ein schlimmes Kind.« Doch in Wahrheit taten sie einfach das, was sie taten, und wir waren zufällig anwesend.

Wenn wir unsere Urteile über diese Menschen nicht loslassen, wird der Schmerz der Vergangenheit nicht abklingen. Auch wenn wir schon oftmals gesagt haben: »Ich vergebe dir«, wird die Bitterkeit und die Wut immer wieder auftauchen. Natürlich sollen wir das, was sie getan haben, nicht gutheißen. Wir sagen damit nicht, dass es okay war. Wir lassen nicht *ihretwegen* von unserem Urteil ab; wir tun es *unseretwegen.* Nur zu oft vergeben wir dem Täter, weil wir es für einen Akt der Freundlichkeit ihm gegenüber halten. Doch tatsächlich ist es ein unglaublicher Akt der Freundlichkeit uns selbst gegenüber.

Vielleicht ist gerade heute der Tag gekommen, an dem du dich allein irgendwo hinsetzen und bewusst dein Urteil loslassen solltest, das du in der Vergangenheit über jemanden gefällt hast. Manche Menschen finden es hilfreich, ihre Gefühle in einem Brief zu formulieren, den sie dann nicht abschicken. Dabei geht es nicht um die andere Person; du tust es für dich selbst. In diesem Brief solltest du ausführen, was geschehen ist, wie du dich dabei gefühlt hast, wie es dein Leben beeinflusst hat und welche Urteile du dabei über dich selbst und die andere Person gefällt hast. Dann schreibe konkret auf, wie du dein Urteil loslassen und wie du diese Situation jetzt sehen möchtest.

Lies dir deinen Brief laut vor und erfahre dabei die Befreiung von dem Urteil und dem Schmerz, den du dir durch dieses Urteil zugefügt hast. Nimm Gottes Vergebung dafür an, dass du in Urteilen gelebt hast. Erfahre, wie du durch Gottes Gnade Freiheit von diesem Problem erlebst. Dann verbrenne den Brief. Wenn du siehst, wie der Brief in Flammen aufgeht und sich in eine Rauchwolke auflöst, siehst du auch, wie mit deiner Vergangenheit dasselbe geschieht! Dann lebe dein Leben frei vom Schmerz der Vergangenheit! Es gibt viele Möglichkeiten, wie du den Schmerz der Vergangenheit und Urteile loswerden kannst. Es spielt wirklich keine Rolle, welche Methode du anwendest, solange du Schritte unternimmst. Ergreife alle nötigen Maßnahmen, um frei von deiner Vergangenheit zu sein, damit du die wunderbare Zukunft entdecken kannst, die Gott für dich bereitet hat!

Kapitel 32

Gottes Urteil akzeptieren

Meine Sicht darüber, wer ich wirklich bin, wird durch mein eigenes Urteil verfälscht.

»Und Jesus sprach: Zum Gericht bin ich in diese Welt gekommen, damit die Nichtsehenden sehen und die Sehenden blind werden« (Joh 9,39). R. C. H. Lenski erklärt in *The Interpretation of St. John's Gospel*, dass das griechische Wort für Gericht sich in dieser Schriftstelle auf einen »Urteilsspruch« bezieht.[10] Das ist Gottes Urteil über die Welt: »Wenn ihr blind seid, werde ich euch sehend machen. Wenn ihr aber darauf besteht, dass eure Sicht der Dinge die Realität ist, dann werde ich euch blind machen.«

Die *Message Bible* drückt es ganz klar aus:

Jesus sprach: Ich kam in diese Welt, um alles ans helle Tageslicht zu bringen, ich mache es klar und deutlich, damit diejenigen, die nie gesehen haben, sehend werden und diejenigen, welche so großartig vorgetäuscht haben, dass sie sehen können, als Blinde entlarvt werden. Das hörten zufällig ein paar Pharisäer und fragten: »Bedeutet das, dass du uns als blind betitelst?« Jesus sagte: »Wenn ihr wirklich blind wärt, dann wärt ihr schuldlos, doch weil ihr sagt, dass ihr alles so gut seht, müsst ihr für jeden Fehler und Misserfolg geradestehen.« — Johannes 9,39–41 MSG

Nach ihrem eigenen Maßstab beurteilten die Pharisäer sich als gerecht. Selbstgerechtigkeit besteht jedoch nicht immer darin, sich als gerecht zu bezeichnen. Es gibt eine Form der Selbstgerechtigkeit, die sich manchmal als ungerecht erklären wird. Es handelt sich genauso um Selbstgerechtigkeit, wenn wir uns selbst als ungerecht bezeichnen, obwohl wir für gerecht erklärt wurden, wie es sich um Selbstgerechtigkeit handelt, wenn man ungerecht ist und sich selbst als gerecht bezeichnet. Die Sünde der Selbstgerechtigkeit besteht nicht in dem Urteil, zu dem sie gekommen ist, sondern darin, dass wir unseren eigenen Maßstab über Gottes Maßstab setzen. Es gibt nur eine Gerechtigkeit, die vor Gott zulässig ist, und das ist die Gerechtigkeit, die er uns in Jesus *schenkt*. Alles andere erfordert, dass wir nach unserer Leistung beurteilt werden – doch niemand ist je aufgrund seiner Werke für gerecht erklärt worden.

Wir müssen Gottes Urteil über uns annehmen und uns so sehen, wie er uns sieht. Wir können uns nicht erlauben, eine Sichtweise oder Meinung zu haben, die Gottes Sichtweise und Meinung gering schätzt. Wenn wir eine Sichtweise haben, die seiner widerspricht, befinden wir uns unter denen, die darauf bestehen, sehend zu sein, nur um herauszufinden, dass sie durch ihre Meinung Gottes Realität gegenüber blind sind. Menschen, die auf ihren eigenen Maßstab der Gerechtigkeit beharren, werden nie die wunderbare Befreiung der Gerechtigkeit Gottes erfahren. Sie werden sich unter einer schmerzhaften Last abmühen, weil sie versuchen, sich Gerechtigkeit zu verdienen.

Das hat Gott getan

Gottes Gerichtsurteil lautet, dass die ganze Welt schuldig ist und den Tod verdient. »Wir wissen aber, dass alles, was das Gesetz sagt, es denen sagt, die unter dem Gesetz sind, damit jeder Mund verstopft werde und die ganze Welt dem Gericht Gottes verfallen sei« (Röm 3,19). Weil die ganze Menschheit schuldig und unverbesserlich war, verurteilte er uns wegen unserer Sünden zum Tod. Gottes Gerechtigkeit erforderte, dass die gesamte Menschheit für schuldig erklärt wird. Seine Gerechtigkeit erforderte, dass jeder Mensch für seine Sünden die Strafe des ewigen Todes bezahlen muss.

Doch Gott ist ein liebender Vater, der nie will, dass seine Kinder Schmerz oder Leid erfahren. Darum eröffnete er einen Weg, der jedem Menschen dieselbe Möglichkeit gewährleisten würde. Er sandte Jesus als Menschen auf unseren Planeten. Ein Mensch (Adam) brachte die Sünde in die Welt, und ein Mensch (Jesus) musste die Sünde aus der Welt schaffen. Jesus lebte ein sündloses Leben, und am Ende wurde er ans Kreuz genagelt. Als er am Kreuz hing, machte Gott ihn zum Sündopfer für jeden einzelnen Menschen (Jes 53,6; 2Kor 5,21). Er wurde unser Sündopfer, damit er die ganze Strafe auf sich nehmen und so die Strafe, die die Sünde verdiente, von uns abwenden konnte (Jes 53,4–5; Gal 3,13).

Der Apostel Paulus drückte es folgendermaßen aus: »Ich bin mit Christus gekreuzigt« (Gal 2,20). Der Tod von Jesus am Kreuz war Gottes Gericht über unsere Sünde.

Wir wissen ja, dass unser alter Mensch mit ihm gekreuzigt ist, damit der Leib der Sünde vernichtet werde, sodass wir hinfort der Sünde nicht dienen. Denn wer gestorben ist, der ist frei geworden von der Sünde. — Römer 6,6–7 LUT

Dein altes Ich mit all seinen Sünden, Begrenzungen und Urteilen, die du über dich gefällt hast, ist tot. Das ist Gottes Urteil.

Sein Urteil ist hier jedoch noch nicht zu Ende. Wenn wir sein Todesurteil annehmen, müssen wir auch sein Lebensurteil annehmen: »So auch ihr: Haltet euch der Sünde für tot, Gott aber lebend in Christus Jesus!« (Röm 6,11). Derselbe Gott, der sagte, dass unser altes Ich ungerecht und des Todes würdig gewesen ist, ist auch derselbe Gott, der sagte, dass wir in Christus neue Schöpfungen sind, die durch sein Blut gerecht und heilig gemacht sind (siehe Röm 5,9; 1Kor 6,11; 2Kor 5,17; Kol 1,22; Hebr 10,14). Wenn wir vor Gott stehen, sind wir von ihm angenommen, er hat uns für jede Verheißung qualifiziert, die er je gegeben hat (siehe 2Kor 1,20; Eph 1,6; Kol 1,12). Doch all das gründet sich auf das Angenommensein, das wir durch das vollbrachte Werk von Jesus erfahren.

Glaube, dass du bist, was Gott über dich sagt

In unserer persönlichen Entwicklung sollten wir in erster Linie akzeptieren, wer wir in Christus sind. Unsere Herzen müssen in dieser neuen Identität fest sein, sonst werden wir unser Leben in den begrenzenden Selbsturteilen der Vergangenheit führen. Wir sollen nichts über uns denken, was nicht damit übereinstimmt, was Gott über uns sagt. Wir sollen unser Verhalten nie im Lichte unserer Urteile interpretieren; wir sind, was Gott über uns sagt und was Jesus aus uns gemacht hat. Wir haben keine andere Identität.

Gott wird kein weiteres Urteil über uns fällen. Anders als die, die sein Urteil ablehnen, werden wir nie vor dem Gericht des großen weißen Throns stehen. Wenn wir vor Christus stehen, wird er uns nicht prüfend untersuchen. Das Einzige, was beurteilt werden wird, sind unsere Werke. Denn wir sind bereits verurteilt worden und haben das Todesurteil über alles, was wir waren, angenommen (siehe Joh 5,24; 1Kor 3,13–15; 2Kor 5,10). Es gibt kein anderes Urteil von Gott als das, was schon festgelegt wurde. Unsere unannehmbaren Werke werden verbrannt werden, doch wir selbst werden angenommen werden. Weil diese Werke verbrannt werden, werden wir uns nicht schämen, wenn wir vor dem Herrn Jesus stehen – komplett mit seiner Gerechtigkeit bekleidet.

Jesus sagte: »Und die Herrlichkeit, die du mir gegeben hast, habe ich ihnen gegeben« (Joh 17,22a). Wir sind Gottes Herrlichkeit auf dieser Erde. Unser Leben sollte seine Liebe, seinen Charakter und seine Fürsorge widerspiegeln. Die Menschen sollten auf uns schauen und Gottes Größe sehen können. Entgegen der allgemeinen Auffassung spiegeln wir Gott nicht an erster Stelle durch Perfektion wider. Jesus sagte nicht: »Sie werden glauben, dass ihr meine Jünger seid, wenn alle eure Probleme gelöst sind.« Nein, er sagte: »Daran werden alle erkennen, dass ihr meine Jünger seid, wenn ihr Liebe untereinander habt« (Joh 13,35). Gottes Perfektion wird in perfekter Liebe sichtbar.

Die Welt muss Menschen sehen, die frei davon sind, sich verurteilt zu fühlen und über andere zu urteilen. Nur wenn wir zu urteilen aufhören und uns einander trotz unserer Fehler lieben können, wird die Welt Gottes Herrlichkeit in uns sehen. Die Herrlichkeit eines Vaters wird nie an einem Kind sichtbar, das abgelehnt wird.

Also bestehe nicht darauf, dass du es richtig siehst; lehne Gottes Urteil nicht aufgrund deines Urteils ab. Wenn du von deinem Urteilen loslässt, wird deine Blindheit weichen, und du wirst dich aus Gottes Perspektive sehen: Deine Schuld ist vergeben, du bist gerecht gemacht und angenommen.

Gottes Urteil über uns lässt uns nicht im Grab; es erweckt uns vielmehr zur Neuheit des Lebens! Sein Urteil ist gerecht und gut.

Es lässt uns nicht in der Schwachheit unserer Sünde zurück, sondern setzt uns zusammen mit Jesus in himmlische Regionen ein und ermächtigt uns durch seine Gnade.

Kapitel 33

Unbegrenztes Leben

Durch unsere Selbsturteile begrenzen wir unser Leben.

Wenn wir die Urteile über uns selbst und über andere Menschen loslassen, eröffnen sich uns neue Freiheiten und Gelegenheiten. Die klar definierten Beschränkungen, die einst unser Leben kontrollierten, machen Platz für einen neuen Weitblick. Wir überschreiten die Grenzen, die uns einst kontrollierten, und wir bemerken kaum noch, dass sie je existierten. Urteile loszulassen ist der Pfad zu einem unbegrenzten Leben.

Jesus sagte deutlich: »Bei Gott aber sind alle Dinge möglich« (Mt 19,26). Paulus verkündete kühn: »Alles vermag ich in dem, der mich kräftigt« (Phil 4,13). Das glauben die meisten Christen jedoch nicht wirklich. Nur wenige Menschen nehmen diese Konzepte als geistliche Realität an. Wir haben diese Verse zu Phrasen reduziert, die keinen Einfluss auf unser Leben haben. Wir alle glauben, dass Gott alles tun kann; wir sind nur nicht sicher, ob er auch alles durch uns tun kann! So haben wir uns durch unsere Selbsturteile von Gottes Wort und dem vollbrachten Werk Jesu gelöst.

In Psalm 78,41 (KJV) steht über die Israeliten: »Ja, immer wieder versuchten sie Gott und begrenzten den Heiligen Israels.« Die Israeliten hatten Verheißungen von Gott empfangen, doch sie fällten Urteile über sich, die Gott begrenzten. Als die zwölf Kundschafter ausgingen, um das Land auszukundschaften, kamen sie mit folgendem Bericht zurück: »Sogar die Riesen, die Anakiter, haben wir gesehen. Wir kamen uns neben ihnen wie Heuschrecken vor, und das waren wir in ihren Augen vermutlich auch« (4Mo 13,33 NLB).

Es waren nicht ihre Feinde, die sie als Heuschrecken sahen, sondern die Israeliten sahen sich selbst so. Dieses Urteil war der Beginn der vierzig Jahre, in denen sie in der Wüste umherwanderten und Gott immer wieder begrenzten. Der Verfasser des Hebräerbriefes verglich uns mit ihnen: »Denn die gute Botschaft wurde uns genauso verkündigt, wie jenen damals in der Wüste. Aber ihnen nützte es nichts, weil ihr Hören nicht mit Glauben verbunden war« (Hebr 4,2 NEÜ). Gottes Verheißungen haben keinen Nutzen für uns, wenn wir sie unseren Selbsturteilen unterstellen. Wenn wir unsere Vorstellungen über die Erkenntnis Gottes erheben, werden dadurch Festungen geschaffen, die unsere Träume und unseren Erfolg begrenzen.

In Christus sind wir unbegrenzt

Wenn wir Gottes Urteil annehmen, werden die Begrenzungen entfernt, die wir uns durch unsere Selbsturteile auferlegt haben. So betreten wir die unbegrenzten Dimensionen seiner Gnade. Die Vergangenheit beherrscht uns nicht mehr; frühere Erfahrungen legen nicht länger unsere Zukunft fest. Wir werden frei, das zu sein, was Gott über uns sagt. Wir können das alte Leben mit all seinen Ängsten loslassen und zum neuen Leben übergehen.

Salomo sagte in Prediger 8,14:

Es gibt etwas Nichtiges, das auf Erden geschieht: Da sind Gerechte, denen es nach dem Tun der Ungerechten ergeht, und da sind Ungerechte, denen es nach dem Tun der Gerechten ergeht. Ich sagte: Auch das ist Nichtigkeit.

Wie Salomo sehen viele Menschen Gottes Kinder und entscheiden, dass ein Leben mit Gott keinen Nutzen hat. Immerhin haben die Christen es nicht besser als andere Menschen. Doch unser Urteil darüber, warum es so geschieht führt uns in die Irre.

Glücklicherweise hörte Salomo nicht bei dieser frustrierenden Beobachtung auf. In Prediger 9,11 sagte er:

Ferner sah ich unter der Sonne, dass nicht die Schnellen den Lauf gewinnen und nicht die Helden den Krieg und auch nicht die Weisen das Brot und auch nicht die Verständigen den Reichtum und auch nicht die Kenntnisreichen die Beliebtheit, sondern Zeit und Geschick trifft sie alle.

Beim Gewinnen geht es nicht immer um Stärke. Beim Reichtum geht es nicht immer um Verständnis. Um zu gewinnen benötigt man nicht große Kraft oder eine mystische Segnung von Gott. Es geht darum, Gelegenheiten zu sehen und auch zu ergreifen. Die meisten Menschen sehen das nicht. Die begrenzenden Wände, die sie durch ihre Selbsturteile aufgebaut haben, machen sie blind.

Unsere Selbstwahrnehmung entscheidet darüber, ob eine Situation für uns wie eine Gelegenheit oder eine Bedrohung aussieht. Ich persönlich habe Menschen gesehen, die in Bereichen erfolgreich waren, vor denen ich mich gefürchtet hätte. Mein Mangel an Zuversicht hat mich von Erfolgen ferngehalten, die in meiner Reichweite gewesen wären. Gleichzeitig hatte ich dort Erfolg, wo andere versagten. Siehst du, wie wir alle durch unsere Selbstwahrnehmung eingeschränkt sind? Wenn wir jedoch die falschen, irreführenden Begrenzungen entfernen, wird aus unserer Selbstwahrnehmung Gottes Wahrnehmung. Dann können wir uns in Christus sehen, ermächtigt durch seine Gnade und als solche, denen durch ihn alles möglich ist.

Unser Körper wird tun, was wir glauben

Gerade in diesem Moment arbeitet jede einzelne Zelle in deinem Körper daran, deine Selbstwahrnehmung hervorzurufen. Jede Zelle arbeitet daran, entweder selbst auferlegte Begrenzungen oder eine wunderbare Freiheit zu schaffen. Wenn du zum Beispiel glaubst, dass du keinen Erfolg verdienst, wird jede Zelle in deinem Körper daran arbeiten, dich vom Erfolg abzuhalten. Du könntest krank werden und deine Arbeit verlieren oder einer guten Arbeitsstelle gegenüber eine schlechte Einstellung haben. So erfüllen sich die Urteile, die du tief in deinem Herzen glaubst.

Wenn du glaubst, dass du es nicht verdient hast, geliebt zu werden, wird jede Zelle deines Körpers daran arbeiten, dich von liebevollen Beziehungen fernzuhalten. Vielleicht steigen in dir Gefühle der Eifersucht oder der Ungewissheit auf und halten dich von dem Vertrauen ab, das notwendig für eine sich vertiefende Beziehung ist. Vielleicht taucht unerklärlicher Ärger auf und zerstört die Beziehung. Oder vielleicht suchst du dir immer wieder eine Person, mit der es unmöglich ist, eine liebevolle Beziehung zu entwickeln.

All diese Begrenzungen und undurchdringlichen Einschränkungen verschwinden, wenn du deine Urteile über dich selbst loslässt. Wenn du akzeptierst, dass dein altes Ich mit all seinen Fehlern und Urteilen schon gestorben ist und dass du jetzt eine neue

Schöpfung in Christus bist, gehst du von deinen Begrenzungen in die Freiheit über.

In Sprüche 18,9 (AMP) steht: »Wer sich nicht darum bemüht, sich selbst zu heilen, ist ein Bruder dessen, der Selbstmord begeht.« Wenn du nichts unternimmst, um dein Herz in deiner neuen Identität mit Jesus zu festigen, ist das gleichbedeutend mit Selbstmord. An jedem Tag, an dem du in deinen alten Denkmustern bleibst, stehlen dir deine Selbsturteile etwas von deinem überfließenden Leben. Wie die Kinder Israels begrenzt du Gott.

Jeder einzelne Moment deines Lebens könnte erfüllend sein. Jede Liebe könnte tief und überwältigend sein. Jede Freundschaft könnte belohnend und jede Arbeit erfolgreich sein. Du kannst das überfließende Leben wirklich leben, wenn du die Wahrheit darüber glaubst, wer du in Jesus bist. Wie? Verbringe jeden Tag deines restlichen Lebens Zeit damit, dich von deiner neuen Identität zu überzeugen.

Kapitel 34

Die Selbstwert-Lösung

Ich bin das wert,
was Gott für mich bezahlte!

Unser Bedürfnis nach einem guten Selbstwert hat Einfluss auf unsere Stärken und Schwächen. Wir alle treffen unsere Entscheidungen nach unserem Selbstwertgefühl, was uns dazu inspiriert, entweder in zuversichtlichem Mut oder aber schüchtern und ängstlich zu handeln.

Der Mensch hatte diese Welt mit Ehre betreten:

Du hast ihn ein wenig niedriger sein lassen als die Engel; mit Herrlichkeit und Ehre hast du ihn gekrönt und hast ihn gesetzt über die Werke deiner Hände; alles hast du seinen Füßen unterworfen.« — Hebräer 2,7–8 SLT

Die Wendung »Herrlichkeit und Ehre« kann auch mit »Würde und Wert« übersetzt werden. Es war Gottes Absicht für den Menschen, Würde und Wert zu haben!

Was genau geschah im Garten?

Adam regierte die Welt nicht durch fleischliche Kraft, sondern aus einem Gefühl von Würde und Wert. Seine Wertgefühle entstanden aus seiner Beziehung mit seinem Schöpfer, Vater und Gott. Aus dieser Beziehung heraus erfuhr er Gottes Liebe und fühlte sich wohl in sich selbst.

Als Adam ein Sünder wurde, wurde er auch ängstlich. Aus dieser Angst heraus verdammte sein Herz ihn vor Gott. Im Kolosserbrief steht, dass die Menschen sich wegen ihrer bösen Taten von Gott entfremdet fühlen. »Und euch, die ihr einst entfremdet und Feinde wart nach der Gesinnung in den bösen Werken, hat er aber nun versöhnt in dem Leibe seines Fleisches durch den Tod« (Kol 1,21–22a). Gott ist nie unser Feind gewesen, doch ein schuldiges Gewissen führt immer dazu, dass wir diesen Eindruck haben.

Diese Scham- und Schuldgefühle führten nicht nur dazu, dass Adam sich vor Gott fürchtete, sondern auch dazu, dass er das Bewusstsein seiner Identität und seines Wertes verlor. Wenn Menschen den Eindruck haben, dass sie für Gott wertlos sind, müssen sie ihren Wert in ihren Leistungen und Eroberungen finden. Dadurch wird die Gier nach Macht und Kontrolle zu einem mangelhaften Ersatz für das fehlende Wertgefühl. Wertvoll werden wir uns nur wirklich dann fühlen, wenn wir wissen, welchen Wert wir in Gottes Augen haben, und davon überzeugt sind.

Durch die Selbstbezogenheit der Sünden- bzw. Angstnatur wurden wir dazu verleitet, darüber zu urteilen, warum Menschen »uns« Dinge angetan haben. Aufgrund unserer falschen Urteile sind wir zu einem Urteil über uns gelangt. Und wie Adam haben wir auch über Gott geurteilt. Als Gott Adam im Garten besuchen kam, urteilte Adam, dass Gott ihm Schaden zufügen wollte. Aufgrund des fehlenden Selbstwertes und der Angst vor Gott suchen wir unseren Wert bei anderen Menschen. Das Verhalten anderer wird dann zum Maßstab dafür, wie wertvoll wir sind.

Je mehr wir uns danach sehnen, unseren Wert zu sehen, desto überempfindlicher reagieren wir auf das Verhalten anderer und desto mehr bewerten wir uns selbst, um darin Bestätigung und Wert zu finden. Wir interpretieren jedes Wort und jedes Verhalten anhand unseres Bedürfnisses. Ein niedriger Selbstwert nährt sich von Urteilen wie ein »Junkie« von seinen Lieblingsdrogen. Obwohl sie ihn zerstören, weiß er nicht, wie er ohne sie überleben soll.

Unser gegenwärtiges Selbstwertgefühl wird entweder dadurch bestimmt, wie wir uns in Jesus sehen oder wie wir uns in Beziehung zu anderen Menschen sehen. Wir machen unsere Wahrnehmung abhängig von unserer Beurteilung, warum Menschen tun, was sie tun. Und aufgrund dessen, was andere tun, befinden wir uns auf einer ständigen Berg- und Talfahrt.

Die Quelle des Selbstwertes ist …?

Gottes Liebe ist die einzige Quelle, die uns einen bleibenden Selbstwert geben kann. Seine Liebe drückt seine Wertschätzung für uns aus. Der Apostel Johannes sagte:

> *Hierin ist die Liebe Gottes zu uns geoffenbart worden, dass Gott seinen eingeborenen Sohn in die Welt gesandt hat, damit wir durch ihn leben möchten. Hierin ist die Liebe: Nicht dass wir Gott geliebt haben, sondern dass er uns geliebt und seinen Sohn gesandt hat als Sühnung für unsere Sünden.*
> *— 1. Johannes 4,9–10*

Gottes Liebe offenbart sich nicht nur in der Tatsache, dass Jesus für uns gestorben ist. Stattdessen offenbart sie sich spezifisch in der Tatsache, dass er zu unserem Sündopfer wurde, all unsere Strafe auf sich nahm und Gerechtigkeit erlangte, die er uns dann als Geschenk gab. Das Wort *Sühnung* bedeutet »Beschwichtigung des Zornes«. Jesus war unser Sühnopfer; er erfüllte alle gerechten Forderungen des Gesetzes. Das Gesetz verlangt, dass jeder Sünder oder jede Sünderin den vollen Preis für seine oder ihre Sünden bezahlt. Es verkündet, dass bei Gott keine Unvollkommenheit existieren kann. Jesus erfüllte das Gesetz, indem er zu unserem Sündopfer wurde, die Strafe auf sich nahm, die wir verdienten, und Gerechtigkeit für uns erlangte. So wurde Gottes Zorn gestillt.

Angesichts dieser unglaublichen Liebestat stellen wir fest, wie abscheulich es ist, wenn wir Gottes Geschenk zugunsten unserer eigenen Gerechtigkeit ablehnen. Wenn wir unseren Wert durch unser Verhalten festlegen wollen, sagen wir damit: »Was Jesus getan hat, ist nicht genug!« Das Gericht des großen weißen Throns wird für diejenigen sein, die sagen: »Die Gerechtigkeit, die Gott schenkt, will ich nicht. Ich ziehe es vor, nach meinen eigenen Werken beurteilt zu werden.«

Jesus war Gottes eingeborener Sohn. Wir sind Gott so viel wert, dass er Jesus gesandt hat, um durch die Hand einer richtenden, religiösen Welt zu leiden, zum Sündopfer zu werden, den ganzen Fluch des Gesetzes auf sich zu nehmen, in die Hölle zu gehen, Gerechtigkeit zu erlangen und von den Toten auferweckt zu werden. Dieser Preis, diese große Liebe, sollte die einzige und alleinige Quelle unseres Selbstwertes sein. Was Jesus getan hat, offenbart uns den genauen Wert, den wir in Gottes Augen haben.

Wir leben in Zeiten, in denen die Menschen auf die Lebensumstände schauen, um daran Gottes Liebe zu bestimmen. Wenn gute Dinge geschehen, nehmen wir an, dass wir all die richtigen

Dinge tun und dass Gott uns seine Liebe zeigt, indem er uns segnet. Wenn jedoch schlechte Dinge geschehen, urteilen wir darüber, warum sie geschehen: »Gott segnet mich wohl nicht, weil …« Dieses subjektive, religiöse Urteil lehnt das vollbrachte Werk Jesu als die absolute Offenbarung von Gottes Liebe ab. Stattdessen gebraucht es die verzerrte Sicht der Umstände, um Gott täglich anhand dieses Maßstabs zu beurteilen.

Wenn das Opfer Jesu zur Quelle unseres Selbstwertes wird, werden wir von dem Bedürfnis befreit, andere Menschen für unsere Zwecke zu benutzen und über sie zu urteilen. Außerdem können wir dann damit aufhören, von anderen Menschen Beweise für ihre Liebe zu uns zu verlangen. So können wir alle Menschen um uns herum aus unseren Urteilen entlassen und in Gottes großer Liebe leben.

Wenn das vollbrachte Werk Jesu deine Gefühle hervorruft, wirst du emotionale Stabilität genießen. Was andere Menschen tun, beeinflusst dein Selbstwertgefühl nicht mehr. Anstatt jeden Moment mit Urteilen zu verbringen, bist du frei, dein Leben in Liebe zu führen und auf andere Menschen zuzugehen. Du wirst zu einem Geber anstatt zu einem Nehmer. Du wirst zu einem Diener anstatt zu einem Richter. Du wirst dein Leben frei von Qual führen.

Du kannst im Leben nicht als »Königskind« regieren, wenn du kein Bewusstsein von Würde und Wert hast. Jede Entscheidung, die du triffst, und jede Handlung, die du ausführst, wird durch deinen Selbstwert bestimmt. Solange das Problem des Selbstwerts nicht gelöst ist, wirst du Menschen dazu gebrauchen, dein verkrümmtes Selbstwertgefühl zu stärken. Solange wirst du den Kreislauf aufrechterhalten, in den du durch dein Urteilen hineingeraten bist. Wenn du dich für deinen Selbstwert jedoch auf das vollbrachte Werk Jesu verlässt, wirst du darin eine derartige Liebe, Freiheit und Frieden erfahren, die deine kühnsten Träume übersteigen. Wage den Sprung!

Kapitel 35

Den Splitter entfernen

Wenn ich dich »reparieren« will, dann lehne ich dich ab.

Etwas in unserem negativen, angstbasierten Denken hat uns zu folgendem Glauben geführt: Wenn ich einem Menschen beibringen will, was richtig ist, fängt es damit an, ihm aufzuzeigen, dass er im Unrecht ist. Die Überlegung dabei ist folgende: Wenn sie wissen, dass sie im Unrecht sind, dann wollen sie tun, was richtig ist. Als Folge dessen versuchen wir Christen, Menschen davon zu überzeugen, dass sie Sünder sind, bevor wir ihnen von Gottes Liebe erzählen.

In unserem Werkgerechtigkeitsdenken (bei dem man denkt, man müsse sich Gerechtigkeit verdienen) glauben wir, dass Recht zu haben und die Wahrheit zu wissen, uns befähigt, andere zu unterweisen. Die ganze Welt scheint auf dem Bedürfnis, Recht zu haben, aufgebaut zu sein: »Ich habe Recht, und deshalb bin ich qualifiziert, dir zu helfen!« Doch durch diese Überlegenheitsmentalität wird natürlich eine Trennung zwischen »Geistlichen und Laien« geschaffen – denen, die im Recht sind, und denen, die im Unrecht sind. Am Ende verwandeln sich viele Versuche, andere zu lehren, in einen Kampf darum, wer denn nun »Recht hat«. Doch Recht zu haben befähigt uns nicht dazu, andere zu lehren. Nur wenn wir andere lieben, uns um sie kümmern und die Wahrheit kennen, sind wir fähig zu lehren.

Deine erste Aufgabe: Entferne den Splitter aus deinem Auge!

Jesus sagt uns, was die Voraussetzung ist, um andere zu unterweisen:

> *Was aber siehst du den Splitter, der in deines Bruders Auge ist, den Balken aber in deinem Auge nimmst du nicht wahr? Oder wie wirst du zu deinem Bruder sagen: Erlaube, ich will den Splitter aus deinem Auge ziehen; und siehe, der Balken ist in deinem Auge? Heuchler, zieh zuerst den Balken aus deinem Auge! Und dann wirst du klar sehen, um den Splitter aus deines Bruders Auge zu ziehen. — Matthäus 7,3–5*

Mit anderen Worten, ich muss mich zuerst mit mir selbst befassen, bevor ich den Versuch unternehme, mich mit dir zu befassen.

Anderen wirklich helfen zu können, besteht also darin, den Holzblock aus meinem eigenen Auge zu entfernen. Wir müssen uns mit uns selbst befassen, wenn wir jemandem von Nutzen sein wollen. Wir müssen erkennen, dass es nie unsere Aufgabe ist, andere Menschen zu »reparieren«, sondern ihnen zu dienen. Nur zu oft wollen wir andere aus einer Überlegenheitsposition heraus leiten. Wir nehmen fälschlicherweise an, dass, wenn Menschen uns als überlegen ansehen, sie uns folgen wollen und offen für unsere Unterweisung sind.

Ich habe einmal das Folgende gehört: »Die Person, die dich am meisten beeinflussen wird, ist nicht diejenige, an die du glaubst; es ist die Person, die an dich glaubt.« Menschen vertrauen denen, die an sie glauben. In der Gegenwart dieser Menschen fühlen sie sich sicher genug, ihre Herzen zu öffnen und ihrer Unterweisung zuzuhören.

Wir müssen zuerst das aus unserem Auge entfernen, was uns gegenüber den wirklichen Bedürfnissen anderer Menschen blind macht – und das ist Urteilen. Es ist unmöglich, ihnen zu dienen und gleichzeitig über sie zu urteilen. Wir können ihnen nicht ihre Fehler aufzeigen und gleichzeitig eine Atmosphäre schaffen, in der sie sich sicher fühlen. Wir können ihnen nicht beweisen, dass sie falschliegen, und ihnen im selben Atemzug Hoffnung geben. Wir können sie nicht an die Vergangenheit erinnern und ihnen gleichzeitig Ermutigung für die Zukunft geben. Kurz gesagt, wenn wir schon über sie geurteilt haben, können wir gar nicht hören, was sie sagen. Wenn wir durch das Urteilen geblendet sind, sind wir nicht qualifiziert, jemandem zu helfen.

Von allen Hindernissen, die sich in unseren Augen befinden, ist das Urteilen wahrscheinlich das größte. Sobald ich beschlossen habe, warum eine Person tut, was sie tut – sobald ich ein Urteil gefällt habe –, muss ich diese Person dazu bringen, mein Urteil zu akzeptieren. Das wäre wie ein Arzt, der eine Diagnose stellt, ohne dem Patienten zuzuhören; die »Hilfe« wird nur noch mehr Probleme verursachen. Was auch immer also unsere Absicht sein mag: Wenn es nicht hilft, ist es keine Hilfe.

Das wäre in etwa so, als würde ich mit einem Rasiermesser ein Sägespänchen aus deinem Auge kratzen, obwohl ich einen Holzpfahl in meinem eigenen Auge habe und dadurch blind bin. Am Ende werden wir beide blind sein.

In Sprüche 18,13 (NEÜ) steht: »Wer Antwort gibt, bevor er zuhört, ist dumm und macht sich lächerlich.« Unsere Urteile machen es uns unmöglich zu hören, was eine Person wirklich sagt. Dann sind wir mehr darauf fokussiert zu beweisen, dass unser Urteil richtig ist, als auf das Bedürfnis der anderen Person einzugehen. Jetzt geht es nur noch darum, unser eigenes Bedürfnis zu erfüllen anstatt das der anderen Person.

Liebe ist der Schlüssel

Das Beste, was wir tun können, um anderen zu helfen, besteht darin, uns selbst zu helfen. Unser Leben muss sich so entwickeln, dass wir immer von Liebe motiviert sind. Wir müssen fähig sein, Hoffnung, Zuversicht und Vertrauen zu vermitteln. Wir sollten Menschen helfen, sich geliebt und sicher zu fühlen. Wir sollten anderen Menschen eher ein Vorbild werden, dem sie folgen können, als uns als Experten auszugeben, die Menschen »reparieren«.

Wenn Menschen das Gefühl haben, dass wir sie reparieren wollen, fühlen sie sich kontrolliert und abgelehnt. Sie das haben Gefühl, dass es dabei nur darum geht, ihnen zu beweisen, dass sie falschliegen. Sie empfinden, dass wir ihnen unsere Entscheidungen aufzwingen wollen, anstatt sie in ihren Entscheidungen zu ermächtigen. Wenn wir jedoch in Liebe leiten, fühlen die Menschen sich inspiriert und motiviert. Sie sehen etwas in uns, das sie zu uns hinzieht. Dann suchen sie selbst unseren Rat, anstatt dass wir versuchen, ihnen Rat zu geben.

Wir müssen lernen, unsere Energie auf das zu verwenden, was mit Sicherheit den größten Nutzen bringen wird. (Erinnerst du dich an die 80/20-Regel?) Wir wissen nicht, ob jeder, der zu uns in die Seelsorge kommt, Hilfe empfängt oder ob die Person, der wir Zeugnis ablegen, gerettet wird. Wir wissen nicht, ob die Zeit, die wir jemandem schenken, echte Frucht tragen wird. Wir können jedoch wissen, dass unser Herz Gott hingegeben ist. Wir können wissen, dass wir anderen helfen wollen, Gottes Liebe zu fühlen.

Wir können wissen, dass alles, was wir in unser eigenes Leben investieren, lohnend und fruchtbar sein wird – und dass es unsere Fähigkeit steigern wird, anderen zu helfen.

Wir sollten täglich zwei Verpflichtungen eingehen. Das wird auch alles andere in unseren Leben beeinflussen. Erstens: Werden wir heute Jesus von ganzem Herzen nachfolgen? Und zweitens: Werden wir in der Liebe wandeln? Der Apostel Johannes drückte es folgendermaßen aus: »Und dies ist sein Gebot: dass wir an den Namen seines Sohnes Jesus Christus glauben und einander lieben, wie er es uns als Gebot gegeben hat« (1Joh 3,23).

Das griechische Wort »glauben« bedeutet auch »gehorchen«. Glauben und gehorchen sind Synonyme. Das Neue Testament kennt keine Trennung zwischen Glauben und Gehorsam. In der *Amplified Bible* wird es mit »glauben, vertrauen, befolgen, sich verlassen auf« übersetzt. Wir folgen Gott nicht nach und sind ihm auch nicht hingegeben, wenn wir uns nicht dazu verschreiben, in Liebe zu wandeln.

Wenn es nicht die Liebe ist, die uns motiviert, können wir unseren Absichten nicht vertrauen. Ohne Liebe werden wir versuchen, andere Menschen zu reparieren, anstatt ihnen auf liebevolle Weise Heilung zu bringen. Wenn wir nicht von Liebe motiviert sind, werden wir von selbstbezogenen Absichten beeinflusst und nutzen den »Dienst« an anderen dazu, unsere eigenen Bedürfnisse zu stillen. Was auch immer die Not im Leben unserer Mitmenschen sein mag, wir werden versuchen, den Splitter aus dem Auge des anderen zu entfernen, während in unserem eigenen Auge ein Balken steckt.

Die Liebe ist fähig, den Fehler zu sehen und trotzdem Gutes zu finden. Die Liebe ist fähig, die Schwachheiten zu sehen und trotzdem auf die Stärken hinzuweisen. Die Liebe ist fähig, die Sünde als Ärgernis zu empfinden und den Sünder trotzdem mit Feingefühl zu lieben. Die Liebe ist fähig, geduldig zuzuhören und so den Selbstwert zu bewahren. Die Liebe qualifiziert dich dazu, den Splitter dann herauszuziehen, wenn die Person bereit ist. Und die Liebe sagt: Das Größte, was du für deinen Nächsten tun kannst, besteht darin, den Balken aus deinem eigenen Auge zu entfernen.

Bevor du jemandem also zu helfen versuchst, schaue nach der Liebe. Stell dir die Frage: »Geht es mir wirklich darum, dass sich diese Person geliebt fühlt?« »Begegne ich dieser Person auf eine Weise, dass sie sich im Unrecht oder dass sie sich geliebt fühlt?« Solange du diese Frage nicht beantwortet hast, lass deine Finger von den Augen deiner Mitmenschen!

Kapitel 36

Der Liebesfaktor

Wenn etwas funktioniert, dann die Liebe. Wenn Liebe nicht funktioniert, wird gar nichts funktionieren.

Alles, was Jesus in den Evangelien tat und vorlebte, zeigte Gottes Liebe auf. Der »Liebesfaktor« war das fehlende Glied bei allem, was die Juden über Gott glaubten. Sie verstanden nie, dass die Liebe der motivierende Faktor hinter allem war, was er sagte und tat. Als Folge dessen entwickelten sie einige fehlerhafte Vorstellungen von Gott. Sie nahmen Wahrheiten, die den Menschen nützlich sein sollten, und wandelten sie in Gesetze um, die Menschen zerstörten. Sie nahmen das System, das den Menschen dienen sollte, und brachten Menschen dazu, dem System zu dienen. Am Ende führten ihre Überzeugungen dazu, dass die Welt sich gegen Gott wandte und sein Name unter allen Nationen gelästert wurde.

Paulus andererseits verkündete, dass jede Unterweisung dazu bestimmt ist, Menschen zur Liebe zu führen – Liebe zu Gott und zu Menschen. »Das Endziel der Weisung aber ist Liebe aus reinem Herzen und gutem Gewissen und ungeheucheltem Glauben« (1Tim 1,5). Die Liebe ist der höchste Beweis dafür, dass ein Mensch Gott wirklich kennt. »Wer nicht liebt, hat Gott nicht erkannt, denn Gott ist Liebe« (1Joh 4,8). Die Liebe gehorcht Gott. Sie fügt dem Nächsten nichts Böses zu. Sie erfüllt sogar das ganze Gesetz. »Die Gebote gegen Ehebruch, Mord, Diebstahl und Begehren sind – wie auch alle anderen Gebote – in diesem einen Gebot zusammengefasst: ›Liebe deinen Nächsten wie dich selbst‹« (Röm 13,9–10).

Obwohl es haufenweise überwältigende Schriftstellen gibt, die die Liebe an die erste Stelle setzen, ist die Gemeinde zu einer pharisäischen Gesetzlichkeit zurückgekehrt, die die Liebe im Evangelium als irrelevant ansieht. Wir versuchen immer noch, durch Werke, Urteile und Kontrolle das zu vollbringen, von dem das Gesetz längst bewiesen hat, dass es so nicht getan werden kann. Das Gesetz war lediglich ein Zuchtmeister. Die Menschen verbrachten Tausende von Jahren unter dem Gesetz, nur damit das eine bewiesen werden konnte: Es funktioniert nicht (siehe Gal 3,23–24)! Das Gesetz hat zwei überwältigende Fähigkeiten: Es führt dazu, dass wir uns schuldig fühlen und es gibt der Sünde Kraft. Trotzdem führt uns unser mangelndes Vertrauen Gott und seinen göttlichen Prinzipien gegenüber zurück zu den *»schwachen und armseligen Elementen«* des Gesetzes. »Jetzt aber habt ihr Gott erkannt – vielmehr seid ihr von Gott erkannt worden. Wie wendet ihr euch wieder zu den schwachen und armseligen Elementen zurück, denen ihr wieder von neuem dienen wollt?« (Gal 4,9).

Das Gesetz übte Kontrolle über die Menschen aus; das ist alles. Niemals veränderte es ein Herz oder machte einen Menschen heil. Nie befreite es jemanden von der Sünde oder befähigte jemanden, in Gerechtigkeit zu leben. Wenn das Gesetz diese Dinge hätte tun können, wäre Jesus nicht gekommen, um zu sterben und uns Gerechtigkeit zu schenken.

Der Charakter der Liebe

Liebe vertraut nicht auf Macht oder Kontrolle, sondern auf Gottes Prinzipien von Akzeptanz und Ermächtigung. Paulus schrieb: »Die Liebe hört niemals auf« (1Kor 13,8 SLT). In der Ausgangssprache ist ersichtlich, dass »die Liebe nie aufhört, wirksam zu sein«. Geistliche Gaben sind manchmal wirksam, aber in manchen Situationen können sie aufhören, wirksam zu sein. Doch die Liebe hört nie auf. Wenn irgendetwas funktioniert, dann ist es die Liebe. Wenn die Liebe nicht funktioniert, dann wird überhaupt nichts funktionieren. Deshalb empfahl Paulus: »Die Liebe soll euer höchstes Ziel sein« (1Kor 14,1 NLB).

Paulus schrieb außerdem, dass die Liebe »alles glaubt« (1Kor 13,7). Ganz im Gegensatz zu fleischlichem Denken ist die Liebe nicht naiv. Alle Dinge zu glauben besteht nicht darin, im Leben alles zu verleugnen. Lieben ist auch kein blindes Wegtreten hinein in den nebligen Bereich der Leichtgläubigkeit. Jesus wandelte in der Liebe, und doch ließ er es niemals zu, dass jemand ihn ausnutzte. Die Liebe glaubt ganz einfach das Beste. In seiner Interpretation von Paulus' Brief an die Korinther sagte R. C. H. Lenski: »Die Liebe lehnt es ab, misstrauische Zweifel zu nähren. Das Fleisch hat die Bereitschaft, alles Schlechte über einen Bruder oder einen Mitmenschen zu glauben. Die Liebe tut das genaue Gegenteil.«[11]

Mit anderen Worten, die Liebe glaubt alles Beste, das ihr möglich ist. Die Liebe sieht über die offensichtlichen Fehler hinaus und sieht das auch noch so entlegene Gute. Menschen, die in der Liebe wandeln, sind nicht darauf aus, über andere Menschen zu urteilen; sie suchen keine Bestätigung durch ihr Urteilen. Ein Urteil befindet Menschen so lange als schuldig, bis ihre Unschuld bewiesen ist. Die Liebe andererseits hat nicht das Bedürfnis, jemanden für unschuldig oder schuldig zu erklären. Die Liebe wirkt aus einem Wesen heraus, das sich in der Gemeinschaft zwischen Gott und dem Gläubigen entwickelt, und agiert nicht aus einer Reaktion auf das Umfeld. Die Liebe behandelt Menschen ganz einfach nach den Grundsätzen aus 1. Korinther 13 – egal, ob sie es verdienen oder nicht.

In der Liebe leben

Menschen, deren Selbstwert nicht in einer bedeutungsvollen Beziehung mit Gott gegründet ist, haben das Bedürfnis, all ihre Taten zu rechtfertigen. Wenn sie dich schlecht behandeln wollen, dann beurteilen sie dich und finden Fehler. Wenn sie freundlich zu dir sein wollen, dann beurteilen sie dich als gut.

Menschen, die dem Urteilen verfallen sind, wissen nicht, wie man frei davon lebt, denn das Urteilen ist ja ihr Lebensplan. Sie wissen nicht, wie man vertraut; deshalb vertrauen sie auch Gottes Navigationssystem für das Leben nicht. Sie wissen nicht, wie man in der Liebe wandelt. Für sie ist Liebe etwas, das gegeben wird, wenn es verdient oder gerechtfertigt ist. Und weil sie selbst Liebe nur unter Bedingungen geben, können sie Liebe auch nicht bedingungslos empfangen.

Durch die Liebe eröffnet sich uns ein unerklärlicher Faktor, den die Person, die dem Urteilen verfallen ist, nicht erkennt. Weißt du, Liebe kann nicht erklärt werden, sie kann nur erfahren werden. Diese Erfahrung beginnt, wenn wir uns einem Leben der Liebe verschreiben. Dann beginnt ein Prozess, der unsere Herzen öffnet, um sowohl von Gott als auch von Menschen Liebe zu empfangen. Wenn wir anderen Menschen Liebe geben, werden wir auch fähig, Liebe zu empfangen. Dieses Leben in der Liebe befreit uns vom Urteilen. Die bedingungslose Liebe wäscht den Schmerz einer gemeinen Welt weg.

Liebe ist nicht bloß eine Tat; sie ist eine Dimension. Wenn wir sie betreten, entdecken wir eine ganz und gar andere Welt – eine, die den Gesetzen der natürlichen Welt nicht unterworfen ist. Es handelt sich um eine Sphäre, in der man Gott, der Liebe ist (1Joh 4,16), beständig erfahren kann. Der Glaube wird ganz natürlich und verständlich, denn er wird durch Liebe wirksam (Gal 5,6). Die Furcht hat keine Macht. Sämtliche Emotionen werden von Frieden und Zuversicht beherrscht – Furcht ist nicht in der Liebe (1Joh 4,18). Die Liebe ist der Herrschaftsbereich des Königreiches Gottes.

Dieser Bereich steht allen Gläubigen offen, und doch ist es ein Bereich, den wenige jemals betreten werden. Die Angst davor, die Kontrolle abzugeben, hält die meisten Gläubigen an dieses Weltsystem gebunden – ein System, das niemals das eingelöst hat, was es versprach; ein System, in dem die Verheißungen Gottes unerfüllt bleiben, der Glaube ein an Werke gebundenes Gesetz ist und Gott als erbarmungsloser Zuchtmeister auftritt.

Liebt einander!

Paulus schrieb: »Alles bei euch geschehe in Liebe!« (1Kor 16,14). Petrus schrieb: »Vor allen Dingen aber habt untereinander eine anhaltende Liebe! Denn die Liebe bedeckt eine Menge von Sünden« (1Petr 4,8). Jakobus äußerte sich so: »Wenn ihr wirklich das königliche Gesetz ›Du sollst deinen Nächsten lieben wie dich selbst‹ nach der Schrift erfüllt, so tut ihr recht« (Jak 2,8). »Wir wissen, dass wir aus dem Tod in das Leben hinübergegangen sind, weil wir die Brüder lieben; wer nicht liebt, bleibt im Tod« (1Joh 3,14).

Jesus sagte:

> *»Du sollst den Herrn, deinen Gott, lieben mit deinem ganzen Herzen und mit deiner ganzen Seele und mit deinem ganzen Verstand.« Dies ist das größte und erste Gebot. Das zweite aber ist ihm gleich: »Du sollst deinen Nächsten lieben wie dich selbst.« An diesen beiden Geboten hängt das ganze Gesetz und die Propheten. — Matthäus 22,37–40*

Der Apostel Johannes schrieb: »Denn dies ist die Botschaft, die ihr von Anfang gehört habt, dass wir einander lieben sollen« (1Joh 3,11). Gott hat uns nie eine andere Botschaft gegeben. Und doch haben korrupte, ängstliche und urteilende Köpfe es schon seit sechstausend Jahren geschafft, sie zu umgehen. Wir haben versucht, dieses Leben zu einer Wissenssache zu machen. Doch Paulus sagte: »Bloßes Wissen macht überheblich. Was uns wirklich voranbringt, ist die Liebe« (1Kor 8,1 NGÜ).

Weil wir Werke und Urteilen zu unserer Priorität gemacht haben, ist unser Verständnis von Gott widersprüchlich. Paulus sagte: »Zu diesem allen aber [zieht] die Liebe [an], die das Band der Vollkommenheit ist« (Kol 3,14). Wenn die Liebe unser Ziel wird, wird sich alles in perfekter Harmonie zusammenfügen, und unser Leben wird mit Gottes Fülle gefüllt sein. Im Epheserbrief betete Paulus:

> *Mögen eure Wurzeln tief in die Erde von Gottes wunderbarer Liebe dringen. Und möget ihr als ganzes Volk Gottes die Kraft haben zu verstehen, wie weit, lang, hoch und tief seine Liebe wirklich ist. Mögt ihr die Liebe Christi erfahren, obwohl sie so groß ist, dass ihr sie nie wirklich völlig verstehen werdet. Dann werdet ihr mit der Fülle des Lebens und der Kraft erfüllt werden, die von Gott kommt. — Epheser 3,17–19* NLT

Das einzige Gegenmittel gegen ein Leben, das dem Urteilen verfallen ist, ist ein Leben der Liebe. Das einzige echte Heilmittel gegen den Schmerz besteht darin, ihn von Gott weglieben zu lassen. *Kenne die Liebe und kenne Gott* – es gibt keine andere Möglichkeit, die Realitäten zu erfahren, die Jesus lehrte und vorlebte. Wenn wir auf ein Leben des Urteilens bestehen, sollten wir die Frage nach dem *Warum* vielleicht folgendermaßen beantworten: »Die Tatsache, dass Jesus diesen Bruder liebt und sein Leben für ihn gegeben hat, ist für mich Grund genug, ihn zu lieben und mein Leben für ihn niederzulegen.«

Du wirst nicht zufällig ein Leben der Liebe führen. Lass es mich noch einmal sagen: Wir müssen täglich eine Entscheidung treffen, Jesus mit ganzem Herzen nachzufolgen und in der Liebe zu leben. Das ist eine Entscheidung, die ich jeden Tag treffe. Das ist mein Gegenmittel gegen Angst und bewahrt mich vor dem Urteilen. Darum verfolge mit deinem ganzen Herzen ein Leben der Liebe! Verschreibe dich der Liebe. Erneuere dich täglich darin. Du hast dich Gott nur in dem Maße hingegeben, wie du dich der Liebe verschreibst!

ANMERKUNGEN

1. Covey, Stephen; A. Roger Merril; and Rebecca Merrill. *First Things First Every Day*. New York: Simon & Schuster, 1997, 19–20.
2. Elberfelder Studienbibel, 5089 *hypokrites*, Witten: SCM R.Brockhaus ^{4}2013.
3. Elberfelder Studienbibel, 1090 *ginosko*, Witten: SCM R.Brockhaus ^{4}2013.
4. DISC Carlson Learning Co. *The DISC Profile*. Minneapolis, Minn.: Inscape Publishing, 1986, 1995.
5. www.bk-luebeck.eu/zitate-konfuzius.html (aufgerufen am 26.2.2016).
6. Elberfelder Studienbibel, 3027 *logismos*, Witten: SCM R.Brockhaus ^{4}2013.
7. Dilts, Robert. *Applications of Neuro-Linguistic Programming*. Cupertino, California: Meta Publications, 1983, 14. www.training-deluxe.de/nlpdocs/2013/06/ (aufgerufen am 04.03.2016).
8. Elberfelder Studienbibel, 3747 *paraptoma*, Witten: SCM R.Brockhaus ^{4}2013.
9. Elberfelder Studienbibel, 3662 *paideuo*, Witten: SCM R.Brockhaus ^{4}2013.
10. Lenski, R. C. H. *The Interpretation of St. John's Gospel*. Columbus, Ohio: Lutheran Book Concern, 1931.
11. Lenski, R. C. H. *The Interpretation of St. Paul's First and Second Epistles to the Corinthians*. Columbus, Ohio: Lutheran Book Concern, 1935.

ÜBER DEN AUTOR

Vor über 40 Jahren fand James B. Richards Jesus und ließ sich in den vollzeitlichen Dienst rufen. Seine dramatische Bekehrung und seine Leidenschaft, notleidenden Menschen zu helfen, brachten ihn auf die Straßen von Huntsville (Alabama). Dabei erreichte er vor allem Teenager und Drogenabhängige.

Vor seiner Errettung war James professioneller Musiker – mit allem, was zu einem weltlichen Lebensstil gehört. Mehr als alles andere suchte er wahre Freiheit. Er hatte genug von sich selbst und seiner ergebnislosen Jagd nach dem Glück und hasste alles, was aus seinem Leben geworden war. Er wandte sich den Drogen als einem Mittel der Flucht und Erleichterung zu. Obwohl er verzweifelt Gott finden wollte, fürchteten sich die Menschen davor, ihm von Jesus zu erzählen, weil seine Gefühlsausbrüche sehr unberechenbar waren. Er sehnte sich nach Hilfe, aber war danach immer verwirrter und hoffnungsloser als vorher. Er hörte viel von Religion, aber nichts vom lebensverändernden Evangelium.

Durch eine wunderbare Begegnung mit Gott gab James B. Richards sein Leben Jesus Christus hin und wurde von seinen Süchten befreit. Sein ganzes Leben wurde verändert. Nach vielen Jahren im Dienst glaubt Dr. Richards immer noch, dass es niemanden gibt, dem Gott nicht helfen will, und niemanden, den Gott nicht liebt. Er setzt sein Leben dafür ein, Menschen zu helfen, diese Liebe zu erfahren. Sein Leben ist ein großartiges Beispiel dafür, dass Gott niemanden je im Stich lässt.

Dr. Richards – Autor, Lehrer, Theologe, Berater und Unternehmer – ist Präsident und Gründer von Impact Ministries, einem vielseitigen christlichen Werk, das sich zum Ziel gesetzt hat, diejenigen zu erreichen, die die Gemeinde bisher nicht erreicht hat. Er schaut beständig danach, was in der heutigen Gesellschaft funktioniert. Er ist Vorsitzender und Gründer der folgenden Einrichtungen: Impact International School of Ministry, Impact International Fellowship of Ministers, Impact Treatment Center, Impact of Huntsville Church und Impact International Publications. Jedes Jahr werden durch weltweite Einsätze und Pastorenkonferenzen Tausende von Menschen gerettet, geheilt und befreit.

Nebst dem Doktorat in Theologie, Verhaltenspsychologie und Alternativer Medizin und einer Ehrendoktorwürde in Weltevangelisation ist Dr. Richards auch zertifizierter Entgiftungsexperte und Drogenberater. Seine kompromisslose, aber dennoch positive Betrachtung des Evangeliums stärkt, unterweist und fordert die Menschen auf ihrem Weg zu neuen Ebenen des Sieges, der Kraft und des Dienstes. Dr. Richards' umfassende Erfahrung im Umgang mit Drogenmissbrauch, Co-Abhängigkeit und anderen gesellschaftlichen und emotionalen Themen hat ihm den Weg für effektive, kreative und biblisch basierte Herangehensweisen an den Dienst gebahnt, die den Bedürfnissen der heutigen Welt entsprechen.

Doch mehr als alles andere glaubt Dr. Richards, dass Menschen durch die Erfahrung von Gottes bedingungsloser Liebe heilgemacht werden müssen. Seine Botschaft ist einfach, praxistauglich und voller Kraft. Er ist seine Leidenschaft, die Sicht der Menschen dieser Welt auf Gott zu verändern, damit sie durch Jesus eine Beziehung mit Gott erfahren können.

Er und seine Frau Brenda wohnen im US-amerikanischen Huntsville (Alabama) und haben fünf Töchter und neun Enkelkinder.

Wenn du mehr über Dr. James B. Richards erfahren möchtest, kannst du die folgenden englischsprachigen Internetseiten besuchen: **www.heartphysics.com** oder **www.impactministries.com**.

ÜBER IMPACT MINISTRIES

James B. Richards ist der Vorsitzende von Impact Ministries. Diese vielseitige und international vertretene Organisation hat sich verpflichtet, alle Nationen auf relevante und bedeutungsvolle Weise dabei zu unterstützen, Leiter auf die Herausforderungen eines neuen Jahrtausends vorzubereiten und sie zu stärken. Der weltweite Dienst besteht aus den folgenden Organisationen:

1. Impact of Huntsville, einer dynamischen, innovativen Gemeinde in Huntsville (Alabama)
2. Impact International Ministries, die Missionsgesellschaft der Organisation, die die Nationen dieser Welt erreicht
3. Impact International Fellowship of Ministers, einem weltweiten Dienst, der christliche Leiter darin trainiert, ausrüstet und dient, ihre Berufung zu leben und dabei neue Wege der Leiterschaft zu entdecken
4. Impact International Publications, die den Menschen dieser Welt durch Bücher, Audio- und Videomaterial und andere Veröffentlichungen dabei helfen, ihre Sicht auf Gott zu verändern
5. Impact Ministries, die lebensverändernde Seminare und Einsätze in Nordamerika durchführen
6. Impact International School of Ministry, die weltweit eine der einzigartigsten Dienstausbildungen anbietet

Um Informationen über diese und weitere Dienste von Dr. Richards und seinem Team zu erhalten, kontaktiere uns unter:

Impact Ministries®
3516 South Broad Place SW | Huntsville, AL 35805
Telefon: 001-256-536-9402 | www.impactministries.com
E-Mail: impactministries@impactministries.com

GNADE – DIE KRAFT ZUR VERÄNDERUNG

Vielen Christen ist die Wahrheit über Gottes Gnade entgangen – und das Ergebnis ist Niederlage und Frustration. In diesem aufrüttelnden Buch entfaltet der Autor das Geheimnis und die Grundlagen der Gnade. Es hilft dir in das christliche Leben hinein, das Jesus »sanft und leicht« nannte.

196 Seiten, Paperback, ISBN 978-3-95933-095-4
Auch als E-Book erhältlich.
gracetoday.de

LEBENSWENDE STATT LEBENSENDE

Manche können mit Schicksalsschlägen besser umgehen als andere. Warum ist das so? Welche positive Kraft treibt sie an? Was stärkt Menschen in schwierigen Situationen?

In allen Lebensbereichen beschäftigte sich Franz Wimberger über viele Jahre hinweg mit diesen Fragen – bis er Veränderung erfuhr. Er erweiterte seine Lebenserfahrung und stärkte seine Widerstandsfähigkeit, um die kleinen und großen Herausforderungen seines Lebens bewältigen zu können. Leben ist Verwandlung und Veränderung. Franz Wimberger hat einen Traum, dass ein Entschlossener mehr bewegen kann als Zehntausend Unentschlossene. Darum will er seine kostbare Lebenserfahrung mit allen Menschen teilen. Er hat den Mut, seine intimsten Seiten offenzulegen. Fesselnd verwebt er in seiner spannenden Lebensgeschichte Perspektiven und Erkenntnisse aus dem privaten und beruflichen Bereich.